빛을 여는 계명인

계명 동산에서 학업을 시작하는 새 가족 모두

『빛을 여는 계명인』을 열심히 읽고 수업에 충실히 임하면서

계명인이 되어 가는 길을 찾기 바라며

총장 **신 일 희**

—

빛을 여는 계명인

발행일 초판 1쇄 발행 2013년 2월 18일
초판 12쇄 발행 2024년 1월 22일

편집인 빛을 여는 계명인 편찬 위원회
발행인 신일희
펴낸곳 계명대학교 출판부
42601 대구광역시 달서구 달구벌대로 1095
전화 053) 580-6233 팩스 053) 580-6235
http://www.kmupress.com
등 록 1970.9.1.(신고번호 제347-1998-1호)

ISBN 978-89-7585-612-9 03370

값 12,000원
잘못된 책은 교환하여 드립니다.

—

빛을 여는 계명인

계명 정신과 봉사

빛을 여는 계명인 편찬 위원회 편

머리말

BONUS INTRA MELIOR EXI!

매년 새봄을 맞아 계명을 선택한 많은 새 식구들이 계명 동산의 울타리로 걸어들어옵니다. 하나같이 젊음과 열정으로 가득 차 있는 탐나는 재목들입니다. 계명대학교는 이 소중한 인재들이 계명인으로서 자부심을 가지고 자신의 역량을 키울 수 있도록 많은 기회를 제공합니다. 계명인으로서 여러분은 자신의 행복은 물론, 이웃과 더불어 행복하게 사는 법을 터득할 수 있어야 하겠습니다. 그리고 자신이 속한 학교와 지역 사회, 국가와 세계에 도움이 되는 삶을 살 수 있도록 매 순간 자신을 갈고 닦아야 할 것입니다. 계명의 스승과 모든 구성원들은 여러분들이 자랑스러운 계명인으로 성장할 수 있도록 최선을 다해 가르치고 지도하면서, 또한 소통을 위해 여러분의 목소리에 귀 기울이며 다가갈 만반의 준비를 갖추고 있습니다.

계명대학교는 거룩한 교육과 학문의 전당입니다. 새로 계명인이 된 여러분들이 이곳에 머무는 동안 계명의 역사와 정신을 바로 알고, 계명의 문화와 가치를 제대로 배우고 터득할 때 여러분은 계명인으로서 자부심을 가질 수 있을 것입니다. 이를 통해 여러분들은 각자의 '얼굴'을 만들어 나갈 것이고, 계명 동산을 나설 때에는 늠름하고 능력 있는 계명인으로서 세상 어디에서든지 자신의 가치를 빛낼 수 있는, 지금보다 더 나은 사람이 되어 있을 것입니다. 곧 "Bonus intra melior exi!(좋은 사람으로 들어와 더 좋은 사람이 되어 나가자!)"란 말의 뜻이 그대로 실현될 것입니다.

잘 알다시피 '계명(啓明)'이라는 이름은 슬기와 지능을 '열다'의 '계'와 '빛'의 '명'이 합쳐진 말이므로 진리의 '밝은 빛을 연다'는 뜻을 품고 있습니다. 이 『빛을 여는 계명인』은 한 세기가 훨씬 넘도록 이어져 온 계명의 역사와 그 속을 꿰뚫고 면면히 흐르고 있는 정신을 오롯이 담고 있습니다. 그리고 지난날 계명을 세워 가꾸고, 또 정성껏 계명을 섬겼던 위대한 선구자들과 청지기들, 그 동안 계명을 돕고 거쳐 간 사람들의 소중한 이야기로 가득 차 있습니다. 그분들이 우리에게 물려준 '개척'과 '봉사' 의 계명 정신을 새로 계명인이 된 여러분들에게 온전히 물려주고 제대로 교육하기 위해 이 책을 펴내게 되었습니다.

이제 계명대학교의 한 식구가 된 여러분들이 우리와 함께 호흡하면서 철저하고 엄격하게 진리를 탐구하는 자유인, 공정하게 정의를 실현하는 승리자, 그리고 따뜻한 마음으로 사랑을 실천하는 온전한 사람이 되기를 바랍니다. 미래의 계명 청지기들인 여러분들이 계명 정신을 실천하고 봉사로 이웃을 섬기면서 세상을 향해 빛을 열 때, '빛을 여는 전당'으로서 계명대학교는 여러분들을 크게 응원할 것입니다.

이 책은 2013년 초판 발행 이후 매년 자료 업데이트 작업을 해왔습니다. 특히 지난 2019년에는 계명대학교 창립 120주년을 맞이하여 정비한 계명대학교와 계명대학교 동산병원 창립의 주역과 정체성을 반영하고, 최근에 계명대학교가 이룩한 다방면의 성취를 추가함은 물론 용어와 문장 부호 등도 다듬어 대폭적인 수정 보완·작업을 진행하여 '창립 120주년 기념판'으로 발행하기도 하였습니다.

마지막으로 이 책이 나오기까지 각별한 관심과 애정으로 도움을 주신 신일희 총장님께 감사드립니다. 아울러 궂은 뒷바라지를 마다 않고 애쓰신 Tabula Rasa College 행정팀과 계명대학교 출판부 관계자들의 노고에도 깊은 감사의 뜻을 표합니다.

2024년 1월

빛을 여는 계명인 편찬 위원회 일동

목차

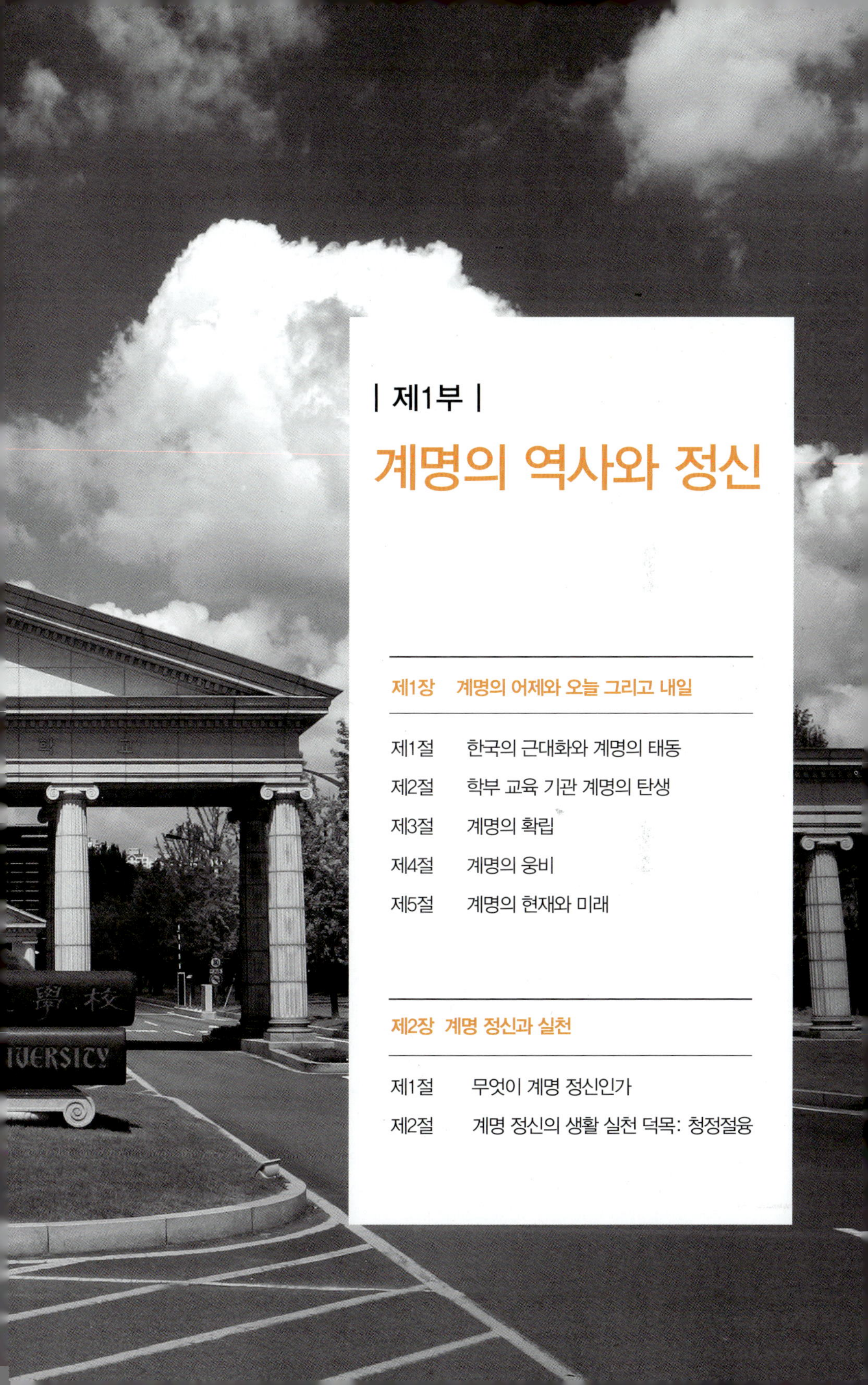

| 제1부 |

계명의 역사와 정신

제1장
계명의 어제와 오늘 그리고 내일

제1절 | 한국의 근대화와 계명의 태동

계명대학교의 역사는 한국의 근대화 과정과 그 맥을 같이하고 있다. 계명의 실질적인 역사는 19세기 후반부터 태동했다고 할 수 있다. 계명을 일군 선각자들은 근대적 의료와 신교육으로 어려운 사람들을 돌보고 일깨우며 격랑의 시기를 헤쳐 나갈 수 있는 역량을 기르는 데 온 힘을 다 쏟았다. 이제 조금씩 그 이야기를 풀어가 보자.

19세기 중엽 동아시아 각국은 세계 여러 강대국들의 요구에 의해 개항을 하게 된다. 1842년 중국, 1854년 일본의 개항에 이어 한국은 1876년에 병자수호조약(丙子修好條約, 강화도조약)을 맺고 개항했다. 이후 한국은 점차로 구미 열강과 수호 통상 조약을 맺고 우호 국가로서 세계 무대에 새롭게 등장하게 된다.

개항에 따라 기독교가 공식적으로 우리나라에 전파되고 외국 문물이 물밀듯이 유입되었다. 선교사들은 당시 근대식 의료 기관의 필요성을 절감하고 한강 이남 최초로 **1899년에 '미국약방'과 '제중원(濟衆院)'**을 개원하였는데, 이 해가 바로 계명대학교의 역사가 열린 창립 연도이다. 제중원은 형편이 어려운 환자들을 정성껏 치료하며 대구 시민과 경북 도민의 건강 지킴이 역할을 했다. 이 '제중원'이 지금의 계명대학교 동산의료원의 전신이다.

조국의 미래를 걱정하던 지역의 선각자들은 선교사들의 이러한 움직임에 발맞춰 치유 사업, 즉 의료 사업으로 사람들의 건강을 돌보는 한편 교육에도 그 이상의 열정을 쏟게 된다. 당시는 신교육을 통해 인재를 키워 조국을 근대화하고 국권을 굳건히 하고자 하는 움직임이 전국적으로 일어났던 시기였다. 이러한 시대적 요구에 따라 대구 지역 최초의 근대적 교육 기관인 '대남소학교'(1900년)와 '신명여자소학교'(1902년)를 설립했고, 그 학생들이 졸업을 하자 '계성학교'(1906년)와 '신명여학교'(1907년)를 창립하게 된 것이다. 계성학교와 신명여학교는 중등 교육 기관으로서 시민 의식을 일깨우는 데 큰 역할을 하게 된다.

한 걸음 더 나아가 미국 북장로교회 선교사와 우리 선각자들은 개척과 봉사, 기독교 정신에 투철한 민족의 지도자들을 양성할 수 있는 고등 교육 기관의 필요성을 절감했다. 이에 **'계성'과 '신명'의 이름자를 딴 '계명기독대학'**이라는 고등 교육 기관이 탄생하게 되는데 이 학교가 바로 오늘의 계명대학교이다. 이제부터 살펴볼 계명대학

계명대학교 주요 발자취

· 1899 제중원(계명대학교 동산의료원의 전신)과 미국약방 개원
· 1908~1909 제중원 의학도 7명 근대 의학 교육
· 1911 제중원을 '동산기독병원'으로 개명
· 1925 간호부양성소(계명대학교 간호대학 전신) 설립
· 1954 계명기독학관 개관
· 1955 계명기독학관 폐지 및 계명기독학교, 재단 법인 계명기독대학 설립
· 1956 계명기독학교 폐지 및 계명기독대학 설립
· 1965 '계명기독대학'을 '계명대학'으로 교명 변경
· 1978 종합 대학인 '계명대학교'로 승격
· 1980 학교 법인 계명기독학원과 재단 법인 동산기독병원 통합
의과대학 신설
· 1996 계명대학교 행정 본부 성서캠퍼스로 이전
· 2006 '학교 법인 계명대학교'로 법인 명칭 변경
· 2019 계명대학교 동산병원(성서) 개원
· 2024 계명대학교 창립 125주년

교 역사 속의 숨은 이야기들은 우리에게 개척과 봉사의 의지를 불태우는 감동을 선사하고, '지금 여기' 우리의 존재 의미와 '미래'의 삶의 방향 찾기에 많은 시사점을 주게 될 것이다.

치유(의료) 사업과 신교육에 대한 선교사들의 열정

기독교를 가톨릭(Catholic)과 프로테스탄트(Protestant)로 나누어 본다면 한국 가톨릭 교회의 전래는 동지사(冬至使: 조선시대 매년 동지에 중국에 보내던 사신)인 아버지(이동욱)를 따라갔던 이승훈(李承薰, 정약용의 자형(姊兄), 1756~1801)이 북경에서 영세를 받은 1784년이라고 할 수 있다. 그리고 프로테스탄트(개신교) 교회의 한국 전래는 1884년 9월 2일 안련(安連, Horace N. Allen, 1858~1932) 의료 선교사가 우리나라에 입국한 날짜가 출발점이 된다.

개신교(이하 기독교)가 대구에 처음 전래된 것은 1893년이다. 미국 예수교 북장로교회 배위량(裵偉良, Rev. Dr. William M. Baird, 1862~1931) 선교사가 1891년 부산에 도착하여 선교 활동을 하다가 1893년 4월 22일 조랑말을 타고 부산을 출발해 대구를 방문한 것이 그 시초라고 볼 수 있다.

배위량 선교사 일행이 대구에 머문 시기는 4월 22일부터 25일까지 4일간이었다. 당시는 대구 약령시의 명성이 드높을 때였는데, 그 즈음이 일 년 중 약재상이 가장 많이 몰리는 시기여서 거기에 맞추어 선교 활동(말씀 전파)을 펴고자 했던 것이다. 동행한 서경조(徐景祚, 1850~1938) 조사(助事, helper)의 회고록에 의하면 배위량 선교사 일행이 약령시에 도착하는 순간 책을 얻으려는 사람들이 구름같이 몰려들어 전도할 시간은 없었고 대신 책을 많이 나누어 주었다고 한다.

배위량 선교사는 2년 후 1895년 12월 대구에 다시 와서 이듬해 1월에 대구 읍성 남문 안에 선교 지부를 마련했다. 4월에는 부인 안애리(Annie L. Adams Baird, 1864~1916) 여사와 아들을 데리고 대구로 이사했다. 그런데 그는 1896년 하반기에 서울에서 열린 선교사 연례회에서 서울 지역 교육 담당 고문으로 발령이 났다. 1896년 11월 배위량 선교사는 대구의 선교 업무를 그의 손아래 처남인 안의와(安義窩, Rev. Dr. James E. Adams, 1867~1929) 선교사에게 인계했다. 배위량 선교사는 1897년 활동 지역을 평양으로 옮겨 숭실대학교의 전신인 '숭실학당'을 창설했다.

안의와 선교사 '남문안교회' 설립

안의와 선교사는 1867년 5월 2일 미국 인디애나주 맥코이에서 태어났다. 1894년 미국 시카고 소재 맥코믹신학교(McCormick Theological Seminary)를 졸업한 안의와 선교사는 이듬해 1895년 5월 29일 태평양을 건너 부산으로 들어왔다. 누나 안애리와 자형인 배위량 선교사가 4년 전에 와서 미리 터를 닦아 놓은 한국에서 선교를 하기 위해서였다.

안의와 선교사는 부산에서 한국어 공부를 하고 있던 중 배위량 선교사로부터 대구 선교 업무를 급작스레 인계받게 되었다. 그는 아직 한국어가 많이 서툴러서 1년간 부산에서 한국어 공부와 선교사 실습을 더 하고 나서 1897년 11월 1일 아내 넬리 딕(Nellie G. Dick, 1866~1909)과 함께 대구로 오게 되었다.

이날 안의와 목사는 도착 즉시 대구 선교 지부 내 사랑채에서 가족과 어학 선생, 보모 등 7명의 교인이 참석한 가운데 첫 예배를 드렸다. 대구 기독교계에서는 바로 이 날을 대구 최초의 기독교회인 '대구제일교회'의 창립일로 보고 있다. 당시 이 사랑채를 '야소교회당(耶蘇敎會堂)', '남문예배당', '남문안교회당' 등으로 부르기도 했다.

안의와·장인차 선교사 미국약방·제중원·애락원 개원

안의와 선교사에 이어 대구에 온 선교사는 의사인 장인차(張仁車, Dr. Woodbridge O. Johnson, 1869~1951) 의료 선교사이다. 그는 1895년 6월 펜실베니아 의과대학을 졸업한 뒤 수련의 과정을 마치고 1897년 6월 21일 한국 선교사로 임명받았다. 장인차 의료 선교사는 안의와 선교사로부터 안내와 초청을 받아 대구로 오게 되었고, 성탄절이자 일요일인 1897년 12월 25일 아내 에디스 파커(Edith M. Parker, 1871~?)와 함께 대구 남문 안에 도착했다.

장인차 선교사는 대구에 온 후 2년여에 걸쳐 한국어 공부를 하는 한편, 대구 선교 지부 내에 병원 건물을 마련하고 미국으로부터 의료 도구와 약품 등을 구입하면서 병원 개원 준비를 했다. 마침내 1899년 12월 24일 오늘날 **'계명대학교 동산의료원'의 전신인 '제중원(濟衆院)'**을 개원하게 된다.

당시 미국 장로교회 선교부가 한국에 설립한 병원은 서울이나 평양이나 모두 '고통 받는 대중을 구제하고 치료하는 집'이란 뜻의 '제중원(조선 26대 왕 고종 작명)'이

▲ 계명대학교 동산의료원의 전신인 제중원(1899. 12.)

▲ 제중원 개원 전 일시 운영한 미국약방(1899. 7.)

라는 이름을 사용했는데, 대구의 제중원은 한강 이남에서는 최초의 서구식 병원이다. 또 한강 이남 지역 약국의 효시인 **'미국약방'**을 1899년 7월 개원하고 서양 의술을 도입해, 당시 인구 6만 명이 살고 있던 대구에서 환자들을 치료하기 시작했다. 바로 이 '제중원'이 오늘날의 계명대학교 동산의료원, 즉 계명대학교 동산병원의 전신이기 때문에 계명대학교의 역사는 1899년부터 시작된 것이다.

한의술과 민간 요법 밖에 몰랐던 대구 시민들에게 근현대적 의료 기관인 제중원은 경탄의 대상이었다. 제중원은 개원 후 다음 해 여름까지 치료 환자가 1,700명이었으며 1901년과 1902년 사이 치료 환자 수는 2,000명으로 크게 늘어났다.

그런데 처음 병원을 개원한 곳, 현재 대구 약령시장 내 대구 선교 지부의 초가집은 소음과 연기, 냄새 등 입지 조건이 매우 열악했고, 병원을 찾는 환자도 크게 늘어났기 때문에 대구 선교 지부의 책임자였던 안의와를 비롯한 선교사들은 1903년 지금의 계명대학교 동산캠퍼스를 매입, 새로 병원을 짓기 시작했다. 1903년 1차 준공을 했으나 설계 상 구조적인 결함으로 1905년 태풍에 무너져 1906년 다시 건축했다. 그러자 병원 인기가 크게 올라 1907년과 1908년 사이에는 환자가 무려 5,000명으로 늘어났다. 1909년에는 타 지역에 비해 유난히 나환자가 많은 점을 감안해 병원 근처 초가집에서 10명의 나환자를 돌보는 나환자 사업을 시작했는데 이것이 애락원(지금 대구 애락보건병원)의 출범이다.

'계성학교'와 '신명여학교' 설립

대구에 온 안의와 선교사는 '남문안교회'를 설립하고 장인차 의료 선교사와 함께 제중원을 설립, 개원한 데 이어 1900년에는 초등 교육 기관인 '대남소학교'(현 대구 종로초등학교 전신)와 1906년 10월에 중등 교육 기관인 '계성학교'를 설립했다. 또 1899년 9월부터 대구에서 안의와 선교사와 함께 선교 활동을 하고 있던 부해리(傅海利, Rev. Henry M. Bruen, 1874~1959) 선교사의 아내 부마태(傅馬太, Martha S. Bruen, 1879~1930) 여사는 대구 선교 지부의 책임자였던 안의와 선교사와 함께 1902년 5월에 '신명여자소학교'를, 1907년 10월에 여자 중등 교육 기관인 '신명여학교'를 연달아 설립했다.

이때 설립된 계성학교는 현재 계성초등학교와 계성중학교 및 계성고등학교로 발전했다. 신명여학교는 1951년 신명여자중학교와 신명여자고등학교로 분리 개편되었고, 재단 분규로 1953년 성명여자중학교와 신명여자고등학교로 교명이 바뀌었다. 2004년 신명여자고등학교는 남녀 공학인 지금의 신명고등학교로 교명이 다시 변경되었다.

초·중등 교육 기관을 설립 운영하고 있던 선교사들은 한국인 지도자를 양성하고자 대구에 고등 교육 기관인 대학의 설립을 꿈꾸고 있었다. 기독교 정신에 바탕을 둔 개척과 봉사 정신에 투철한 인재를 길러내기 위함이었다. 그러나 안의와 선교사의 그러한 꿈의 실현은 일본 제국주의 악책과 대학 설립을 위한 재정난으로 1954년까지 미루어지게 되었다.

19C 말에 한국에 온 외국인 선교사들은 대부분 한국에 도착하자 바로 한국식 이름을 지어 사용했다.

제2절 | 학부 교육 기관 계명의 탄생

설립 준비와 계명기독학관 개관

1897년 안의와 선교사가 대구에 부임한 이후 대구 지역의 기독교 교회는 날로 크게 성장하고 발전했다. 1897년까지 공식적인 기독교인이 단 한 명도 없던 대구에 1941년 무렵에는 7개의 교회가 설립되었고 1945년에는 17개로 교회가 급증했다.

한국의 기독교계는 일제 강점기에 많은 박해를 받았는데 해방이 되어 종교적 자유를 되찾자 1950년에는 대구 시내 교회 수가 무려 70여개로 늘어나게 되었다. 교인의 급격한 증가와 함께 시민들의 근대적 교육에 대한 열망도 크게 높아졌다. 그러나 그 교육열을 충족시켜 줄 고등 교육 기관은 턱없이 부족한 상황이었다.

이러한 때에 안두화(安斗華, Rev. Dr. Edward N. Adams, 1895~1965) 선교사가 아버지 안의와 선교사의 정신과 유지(遺志)를 이어받아 대구 지역의 교육에 큰 족적을 남기는 구상을 하게 되었다. 안두화 선교사는 영남 지역에 서울 연세대학교나 평양 숭실대학교와 같은 기독교 대학을 설립할 계획을 하고, 대구 지역의 기독교계 인사들과 힘을 합하게 된다.

안두화 선교사는 1895년 2월 6일 미국 캔자스주 토피카에서 안의와의 아들로 태

▲ 계명기독대학 설립 기념비

學校設立趣旨書

全嶺南地方의中心地인大邱에美國北長老會宣教部에서
일찌기啓聖信明等中等教育機關을創設하는同時에平壤
의崇大서울의延大와같은高等教育機關을設立하여地理
經濟的事情으로遠地方까지進出就學할수없는農村貧民
熱學青少年層에게예수그리스도를信仰하는教育을하고
韓國教育法에依한百年大計의育英事業을實施함은우리
基督教會와美國北長老會宣教部가努力하여오던數十年
來의宿願이며焦眉의急務이므로이重大한課題의第一段
階로서1954年4月에啓明基督學館을開校하고英文哲學
兩科學生壹百名을募集하여大學教育을實施해오던바今
番美國北長老會宣教部로부터巨額의大學建設費補助와
基督教界有志의多大한援助下에維持財團을造成하게되
었으므로本學館을大學으로昇格設立하는바이다

西紀1955年2月 日

▲ 계명기독대학 설립 취지서(1955.)

어났다. 태어난 지 2개월 만에 그는 한국에 오게 된다. 아버지 안의와가 미국 장로교회 해외 선교부로부터 한국 선교사로 임명을 받았기 때문이다. 한국에서 자란 안두화 선교사는 42년간 선교 활동을 하면서 한국을 위해 많은 봉사를 했다.

1921년부터 황해도 재령에서 선교 활동을 하던 안두화 선교사는 1925년 아버지의 건강 문제로 아버지의 선교 활동지였던 대구로 이동하게 되었다. 대구 지역에서 활발한 선교 활동을 벌이던 안두화 선교사는 미국 뉴욕 선교 본부의 대학 설립(대구) 재정 지원 불가 방침에도 불구하고 독자적으로 지역의 기독교 지도자들과 함께 기독교 정신에 투철한 한국인 지도자를 양성할 수 있는 대학을 세우기 위한 모임을 가지게 되었다.

1953년 6월 11일 계성중·고등학교 신태식(申泰植, 1909~2004) 교장실에서 첫 모임을 가졌는데 이것이 계명대학교 설립을 위한 **'제1회 기성회 준비 위원회'**이다. 이날 회의 참석자는 안두화, 최재화, 김광수, 신태식 등이었고, 1953년 6월 12일 성내동 성복교회 복음전도관에서 열린 기성회 전체 회의에는 안두화, 김광수, 최재화, 박래승, 강인구, 정일영, 신후식, 고병간 등 17명이 참석했다. 그 후 성내동 베다니동산 등에서 모두 7차례의 회의를 거쳐 대학의 재단 설립과 이사 선임 등을 결정하고 이 기성회는 해산했다.

계명기독대학 설립을 위한 기성회 조직과 재단 설립, 이사 선임 등의 주도자이자 대표자는 안두화 선교사였고, 한국인으로서 실질적인 자문과 보좌역을 맡은 사람은 교육 행정 경험이 많은 신태식 당시 계성중·고등학교 교장이었다.

이때 대학의 교명도 결정했는데, **계성학교(啓聖學校)의 '열 계(啓)'자와 신명여학교(信明女學校)의 '밝을 명(明)'자를 따서 '계명(啓明)'**이라고 하자는 신태식 교장의 제안이 채택되었다. 계명기독대학 초대 학장을 역임한 감부열(甘富悅, Rev. Dr. Archibald Campbell, 1890~1977) 박사는 대다수 대학들이 지역 이름을 따서 관행적으로 교명을 짓는데 비해 계명기독대학은 '빛을 연다(Expanding Light)'라는 멋진 교명을 가지게 되었다고 칭찬했다.

1954년 2월 5일부터 개최된 임시 이사회는 대학 설립 허가를 얻을 때까지 1954년 4월부터 사설 학술 강습회인 '계명기독학관'이란 이름으로 개관하기로 했다. 이에 1954년 3월 20일 경상북도 지사의 인가를 받고 현재 계성초등학교 부지 내 대구시 대신동 283번지 소재 8,400㎡(2,500평, 2ac)의 교지와 안두화 선교사의 사택 등을 차용하여 **철학과 58명, 영어영문학과 60명 총 118명의 학생으로 4월 19일 '계명기독학관'**

을 개관했다. '계명기독학관'은 대학 설립을 목표로 하고 있었기 때문에 교육법 중 대학에 관한 규정에 따라 운영되었다. 이때 바로 대학을 설립하지 못한 것은 대학 설립의 기준이 되는 시설과 자금을 마련하지 못했기 때문이었다.

계명기독대학 설립

임시 이사회는 1954년 11월 8일 문교부에 재단법인 계명기독대학 설립 신청서를 제출했고 1955년 2월 5일 리선근(1905~1983) 문교부 장관 명의로 된 재단 법인 설립 허가서를 받았다. 법인 이사회는 1955년 8월 8일자로 문교부에 '계명기독대학' 설립 신청을 했고 마침내 1956년 2월 18일 대학 설립 허가를 받았다.

1955년 재단 법인 계명기독대학 **설립 허가서에 명시된 설립자는 안두화, 강인구(姜仁求, 1909~1996), 최재화(崔載華,** 1892~1962) 세 사람이다. 안두화 선교사는 29년간 대구에서 선교 활동을 하고 있었고, 강인구 목사는 12년의 교육 경력을 가진 목사로서 장로회신학대학 이사를 역임하고 대한예수교장로회 경동노회장을 세 번이나 역임한 원로 목사였다. 최재화 목사는 대구제일교회 담임 목사와 대한예수교장로회 총회장을 역임한 목사이자 대구와 선산 3·1 만세운동 등을 주도한 독립운동가였다.

▲ 초창기 학교법인 계명기독대학의 이사들(1958.)
가운데 앉은 분이 안두화 초대 이사장

계명대학교의 법인이 문교부로부터 설립 허가를 받을 때는 사립 학교법 제정(1963년 6월 26일) 전이라 민법의 적용을 받았고 법인의 명칭도 학교 법인이 아닌 재단 법인이었다. 계명기독대학 초대 이사는 17명(안두화, 강인구, 최재화 세 사람 설립자 외에 곽가전(郭佳全, Katherine E. Clark), 정천영, 주덕근, 박래승, 김진호, 최병혁, 김광수, 박병훈, 신후식, 명신홍, 정태성, 이원영, 사미화(Kenneth M. Scott), 감부열)이었으며 안두화 선교사가 초대 이사장을 맡았다. 설립자와 초대 이사들은 전쟁으로 피폐해진 이 나라와 민족을 일으켜 세우고 더 나아

▲ 계명기독대학 정초식장 입구 현판(1955.)

▲ 계명기독대학 본관(대명캠퍼스) 정초식(1955.)

가 인류 문화 발전에 크게 기여할 탁월한 능력의 개척자들을 양성하려는 포부를 가졌다.

감부열 학장의 계명대학 기초 다지기

계명기독대학 초대 학장으로 감부열 선교사가 1956년 6월 14일 취임했다. 감부열 선교사는 1890년 2월 28일 미국 펜실베니아주 필라델피아에서 출생해 워싱턴대학교 토목공학과를 거쳐 1916년 뉴저지주 프린스턴신학교를 졸업하고 그해 12월 9일 한국 선교사로 파견되어 평안북도 강계에서 선교 활동을 하고 있었다.

1946년 초에 대구로 선교 지역을 옮긴 감부열 선교사는 안두화 선교사와 합심해 계명대학교 대명캠퍼스 부지 선정과 확보에 크게 공헌했다. 특히 본관 건축 때에는 목재, 벽돌, 기와 등 6만 달러 상당의 건축 자재를 미군 대한 원조(Armed Forces Assistance to Korea, AFAK)로부터 지원받는 데 결정적 역할을 했다. 1955년 12월 5일 마침내 대명캠퍼스 본관 헌당식이 열렸다. 본관의 설계는 당시 미국 하버드대학교 대학원에서 구조공학을 공부한 한국인 건축가 대갈(大渴) 조자용(趙子庸, 1926~2000) 씨가 맡았다.

초대 학장 감부열 선교사가 1958년 8월 정년으로 퇴임하자 이사회에서는 안두화 선교사를 제2대 학장으로 선임하고 설립자의 한 사람이었던 최재화 목사를 제2대 이사장으로 선임했다. 1958년 11월 25일 제2대 학장으로 취임한 안두화 선교사는 곧바로 계성중·고등학교 신태식 교장을 겸임 조건으로 부학장에 임명해 함께 학사를 운영했다.

1961년 5·16군사정변이 일어나 그해 9월 '교육에 관한 임시 특례법(법률 제 708호)'이 공포되었는데 그 주요 내용은 전국 대학의 학과 감축과 입학 정원의 대폭 축소, 또 교원의 정년을 65세에서 60세로 조정하는 것이었다. 당시 66세이었던 안두화 학장은 부득이 퇴임하고 당시 계성중·고등학교 교장과 부학장을 겸임하고 있던 신태식 박사가 계명기독대학 최초의 한국인 학장이 되었다.

신태식 학장의 대학 발전 기금 모금 운동

동산 신태식 학장은 계명대학교 설립 기성회 모임부터 시작해 대한민국 중앙 교육 위원으로서 대학 설립 인가에 직접 기여하는 등 계명대학교 초창기의 주요한 시점마다 큰 공헌을 했다. 또한 대학의 구조 조정, 학과 증설, 초급 대학의 병설, 의과대학의 신설, 우수 교원 확보 등으로 계명대학의 종합 대학 승격과 발전에 결정적인 역할을 했다.

특히 신태식 학장은 계명대학교 기반을 구축하는 데 필요한 대학 발전 기금 모금 운동을 국내외적으로 활발하게 벌였다. 그는 1961년 학장 취임 후 1971년까지 10년 사이에 무려 15회 이상 국외 대학 발전 기금 모금 운동을 했고 그때 확보한 수십만 달러를 계명대학교 대명캠퍼스 조성에 쏟아 부었다. 신태식 학장이 국외 모금 활동을 할 때는 항공 요금을 절약하기 위해 홀트아동복지회 해외 입양아를 데리고 가는 조건으로 교비 절약을 하며 해외 출장을 다녀오기도 했다.

젊은 청년도 아닌 예순의 대학 학장이 젖먹이 어린 고아 2~3명을 데리고 북미는 14시간, 유럽은 장장 20시간 동안 식사도 거르고 수면 시간도 없이 비행했다. 지금 생각하면 도저히 상상할 수도 없는 일이지만 신태식 학장은 오직 계명대학 발전 기금의 모금을 위해 그 일을 십여 차례나 해낸 것이다.

대학의 획기적인 발전: 대학의 구조 조정과 초급 대학의 병설

1961년 5·16 군사 정변 후 계명대학은 8개 학과 560명의 학생 정원이 군사 정권의 교육 특별 조치로 100명이나 크게 감축되었다. 즉, 교육학과를 비롯한 3개 학과가 폐과되고 학생 정원도 460명으로 감축되어 대학 운영을 제대로 할 수가 없는 어려움에 직면했다. 이런 상황에서 신태식 학장은 대학 운영 정상화 방안의 하나로 160명 정원의 계명대학 병설 2년제 초급여자대학을 신설했다.

또 1964년에는 정부의 대학 증원 억제 정책에도 불구하고 계명대학은 국어국문학과를 비롯한 9개 학과를 증설해 학생 정원이 860명으로 늘어났다. 이로써 계명대학과 계명대학 병설 여자초급대학 학생 정원이 모두 1,020명이 되었다.

1967년에는 대학원과 교육대학원을 발족시켰다. 그리고 1973년 학부 교육 기관인 계명대학의 출범 19년 만에 총 14개 학과에 학생 정원이 1,540명으로 늘어났고 교수도 74명으로 증가했다. 이로써 교수 1인당 학생 수가 1965년 44명에서 1973년 20명으로 크게 줄었다. 1974년 1월 계명대학은 실험 대학으로 선정되어 기존의 14개 학과가 6개 계열, 즉 어문학, 인문학, 경영학, 이학, 음악, 미술 계열로 나누어졌고 학생 정원도 1,860명으로 증원되었다.

마침내 **1978년 계명대학은 종합 대학으로 승격되고 문과대학을 비롯한 4개 단과대학 22개 학과에 한 학년 입학 정원이 1,030명**으로 새 출발을 하게 되어 비로소 자립 기반이 마련되었다.

우수 교원 확보: 최고 교수와 최고 대우의 교수 사관 학교

신태식 학장은 부임하자마자 대학 발전 기금 모금과 대학 구조 조정 외에 교수진 강화에 남다른 노력을 했다. 특히 신태식 학장이 우수 교원 확보에 어려움을 겪은 것은 지방에 소재한 기독교 사립 단과 대학으로 국외 체류 우수 교원들이 쉽게 오려고 하지 않았기 때문이었다.

뿐만 아니라 기존 교수 중에도 신태식 학장 안목에는 교수로서의 전문성이 부족한 사람이 많았다. 이러한 문제점을 해결하기 위해 신태식 학장은 1964년 3월부터 전국 대학 어디에서도 보기 드문 교수 계약제를 도입했다. 부작용도 많고 반대하는 사람들도 많았지만 그 제도는 전국적으로 확산되어 오늘날 거의 대부분의 대학에서 시행하고 있다.

그리고 신태식 학장은 외국 여러 나라를 다니면서 각 학문별 우수 교수를 많이 초빙했고, 교수들의 대우도 타대학보다 월등히 더 잘 해 주었다. 국외에 체류 중인 우수 교수를 모시기 위해서는 귀국 경비와 사택까지 제공했다. 물론 학생 등록금만으로는 교수 인건비를 충당할 수 없었으므로 국내외 발전 기금 모금 운동은 필수적이었다. 그래서 계명대학은 1960, 70년대에 젊고 학문적으로 탁월한 교수들을 많이 채용해, 인격과 학문을 겸비한 전국 최고 수준의 우수 교수를 최고의 대우로 초빙하는 대학으로 이름나 **'교수 사관 학교'**라는 별명까지 붙게 되었다.

신일희 초대 총장 취임과 두 가지 과제

1961년 신태식 학장 취임 이후 계명기독대학은 하루가 다르게 발전과 성장을 거듭했다. 먼저 1965년 교명을 계명기독대학에서 '계명대학'으로 바꾸고 1967년에는 대학원 석사 과정을 설치했으며 이어 1973년에는 대학원 박사 과정을 설치했다.

1978년에는 '계명대학'이 드디어 종합 대학으로 승격해 '계명대학교'가 되었다. 종합 대학이 되면 학과 신설이나 학생 모집 등에서 여러 가지 장점이 있었기 때문에 그 당시 많은 대학들이 종합 대학이 되고자 하여 경쟁이 치열한 상황이었다. 게다가 5.16 군사 정변 이후 큰 규모의 종합 대학들이 반정부 시위를 앞장서 한다는 이유로 정부가 종합 대학 승격 억제 정책을 펴고 있었던 시기였다. 그러나 계명대학은 제2기 전국 6개 실험 대학 가운데 가장 우수한 대학으로 평가받고 있었기에 그 모든 어려운 상황에서도 시립대학으로서는 유일하게 종합 대학으로 당당하게 승격할 수 있었다.

계명대학교가 종합 대학으로 승격한 1978년 1월 20일, 법인 이사회에서는 신태식 박사에게 초대 총장을 맡아 줄 것을 요청했다. 신태식 학장은 대학의 설립에서 대학의 발전에 이르기까지 크게 공헌했고 또 종합 대학이 되도록 온갖 노력을 기울였던 장본인이었기 때문이다. 그러나 **신태식 박사는 '새 술은 새 부대에'** 담아야 한다며 총장직을 사양하고 계명대학을 홀연히 떠났다. 계명대학교는 대학 발전에 지대한 공헌을 한 신태식 박사를 명예 총장으로 추대했다.

1978년 1월 법인 이사회에서는 행소(行素) 신일희(申一熙, 1939~) 박사를 초대 총장으로 선임했다. 신일희 박사는 초대 총장으로 취임하면서 앞으로 계명대학교의 나아갈 방향을 정립하게 된다. 대학의 존재 이유를 학문의 탁월성 추구와 윤리성 앙양에 두고 이를 교육 목적으로 삼아 야심찬 '종합 발전 계획'을 세웠다.

계명대학교는 당시 두 가지의 큰 과제를 안고 있었다. 하나는 계명대학교보다 예산 규모가 더 큰 동산기독병원을 통합한 뒤 의과대학과 간호대학 및 약학대학을 신설해 명실상부한 종합 대학의 면모를 갖추는 것이고, 다른 하나는 보다 더 큰 새로운 캠퍼스를 조성해야 하는 문제였다. 대명캠퍼스만으로는 수용 인원을 감당할 수 없었기 때문에 제2의 캠퍼스의 조성이 필수적이었다. 신일희 총장은 이 두 가지 과제를 동시에 해결해야 하는 어려움에 직면해 있었다.

계명대학교와 동산기독병원의 통합

계명대학교가 종합 대학으로 승격하자 대구·경북의 많은 기독교인들은 기독교 정신에 입각한 의과대학의 설치를 학교측에 요청했다. 이에 계명대학교와 동산기독병원 양측 이사회는 수차례의 협의를 거쳐 **1978년 5월 26일 두 기관을 통합**하기로 결의하기에 이르렀다. 학교 경영은 계명대학교 총장이 맡고 법인의 이사장은 동산기독병원 이사 중에서 한 사람이 맡기로 했다. **1978년 10월 의예과 설치 인가, 1980년 10월 의과대학 설치가 인가되고** 1925년 10월에 개교한 동산병원 유지 재단 소속 동산간호전문대학이 폐교되면서 **1990년 3월에 계명대학교 의과대학에 간호학과가 신설**되었다.

한편 계명대학교와 동산기독병원 두 기관의 완전 통합을 위해서는 법적으로 동산기독병원 유지 재단을 해산해 계명대학교 학교 법인으로 통합해야만 했고, 또 양 법인 감독 기관인 당시 보건사회부와 문교부의 승인도 필요했다. 우여곡절 끝에 1980년 10월 18일 두 기관이 통합은 되었지만 양측 이사들 간의 갈등으로 계명대학교는 제5공화국 초창기인 1981년 10월 13일 신군부 세력에 의해 이사 전원이 사퇴하고 관선 임시 이사회가 구성되는 큰 상처를 입게 되었다.

▲ 황량한 벌판의 초기 성서캠퍼스 당시 이공대학 신축 공사 현장(1981.)

성서캠퍼스 부지 선정

계명대학교가 종합 대학이 되면서 신일희 총장이 가장 고심했던 것 중에 하나가 바로 제2의 창학 정신으로 물색한 새 캠퍼스 부지 선정 문제였다. 대구 인근의 여러 지역 가운데 동쪽으로 경산 물띠미 지역과 서쪽으로 성서 야산을 두고 신일희 총장은 최종 결정 단계에서 큰 고심을 했다.

먼저 경산 하양 물띠미 지역은 대구를 관통하는 금호강 상류가 흐르고 기존 대구선 철도가 금호 강변에 개설되어 있어 좋은 점도 많았지만, 기존 대명, 동산캠퍼스와 거리도 멀고 대구의 많은 대학들이 경산 지역으로 이전 계획을 세우고 있었기 때문에 한 지역에 대학이 밀집할 경우 교통 문제가 매우 어렵게 되고 병원의 이전 문제 등을 고려할 때 대구의 균형적인 발전에 큰 문제가 될 수 있었다.

또 그 지역은 대구 도심에서 동쪽 방향으로 위치해 있어서 아침에는 햇빛을 정면으로 보게 되어 눈이 피로하고, 저녁 귀가 길에는 석양빛을 바로 받는 피곤함이 있어 수많은 학생들의 등하교와 교직원들의 출퇴근에 불편함이 예상되었다. 게다가 무엇보다 성서 지역보다 대명, 동산캠퍼스에서 훨씬 더 먼 거리라는 문제점이 있었다.

이밖에도 물띠미 지역은 문중 땅과 농사를 잘 지을 수 있는 비옥한 땅이 많아 부지 매입에 큰 어려움이 예상되어 최종적인 캠퍼스 조성 예정지로 지금의 성서 지역 신당동 1000번지(도로명 주소: 대구광역시 달서구 달구벌대로 1095) 야산 일대가 선정되었다. 1978년부터 신일희 총장은 부지 매입과 동시에 1981년 9월 현 자연과학대학 건물(백은관) 기공식을 갖고 1,850.085㎡(559,650.7평, 계명문화대학교 교지 187,760㎡ (56,797평) 포함, 444.02ac)의 성서캠퍼스 시대를 개막했다.

전국 최초 총장 직선제(교수 투표) 시행

1980년 10월 의과대학 설치 인가와 함께 동산병원 유지 재단과 통합을 한 계명대학교 법인은 신군부의 개입과 양측 이사들의 갈등으로 1981년 10월 기존 이사들이 전원 사퇴하고 문교부가 선임한 관선 임시 이사회가 구성됨에 따라 신일희 초대 총장도 사임했다. 신일희 총장 재임 기간에 계명대학교는 입학 정원이 4배로 늘어났고 단과대학은 4개에서 9개, 학과는 31개에서 45개로 확대되었는데 특히 의과대학과 무역대학원의 신설과 동산병원 통합, 성서캠퍼스 조성 등 큰 발전의 기틀이 마련되었다.

이 시기는 제5공화국 시대로 소위 신군부 세력들이 1980년 5월 광주 민주화 운동을 무력으로 진압하고 대통령 간선제를 고수하는 한편 대통령 임기를 7년으로 하는 군사 독재 정권 시대였다. 따라서 노동자들의 파업과 전국 대학생들의 대규모 시위 등이 계속되어 학원 민주화 열풍이 전국 대학가를 휩쓸면서 대학 구성원들의 직접 투표에 의한 총장 선출과 대통령 직선제를 많은 국민들이 하나같이 외치며 갈망했다.

교내외 극심한 혼란 가운데 계명대학교는 제2대 김태한(1923~2013) 총장이 임기(1982~1986)를 마치고 정길수(1932~) 제3대 총장이 취임했으나 학생들의 시위와 학내 문제로 1988년 4월 25일 갑자기 사임을 하게 되었다.

학원 민주화란 거대한 물결과 전 계명인들의 바람에 따라 **전국 최초로 이른바 '총장 직선제'가 채택**되어 교수들의 총장 선출을 위한 투표가 1988년 5월 27일 전체 교수를 상대로 실시되었고 그 결과 신일희 독어독문학과 교수가 투표자 321명 중 168표(52.3%)를 획득하여 법인 이사회에 총장 후보로 추천되었다. 법인 이사회는 신일희 교수를 계명대학교 제4대 총장으로 선임해 감독 기관인 문교부에 취임 승인을 요청했다. 신일희 교수는 1978년 3월 초대 총장으로 취임해 1981년 10월 사임한 이후 6년 8개월 후인 1988년 6월 20일 계명대학교 제4대 총장으로 취임했다.

이후 우리나라 많은 대학들이 총장 직선제를 채택하게 되었다. 그러나 투표 과정에서 구성원들 간에 학벌, 파벌, 논공행상 등의 폐해가 심각해지자 대부분의 대학들이 동문 등 대학 구성원 대표와 사회 저명인사들로 구성된 총장 후보 추천 위원회의 추천을 받아 학교 법인 등의 임명권자가 총장을 선임하는 방법을 모색하게 되었다. 이에 계명대학교는 전국 최초로 총장 직선제를 폐지하고 총장 후보 추천 위원회 제도를 채택했다. 이 같은 총장 선임 방식은 세계 많은 대학들이 시행하고 있는 것으로 계명대학교도 1996년 제6대 총장 선임 때부터 이 제도를 채택하고 있다.

청정절융으로 성서캠퍼스 시대 개막

계명대학교 성서캠퍼스 조성 과정에는 부지 선정보다 더 큰 어려움이 재정 확보였다. 비축한 재정도 없는데다 대명캠퍼스를 매각하지 않고 185만㎡(55만 9천 7백 여 평)의 캠퍼스 부지를 모두 매입해서 그 위에 각종 건물을 신축하고 모든 시설을 갖출 재정 확보가 막막했다. 학생들의 등록금으로는 태부족했고 내일모레 지급해야 할 교수와 직원들의 봉급조차 걱정하지 않을 수 없는 시기였다.

그때 신태식 명예 총장과 개인적으로 각별한 인연이 있었던 의양(義洋) 정재호(鄭載護, 1913~2005) 전 삼호그룹 회장이 1992년 평생 애써 모은 시가 120억원 상당의 부산 도심 소재 부동산을 아무 조건 없이 계명대학교에 희사했다. 당시로서는 매우 큰 금액이었고 32년이 지난 오늘의 금액으로 환산하면 수백, 수천억 원이 훨씬 넘는 매우 큰 돈이었다. 그리고 오랜 기간 총장을 비롯한 교직원들의 남다른 근검, 절약의 내핍 생활로 당면한 재정적 어려움은 기적같이 해결되었다. 이에 계명대학교는 **의양 정재호 회장**의 고귀한 뜻을 기리기 위해 성서캠퍼스 **경영대학 건물을 '의양관'**이라 명명했고, 정재호 회장의 부인 **박명교(朴明嬌,1918~2012) 여사**가 계명대학교의 발전에 기여한 공로를 기념해 **성서캠퍼스 학생 기숙사를 '명교생활관'**이라 명명했다.

계명대학교는 여타 대학들의 캠퍼스 조성처럼 충분한 자금을 미리 마련해 놓고 대부분의 부지와 건축, 그리고 시설을 한꺼번에 조성할 수가 없었다. 계명대학교는 평소 청정절융(청결, 정직, 절약, 융합)의 생활 실천을 통해 모은 돈과 외부의 발전 기금을 기부 받아 1차적으로 부지를 매입하고 그 다음 건축과 시설을 하는 상황이었다. 어느 하나라도 어긋나면 도저히 캠퍼스 조성을 할 수가 없는 형편이었지만 인재 양성에 대한 뜨거운 열의와 구성원들의 합심, 외부의 소중한 기부금 등으로 모든 계명인들이 바라던 꿈같은 기적을 일구어낸 것이다.

1982년 12월 처음으로 준공된 백은관에 1983년 3월 초 이공대학이 이전한 것을 시작으로 1984년 8월 영암관에 인문대학과 외국학대학, 1988년 8월 봉경관에 사회과학대학과 법과대학, 1991년 3월 공과대학과 체육대학, 그리고 1996년 대학 본부가 성서로 이전하면서 계명대학교 성서캠퍼스 시대가 활짝 열리게 되었다.

약학대학 신설

1899년 7월 한강 이남 약국의 효시라고 할 수 있는 **미국약방**을 개설하고 계명대학교 동산의료원의 전신인 제중원과 함께 의료 봉사를 시작하면서 계명대학교의 역사는 시작되었다. 이런 뿌리를 가진 계명대학교는 1978년 종합 대학이 되고 1980년 동산병원과 통합한 후 30년 동안 줄곧 약학대학 설치를 희망했다. 그럼에도 정부의 약학대학 신설 및 증원 억제 정책에 따라 매번 그 소망을 이루지 못하다가 2010년 마침내 약학대학의 신설을 인가받고 2011학년도부터 학생 모집을 할 수 있게 되었다.

2011년 10월 28일 성서캠퍼스에 지상 5층, 연면적 10,546㎡(3,190평) 규모로 강의실, 연구실, 실습실 등의 약학대학(보산관) 건축 기공식을 가졌고 2013년 1월에 준공하게 되었다. 지난 2008년 지역의 **권영호(權榮浩, 1941~) 인터불고그룹 회장**이 계명대학교에 기증한 칠곡군 북삼읍 숭오리 2,438,781㎡(737,728평, 585.3ac) 칠곡동영부지가 동영약용식물원, 동영산림힐링연구원, 동영학술림으로 개발되기에 이르렀다. '미국약방'으로 시작한 약학대학의 꿈이 원대하게 실현되어 가고 있는 것이다.

계명대학교는 시가 40억원 상당의 부동산을 발전 기금으로 희사한 **동영(東榮) 권영호 인터불고그룹 회장**의 높은 뜻을 기리기 위해 성서캠퍼스 **국제관을 '동영관'**이라 명명했다.

아름다운 캠퍼스, 드라마와 영화 속으로

계명대학교 동산캠퍼스, 대명캠퍼스, 성서캠퍼스의 경관은 국내는 물론 세계적으로 이름나 있다. 150여종 30여만 그루의 수목들과 철마다 피는 꽃들, 푸른 잔디, 담쟁이가 올라간 붉은 벽돌 건물이 어우러져 고풍스러움과 현대적인 면을 아울러 갖추고 있다. 첨탑이 솟은 본관, 중세풍의 둥근 지붕이 아름다운 언덕 위의 채플, 선비의 묵향이 감도는 서원풍의 한학촌 등이 어우러져 캠퍼스 전체가 조화로운 한 폭의 그림이 되고 있다.

성서캠퍼스는 2001년『한국대학신문』이 우리나라 10대 아름다운 캠퍼스의 하나로 선정한 바 있다. 우리 옛 조상들의 일상생활과 학문 탐구의 현장을 재현한 계명한학촌, 가야고분 등 많은 유적을 발굴해 전시하고 있는 행소박물관, 국보 제1463호인 『용비어천가』 등 23종 97책의 국가 문화재를 소장하고 있는 동산도서관, 한강 이남의 최고 공연 설비를 갖추고 대형 오페라와 뮤지컬 공연을 할 수 있는 웅장한 계명아트센터가 함께 자리하고 있어 학문과 문화의 메카로서의 역할을 충실히 담당하고 있다.

계명대학교 캠퍼스 풍경은 드라마나 영화 속에서도 자주 만날 수 있다. 정서적이면서 격조 있는 아름다움을 지닌 캠퍼스의 분위기로 인해 촬영 장소로 각광을 받고 있기 때문이다. 1993년 MBC의 「억새바람」, SBS의 「모래시계」, KBS의 「야망의 전설」뿐만 아니라 MBC의 「에덴의 동쪽」, KBS2의 「꽃보다 남자」, 2012년에는 MBC의 「빛과 그림자」, KBS의 「각시탈」, 2016년 MBC의 「반지의 여왕」, 2019년 tvN의 「미스터 션샤인」까지 무려 100여 편의 드라마와 영화, 그리고 각종 시에프(CF)가 계명대학교 캠퍼스에서 촬영되었다. 다시 말해서 계명대학교 캠퍼스는 한류(韓流)의 주축인 한국 영화와 드라마 '로케이션(Location) 1번지'가 되었다.

캠퍼스가 아름다운 계명동산, 그 동산에 있는 사람들과 그 동산을 거쳐 간 사람들도 몸과 마음이 다 같이 아름다워야 할 것이다.

잘 가르치고 잘 배우는 에이스(ACE) 대학

계명대학교는 2011학년도에 국가로부터 '잘 가르치는 대학', 즉 에이스(ACE: Advancement of College Education) 대학으로 선정되었다. 학부 교육 선진화 국책 사업과 산학 협력을 선도하는 대학 육성 사업 등 6개 대형 국책 사업을 시행하는 특성화 분야의 국가 거점 대학이 된 것이다. 거점 대학으로서 계명대학교는 2024년 1월 1일 기준으로 메인 캠퍼스인 성서캠퍼스(1,662,331㎡, 502,853평, 399.7ac) 외에 51,964㎡(15,719평, 12.5ac)의 대명캠퍼스와 94,863㎡(28,696평, 22.8ac)의 동산캠퍼스, 2,438,781㎡(737,728평, 585.3ac)의 칠곡동영부지, 180,262㎡(54,529평, 43.3ac)의 모빌리티캠퍼스(구 달성캠퍼스) 등에 **9개 대학원, 14개 단과 대학과 31개 학과와 23개 학부 및 61개 전공(2개 계열 포함)에 재학생(외국인 학생 포함) 22,707명, 외국인 교수 117명을 포함한 1,807명의 교수와 3,137명의 직원 및 200,470(2023. 12. 기준)여 명의 동문을 가진 우리나라 10대 대학**으로 성장 발전했다.

▲ 성서캠퍼스 정문

계명대학교는 우리나라보다 외국에 더 알려져 있는 대학이기도 하다. 초창기부터 정보화와 세계화를 선도해왔고 최근에는 교육 현장의 국제화에 더욱 힘을 쏟고 있다. 계명대학교는 1993년부터 '국제 학생 교환 프로그램(ISEP)'을 포함해 다양한 교환학생 프로그램을 운영하면서 2019학년도 1학기까지 수천명의 학생들을 국외에 파견하고 수천명의 외국인 학생들을 초청해 캠퍼스 전체가 학문과 문화 교류의 장이 되고 있다.

음악 분야에서도 **계명쇼팽음악원(Keimyung-Chopin Academy of Music)과 계명리스트음악원(Keimyung-Liszt Academy of Music)**을 운영하며, 국외의 저명한 교수들을 초빙해 재학생들의 개인 레슨을 하는 등 다양한 교류를 통해 음악 인재 육성에 힘쓰고 있다. 외국어와 문화에 있어서도 **공자아카데미(孔子學院)와 독일문화원(Goethe Institut)** 대구어학센터를 설치해 중국어와 독일어 교육뿐만 아니라 양국과의 문화 교류를 활발히 하고 있고, 2009년부터 외국인을 위한 러시아어 능력 인증 시험인 TORFL, 2011년부터는 중국어 능력 시험인 한어수평고시(HSK), 2019년부터는 스페인어 전자능력 시험인 SIELE 시험 시행 기관으로 활동하고 있다. 또 아프리카 탄자니아, 짐바브웨, 동남아 베트남과 중앙아시아 우즈베키스탄, 카자흐스탄, 다지키스탄 등에 코리아센터를 설치해 개척과 봉사 정신으로 한국어 교육과 문화 교류를 활발히 하고 있다.

계명대학교가 2023년 10월 기준 국제 교류를 하고 있는 대상은 미국의 샌디에이고주립대학교와 영국의 에든버러대학교, 일본의 학습원대학교 등 세계 66개국 398개 대학, 48개 기관으로 전국 최고 수준이다.

민간 교류에 있어서도 폴란드, 이탈리아, 영국, 독일 등 전 세계 40개국과 민간 교류 협회((사) 대구·경북국제교류협의회(DGIEA)), 즉 한국폴란드협회, 한국이탈리아협회 등을 조직해 학술 발표, 음악회, 각종 전시 교류전을 왕성하게 개최하고 있고, 각국 대학에 교수와 학생 교류를 적극 주선하고 있어 국내 대학 가운데 국제 교류가 가장 활발한 대학으로 손꼽히고 있다.

계명대학교의 미래와 비전

계명대학교 성서캠퍼스 본관에 들어서면 로비 정면에 백지 그림이 걸려 있고 그 아래 라틴어와 한국어로 다음과 같은 제목이 있다.

TABULA RASA

우리가 얼굴을 가질 때까지

'Tabula Rasa'는 아무것도 쓰여 있지 않은 '백지(白紙)'라는 의미이다. 지금 미래에 우리의 모습을 어떻게 그려 넣을지 생각하라는 뜻이다. 계명대학교에 머무는 동안에 '지금 여기'에 있는 자신의 모습을 직시하고 미래의 자신의 모습을 구상하고 도전하라는 의미를 지닌다.

계명대학교는 세계 속에 자기 얼굴을 가진 교육 혁신 선도 대학으로서 도전적 개척 정신(Frontiership)과 윤리적 봉사 정신(Altruism), 국제적 문화 감각(Culture), 그리고 창의적 전문성(Expertise)을 갖춘 인재, 즉 FACE형 인재 육성을 위한 교육 편제 개편과 교육 과정 혁신, 교수 역량 강화, 엄정한 학사 관리, 우수 학생 선발, 장학 및 학생 복지의 확대 등 100대 핵심 과제를 선정하고 2020년 '계명비전 2020' 발전 계획을 수립하여 알차게 추진해왔다.

이제 계명대학교는 계명의 초상화인 Tabula Rasa에 하나의 큰 획을 그려넣을 때가 다가오고 있다.

▲ 타불라라사(TABULA RASA), 우리가 얼굴을 가질 때까지

계명대학교 동산병원(성서) 2018년 9월 준공, 2019년 4월 개원

▲ 2019년 4월 개원한 성서캠퍼스 계명대학교 동산병원

1. 유구한 역사의 계명대학교 동산병원

1890년대 말 우리나라 근대화의 바탕을 이룬 기독교 문화를 대구·경북에 처음 심어준 사람은 미국 북장로교회 선교부 안의와 목사이다.

그는 대구·경북에서 기독교 3대 사역, 즉 말씀 전파, 치유 사업, 교육 사업을 위해 혼신의 노력과 봉사를 아끼지 않았다. 안의와는 대구·경북 최초의 교회인 대구제일교회(1897년)를 비롯한 73개 교회를 설립하여 봉사와 헌신을 통해 우리에게 새로운 소망을 심어 주었고 대남소학교(1900년, 현 종로초등학교 전신), 계성학교(1906년), 신명여학교(1907년)를 설립했다. 그리고 그의 유지(遺志)에 따라 장남 안두화 목사 등이 계명대학교(1954년)를 설립, 교육 사업을 활발하게 펼쳐 오늘날과 같이 우리나라가 세계적으로 교육 의지가 높은 국가가 되도록 하는 데 큰 업적을 남겼다.

안의와 목사는 1899년 의료 선교사 장인차를 초청, 현 계명대학교 동산의료원의 전신인 제중원(濟衆院)과 미국약방을 창립하여 병고(病苦)와 싸우던 대구·경북인들에게 치유 사업을 헌신적으로 펼치는 등 지대한 공헌을 하였다.

대구·경북 최초의 근대식 병원이었던 제중원은 1899년 개원과 동시에 밀려 오는 환자(연간 1,700~2,000명)들로 인하여 건강을 유지하기 어려웠던 장인차 의료 선교사는 팔공산 파계사에서 잠시 휴양을 하기도 했으나 연일 계속되는 환자 진료로 끝내 건강을 회복하지 못하고 1910년 미국으로 돌아갔다. 장인차 원장은 1909년 미국으로 떠나기 전 병원 내에 나환자보호소(Leper Asylum, 현 애락보건병원 모체)를 설립하고 많은 나환자들을 정성껏 돌보았다. 동산병원은 6.25한국전쟁 당시 경찰병원이 되어 나라를 위해 부상당한 경찰들을 헌신적으로 치료해 주기도 하였다.

이처럼 계명대학교 동산병원은 유구한 역사와 함께 수많은 대구·경북 시도민의 생명을 지켜준 역사적인 병원으로 이제 새 시대를 맞아 계명대학교 성서캠퍼스 궁산 기슭에 새로운 모습으로 거듭나게 되었다.

2. 계명대학교 동산병원(성서) 2019년 4월 개원

1899년 제중원(濟衆院)으로 시작한 계명대학교 동산의료원이 동산캠퍼스 대구 동산병원, 경주동산병원에 이어 성서캠퍼스 계명대학교 동산병원을 건립했다. 새 병원은 대구의 명산 와룡산(臥龍山)과 대구의 젖줄 금호강(琴湖江)을 품고 있는 계명대학교 성서캠퍼스 서편 궁산 기슭에 대지 40,228㎡(12,169평), 연면적 179,218㎡(54,213평), 지하 5층, 지상 20층 1,041병상 규모로 지난 2012년 4월 16일 착공하여 2018년 9월 30일 준공했고 내부 시설을 모두 정비, 지난 2019년 4월 개원했다.

성서캠퍼스 동산병원은 ㈜삼우종합건축사무소와 KMD Architecture가 설계하고 ㈜토펙엔지니어링에서 체계적이고 전문적인 건설 사업 관리를 위해 CM(Construction Management)을 맡았으며 ㈜대우건설이 시공했다. 계명대학교 동산병원은 계명대학교 성서캠퍼스 내에서 최첨단 시설을 갖춘 가장 큰 건축물이고 대구에서도 손꼽히는 초대형 건물이다.

3. 미국 친환경 건축물 인증(LEED) 및 세계 최대 의료 서비스 인증 기관 JCI 인증 계획

특히 계명대학교 동산병원(성서)은 설계부터 한강 이남 최고의 역사를 가진 현대식 병원답게 '치유의 손(Healing Touch), 교감의 손(Emotional Touch), 기도의 손(Praying Touch)'을 표현한 '감동의 손길이 함께하는 치유의 동산' 콘셉트를 반영, 병원 외곽 전경이 두 손을 모아 기도하는 모습으로 건축되었다.

성서캠퍼스 동산병원은 국내 병원 최초로 에너지 절약형 친환경 건물임을 인증하는 LEED(Leadership in Energy and Environmental Design, 미국 친환경 건축물 인증) 및 세계 최대 의료 서비스 인증 기관의 JCI(Joint Commission International-시설부문) 인증 획득(계획) 병원으로서 심혈관질환센터, 암치유센터를 특성화하여 개설하고 하이브리드 수술실 등 최첨단 시설을 갖춘 글로벌 병원으로서 진료와 교육, 연구에 미래를 꿈꾸며 현재를 앞서가는 최첨단 의료원으로 거듭나고 있다.

4. 심뇌혈관질환센터 특성화

계명대학교 동산병원(성서)은 전국적으로 명성이 높은 심뇌혈관 질환 치료 업적을 기반으로 내과(심방과 내분비), 신경과, 신경외과, 흉부외과, 외과(이식혈관), 재활의학과, 예방의학과 등의 진료과를 통합하여 심혈관 질환 환자의 전반적인 통합 치료뿐만 아니라 예방적 관리 활동과 재활 치료도 함께 시행하고 있다. 또한 진료와 검사를 통합, 운영하며 원스톱 서비스 시스템(One-stop Service System)으로 외래 진료와 당일 검사가 가능하도록 하여 환자의 빠른 치유와 편의성을 동시에 도모하고 있다.

그뿐만 아니라, 가슴을 열고 수술하는 개심 수술을 8,000례(2021. 12.) 이상 달성하였고, 부정맥 시술 또한 5,600례(2022. 8. 1.) 이상으로 97%의 높은 성공률을 보여 국내 5위권에 올라 있다. 소아, 성인 심장 이식 수술도 모두 대구·경북권에서 최초로 시행한 병원으로서 2017년도에 전국 4위였고, 인공 심박동기 삽입술도 지역 최초로 성공한 병원이다. 또한 지역 최초 관상 동맥 조영술을 시작으로 관상 동맥 중재술과 관상 동맥 우회술을 지역에서 최다 시행하고 있다.

아울러 건강보험심사평가원의 관상 동맥 우회술 평가 5년 연속 1등급 병원으로서 성서 계명대학교 동산병원에 헬리콥터 비행장을 설치, 보다 빠르고 신속하게 심뇌혈관환자를 이송하고 치료할 수 있다.

5. 암치유센터의 특성화

계명대학교 동산병원(성서)은 암치유센터를 특성화하여 기존 내과(소화기, 혈액종양), 외과(대장항문, 위장관)에서 내과(호흡기), 외과(간담췌장), 흉부외과를 추가 통합하여 진료하고 전문 간호사 상담실을 신설하여 암환자 치료와 함께 환자와 보호자의 편의를 최대한 제공하고 있다.

계명대학교 동산병원(성서)은 대구·경북 최초로 암센터 상담실을 개소하여 지금까지 운영하고 있으며, 지역 최초 다빈치 Si 로봇 수술 장비를 도입하여 각종 암치료 5,000례(2022. 8. 1.) 로봇 수술을 시행했다. 특히 세계 2번째 자궁 경부암 로봇 수술, 세계 최초 자궁 내막암 로봇 수술, 세계 최다 시행 부인암 수술 2,000례(2022. 2. 1.)('메디시티 대구 2017 우수의료기술 육성, 지원 사업' 선정), 대장암 로봇 수술 400례(2022. 5.), 입안으로 하는 갑상선암 로봇 수술 세계 3번째 성공 등으로 단일공 로봇 수술은 세계적 수준으로 평가받고 있다. 미국의 로봇 수술 본사는 동산병원의 자궁 내막암 수술 과정을 특허 내어 전 세계 의료진들의 교육 영상으로 활용하고 있다. 동산의료원의 앞서가는 기술력을 배우기 위하여 대만, 홍콩, 싱가폴 등 아시아권 국가 의사들의 연수도 이어지고 있다.

암치유센터는 새 병원 개원과 함께 성능이 향상된 로봇 수술 기기를 도입하고 다양한 질환에서 신 의료 기술을 개발하는 등 메디시티 대구의 의료 수준을 최첨단으로 높이는 데 기여할 계획이다.

6. 하이브리드 수술실 운영

계명대학교 동산병원(성서)은 우리나라가 고령화 사회로 진입하고 만성 질환, 당뇨, 비만 환자의 급증으로 심장, 뇌, 혈관 질환자가 지속적으로 증가함에 따라 이에 대처하여 복잡한 혈관 질환 환자에게 외과적 수술과 중재 수술을 동시에 시행할 수 있도록 하이브리드 수술실을 운영하고 있다.

하이브리드 수술실 운영에 따라 환자 상태별 맞춤형 수술 서비스를 제공하여 합병증을 최소화할 수 있게 되고 치료 결과를 현장에서 확인함으로써 수술 성공을 제고할 수 있으며 고객 만족도를 극대화할 수 있게 되었다.

▲ 계명대학교 동산병원(2019.)

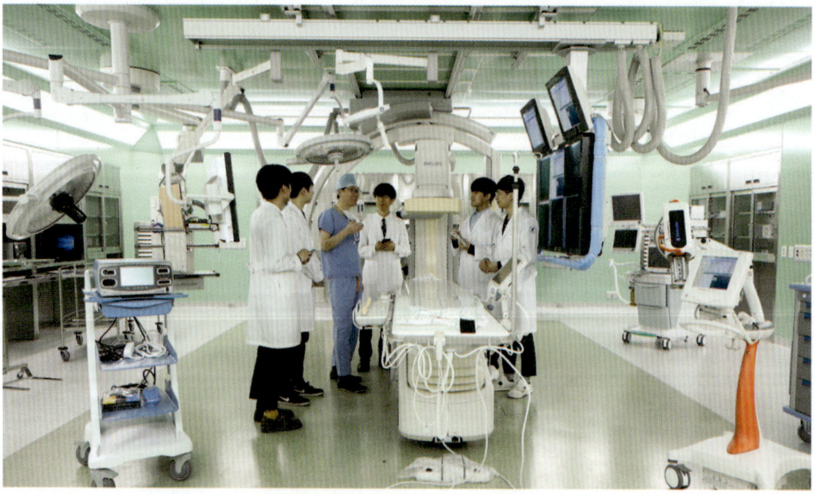

▲ 계명대학교 동산병원 하이브리드 수술실(2019.)

▲ 계명대학교 법인 설립이사 보산 신후식 목사 기념관인 보산관(2013년 준공)

그뿐만 아니라 계명대학교 동산병원은 의과대학, 간호대학, 의과학연구동, 약학대학 등을 유기적으로 연결, 의료 복합체인 메디플렉스(Medical Complex)를 이루고 있다.

따라서 계명대학교 성서캠퍼스는 의과대, 간호대, 약학대, 자연과학대, 동산병원이 함께 복합체로 인접하여 있어 의료 관련 연구의 효율성을 극대화할 수 있는 아주 좋은 조건을 모두 갖추고 있다.

7. 환자 만족도 1위 상급 종합 병원으로 '메디시티 대구'의 자랑거리

계명대학교 동산병원 개원으로 지금까지 서울의 큰 병원을 찾던 대구·경북 지역의 많은 환자들이 대구에서 원하는 양질의 치료를 받을 수 있게 되었다. 뿐만 아니라 지역의 랜드마크로서 '메디시티 대구'를 이끌어 가는 대구의 또 하나의 자랑거리가 되고 있다. 또한 계명대학교 동산병원은 대구 지하철 2호선 강창역에서 병원 지하로 곧바로 연결, 33대의 엘리베이터와 20대의 에스컬레이터로 환자와 보호자 및 방문자의 동선을 최소화하여 모든 편의를 제공하고 있다.

성서캠퍼스 새 병원의 또 다른 건물 외벽을 밝히는 부드럽고 은은한 색채와 조명은 랜드마크의 위용을 더욱 잘 드러내고, 자연 채광이 건물 곳곳에 스며들 것이며, 중앙광장, 치유정원 등이 휴식 공간으로 제공되고 있다. 아름다운 계명대학교 성서캠퍼스와 아담스채플, 계명아트센터, 행소박물관, 계명한학촌 등 계명대학교의 각종 문화 공간과 계명대학교 동산병원이 조화를 이루어 또 다른 치유의 손길로서 환자와 방문자들에게 모두 만족감을 주고 있다.

계명대학교 동산병원은 2022년 7월 건강보험심사평가원이 발표한 '환자 경험 평가'에서 전국 2위, '병원 환경 평가'에서 전국 2위, 대구 1위, '의사 평가'에서 전국 6위, 대구 1위, 2021년 의료 질 평가에서도 대구 지역에서 유일하게 5년 연속 최고 등급인 1등급을 차지해 명실상부한 최첨단 스마트 병원으로 인정받았다.

8. 동산캠퍼스 대구동산병원도 현 위치에 존속, 124병상, 22개 외래 진료 과목 운영

한편 계명대학교 동산의료원은 성서캠퍼스의 계명대학교 동산병원의 개원과 함께 대구 도심에 자리 잡고 있는 기존 동산캠퍼스 동산병원은 대구동산병원으로 명명

▲ 계명대학교 대구동산병원

하고, 1단계 204병상 규모로 15개 외래 진료과를 개설하여 특히 만성 질환, 심뇌혈관 진료, 신장 및 혈액 투석, 고위험 산모, 신생아 집중 치료, 소화기 진료, 응급 센터 중심으로 운영하고 있다.

대구동산병원은 새롭게 재개원한 후 조만간 코로나19 사태가 전국적으로 안정되면 2단계 258병상 규모로 24개 외래 진료과를 운영할 계획이고, 재개원 4~5년 후에는 500~700병상으로 확장하여 상급 종합 병원으로 운영할 계획이다.

9. 대구동산병원 2020년 2월 코로나19 지역거점전담병원으로서 헌신적 봉사로 국내외 많은 성원과 찬사 받다

2020년 2월 21일 대구·경북 지역에 신종 코로나바이러스감염증(COVID-19)이 급속도로 확산되어 많은 지역민들이 두려움과 공포감에 휩싸여 있을 때, 계명대학교 대구동산병원은 정부 지원 한 푼 받지 않는 민간 병원이지만 자원하여 코로나19 거점 전담 병원으로 지정받아 헌신적인 봉사 활동에 나섰다.

당시 대구동산병원에는 기존 환자 136명이 있었지만 설득과 동의를 통해 계명대학교 동산병원(성서) 등으로 이송하고 2월 22일부터 115일 동안 코로나19 환자 1,022명을 입원시켜 전 의료진의 밤낮 없는 헌신적인 봉사로 923명은 완치, 퇴원시켰다. 그리고 남은 환자들은 다른 병원으로 전원시키고 병원 전체를 고강도 멸균 작업을 한 뒤 2020년 6월 15일 정상 진료에 들어갔다.

대구동산병원이 코로나19 거점 전담 병원으로 봉사하는 동안 국내 많은 의료진들이 자원 봉사 활동을 했고 국무총리, 보건복지부 장관 등 정부 주요 인사, 주한 외국 대사, 많은 국민들이 성원과 격려를 아끼지 않았다. 해외 주요 언론들도 연일 대구동산병원의 헌신적인 봉사 활동을 대대적으로 보도하며 성원과 찬사를 보냈다. 2022년 5월 25일까지 대구동산병원은 802일간 코로나19 환자 총 6,746명 입원 치료와 14,395명 재택 치료의 성과를 거두었다. 참고로 같은 기간 동안 계명대학교 동산병원은 643명의 코로나19 환자를 입원 치료했으며, 경주동산병원은 2021년 11월 1일 기준 6,831명의 코로나19 환자를 치료했다.

계명대학교는 2014년 9월 1일, 1899년에 개원한 동산병원과 1954년 고등 교육 기관으로 출범한 계명대학교의 역사를 통합하였다. 이로써 2019년에 뜻깊은 "계명대학교 창립 120주년"을 맞이하고 새로운 웅비를 위한 신기원을 열었다. 계명대학교가 창립 초창기부터 지금까지 추구해왔던 개척과 봉사의 정신 아래 지속적으로 발전해나간다면, 창립 150주년을 맞이하는 2049년에는 명실상부한 세계적인 굴지의 명문대학으로 변모해 있을 것이다.

생각 나누기

01 1800년대 말 미국 선교사들이 왜 듣도 보도 못한 이국땅 한국, 특히 대구에 와서 교회와 학교, 병원을 세우고 대를 이어 헌신하고 봉사했는가?

02 기독교가 대구에 전래되면서 우리 고장 대구·경북 지방에 기독교 문화가 크게 기여한 것은 무엇인가?

03 계명대학교 캠퍼스는 자타가 공인하듯이 무척 아름답다. 캠퍼스의 아름다움 같이 캠퍼스의 주인공들의 몸과 마음이 어떻게 아름다워져야 할지 생각해보자.

04 계명대학교 성서캠퍼스 본관 로비 정면에는 'TABULA RASA, 우리가 얼굴을 가질 때까지'라는 제목의 백지 그림이 걸려 있다. 이 그림이 의미하는 바는 무엇인가?

참고 자료

· 계명대학교 건축물의 역사 편찬위원회, 『계명대학교 건축물의 역사』, 대구: 계명대학교출판부, 2019.

· 계명대학교 동산의료원, 『사랑과 봉사의 발자취 동산의료원 100년』, 대구: (주)애드코인&애드코인 퍼블리케이션, 1999.

· 계명대학교 120년사 편찬위원회, 『계명대학교 120년사 1899~2019』, 대구: 계명대학교출판부, 2019.

· 계명대학교 120년사 편찬위원회, 『계명을 빛낸 사람들 1899~2019』, 대구: 계명대학교출판부, 2019.

· 계명대학교 50년사 편찬위원회, 『계명대학교 50년사 1954~2004』, 서울: 다락방, 2004.

· 계명대학교 홍보팀, 『세계로 향해 빛을 여는 계명대학교(DVD)』, 2010.

· 대한예수교장로회 경북노회 100회사 편찬위원회, 『경북노회 100회사』, 대구: 중외출판사, 1977.

· 신명고등학교·성명여자중학교, 『신명백년사 1907~2007』, 대구: 방형식디자인, 2008.

· 신일희, 『초창기의 계명인』, 대구: 계명대학교출판부, 2004.

· ______, 『타불라 라사』, 대구: 계명대학교출판부, 2005.

· 이상근, 『대구제일교회 90년사』, 대구: 중외출판사, 1983.

· 이재원, 『이재원 고희기념 대구기독교역시 논문집』, 2006.

· 학교 법인 계성학원, 『계성백년사 1906~2006』, 서울: 다락방, 2006.

제2장
계명 정신과 실천

제1절 | 무엇이 계명 정신인가

2019년 계명대학교는 창립 120주년을 맞이했다. 그간 계명대학교는 격동의 우리나라 역사와 함께하면서 경이로운 발전을 이루어 아름다운 캠퍼스에 전국 10위 안에 드는 학생 수와 교수진을 갖추고 우수 인재를 교육하는 명문 사학으로 발전했다. 대체 이러한 저력이 어디에서 나왔을까? 지난 반세기의 역사를 넘어 새로운 반세기를 맞이한 이 시점에서 이에 대해 함께 생각해보고 우리의 '배움의 의미'를 한번 찾아보기로 하자.

1. 계명 정신의 뿌리 기독교 정신

계명 정신을 이야기하기에 앞서 '계명'이라는 학교 이름부터 되새겨 보자. 앞장에서 살펴봤듯이 **'계명(啓明)'**은 기독교 정신 아래 설립된 **계성학교(啓聖學校)의 '열 계**

(啓)'자와 신명여학교(信明女學校)의 '밝을 명(明)'자를 하나씩 따서 지은 것이다. '밝은 빛을 연다'는 뜻인 '계명'은 예수 그리스도를 믿고 그를 닮아 이 땅에 그의 성스러운 빛을 열고 그것이 더욱 밝게 빛나도록 한다는 의미를 담고 있다. 대개 대학이 위치하고 있는 지명을 학교 명칭으로 쓰고 있는 다른 대학들과는 이름부터가 사뭇 다른 것이다. 교명에 담긴 의미는 창학 정신은 물론 계명대학교의 교육 이념과 교육 목적 및 교육 목표, 계명 비전 등을 통해 체계적으로 확장되었다.

우선 우리의 '배움의 의미', 즉 '교육 이념'에 대해 생각해보자. 계명대학교의 교육 이념은 **'진리와 정의와 사랑의 나라를 위하여'**이다. 이는 우리가 익숙히 들은 '믿음', '소망', '사랑'이라는 기독교 정신에서 나온 것이다. '믿음'은 하나님이 우리의 주인이고 예수 그리스도가 우리의 구세주임을 믿는다는 의미이다. 이 믿음 위에서 하나님 말씀대로 행함으로써 하나님 이외 다른 어떤 존재로부터도 구속받지 않고 '진리'를 추구하며 살아가는 자유인이 될 수 있는 것이다. '소망'은 예수 그리스도가 그의 백성들과 항상 함께하고, 궁극적으로 세상 구원을 완성할 것이라는 것에 대한 바람이다. 이런 소망이 있을 때 불의를 보거나 역경에 처해도 낙심하거나 좌절하지 않고 '정의'와 '사랑'이 가득한 그리스도의 나라를 기다릴 수 있다. '사랑'은 그리스도의 사랑에 답하고, 그 사랑의 힘으로 이웃을 '사랑'하며 봉사하는 마음을 가리킨다. '믿음', '소망', '사랑' 이 세 가지는 우리 삶의 의미이자 배움의 의미이다. 이 마음이 우리 안에 있을 때 이 땅에 빛을 여는 일꾼이 될 수 있는 것이다.

다음으로 우리가 진리와 정의와 사랑의 나라를 현실 세계에서 실현해 나감에 있어서 필요한 교육을 가늠할 표지판이 되는 '교육 목적'에 대해 살펴보자. 계명대학교의 교육 목적은 **'학문의 탁월성 추구', '교육의 윤리성 앙양', '실존의 본질성 연찬'**이다. 학문적 탁월성을 추구하여 보다 나은 삶을 추구하는 것은 대학의 가장 중요한 존재이유의 하나이다. 그러나 인격이 바탕이 되지 않는 탁월성은 인류의 삶에 큰 해악이 되어 왔음을 우리는 역사 속에서 많이 보아 왔다. '교육의 윤리성 앙양'은 바로 지(知), 정(情), 의(義)라는 전인적인 인격이 바탕이 된 전문성을 길러야 함을 의미한다. 정신적인 바탕을 단단하게 다지고 '탁월한 학문'을 추구할 때, 보다 나은 삶에 보탬이 되는 인물이 될 수 있고 전문적 지식이 윤리적으로 사용될 수 있을 것이다. 그리고 이 교육 목적을 좀 더 구체화해 '진리를 탐구하는 창의적 전문가 양성', '정의를 구현하는 윤리적 지성인 육성', '사랑을 실천하는 전인적 지도자 배출'을 세부 교육 목표로 설정함으로써 기독교 정신을 구현하기 위한 교육의 큰 그림을 체계화했다. 나아가 '빛을 전하는 FACE 인재 양성을 통해 인류 공영에 기여하는 명문 사학'으로 성장하고 능동적 참여 교육과 창의적 융합 연구를 통해 '지역과 세계를 향해 빛을 여는 교육 혁신 선도 대학'으로 웅비하는 것을 계명 비전으로 제시했다.

그런데 기독교 정신의 구현을 위한 교육 목적과 교육 목표 및 계명 비전의 달성에 이르기까지 그 이면에 일관되게 흐르는 정신은 무엇인가? 이는 계명의 지난 역사를 통해 비약적인 성장과 자기 실현의 동력으로 작용하면서 현재까지 살아 움직이며 오늘의 계명을 있게 한 소중한 가치이다. 동시에 이는 우리가 앞으로도 면면히 이어가야 할 자산으로 바로 **'개척 정신'**과 **'봉사 정신'**이다. 계명대학교는 진리를 추구하는 교육과 연구의 전당으로서 학문의 탁월성을 굳건히 다지는 기초 위에서 도전적 개척 정신과 윤리적 봉사 정신을 동력으로 삼아 난관을 뚫고 일취월장(日就月將) 이웃을 향해 봉사하며 발전해왔다.

2. 개척 정신

바위산을 깎아 가르침의 나무를 심어

계명대학교는 그 창립부터 도전적 개척 정신의 산물이었다. 앞장에서 살펴봤듯이 기독교를 받아들이기에 가장 배타적이었던 대구 지역에 선교사들이 복음을 전파하는 가운데 계명대학교 설립의 움직임이 싹트기 시작했다.

다만 한국 남부에 기독교 대학을 설립하려던 선교사들의 비전은 재원 확보가 순조롭지 않은데다 우리나라가 일제(日帝)에 의해 강점되는 국난을 맞이함에 따라 당장 실현되지 못했고, 일제에서 해방된 뒤 몇 년 지나지 않아 1950년 6월 25일에 발발한 한국전쟁으로 말미암아 또 다시 뒤로 미루어졌다

그런데 일제 강점의 암흑기와 제2차 세계대전 및 해방 후의 남북 분단과 한국 전쟁의 폐허를 거치면서 기독교 교육 기반이 붕괴되다시피 했기 때문에 젊은 목사들의 교육 수준이 현저하게 낮아졌다. 북한과 서울 지역에 비해 복음이 상대적으로 늦게 전해진 우리나라 남쪽 지역은 이런 현상이 더욱 심할 수밖에 없었다.

반면에 남북 분단으로 남한에만 선거를 통해 자유 민주주의 정부가 수립되었을 때, 기독교계의 중심이 평양에서 서울로 옮겨짐에 따라 본래 영남 지역 교육과 문화

의 중심지였던 대구가 선교의 중심지로 부상함으로써 기독교 계통 고등 교육 기관의 설립이 더욱 절실해졌다. 또한 대구는 한국전쟁 당시 공산군을 막아내는 최후의 방어선이 됨으로써 군사적·경제적 중요성이 부각되었고, 전쟁 기간 동안 각지에서 몰려든 피난민의 이주로 말미암아 이 지역 교회 수는 전에 없이 괄목할 성장을 했다.

이처럼 대구 지역에서 기독교적 세계관을 가진 지도자의 육성이 절실하던 차에, 미국 북장로교회 소속 안의와 선교사의 아들인 안두화 목사와 지역의 기독교계 선각자들이 이 일에 앞장서고 나섰던 것이다. 안두화 목사는 1941년 12월 7일 있었던 일본의 진주만 공습 이후 한국 땅 떠나기를 거부하며 복음 전파에 열중하기도 했고, 한국전쟁 때는 여러 차례에 걸쳐 피난민 후송과 구호 및 난민촌에서의 병자 치료 등에 발 벗고 나서야 했기에 대학 설립을 돌아볼 겨를이 없었다.

그러나 어둔 밤의 시간이 길면 길수록 새벽을 기다리는 열망 또한 그만큼 커지는 법. 후임 선교사들과 대구 지역 교회의 기독교 지도자들이 이곳에 고등 교육 기관을 세우고자 한 안의와 선교사의 비전을 한시도 잊지 않고 소중히 간직하고 있었기에, 한국전쟁이 끝나자마자 1953년부터 바로 본격적으로 계명대학교 설립을 추진했다.

그들은 이 땅에 복음을 전할 지도자 양성이라는 사명감을 품고 있었기 때문에 온갖 열악한 조건에서도 고등 교육 기관을 설립할 수 있었다. 그 사명감이 영남 지방의 중심지인 대구에 기독교적 사랑의 정신에 기초를 두고 대한민국 교육법에 의거한 고등 교육을 실시하는 꿈을 실현시키는 원동력으로 작용했다. 계명대학교의 창립은 50여년이라는 오랜 기간 동안 포기하지 않고 도전해 이루어낸 '개척 정신'의 산물이라 할 수 있는 것이다.

'학교 설립과 향후 5년간의 운영'을 위한 기금 총액은 미화 9만 달러에 불과했다. 그러나 이처럼 턱없이 부족한 자금 상황에도 불구하고 꿈을 이루어냈다. 오로지 어둡고 황량한 이 땅에 '빛을 여는 전당'을 세우려고 한 원대한 계획과 열망이 한데 어우러졌기 때문에 가능했던 것이다. 1963년 5월 25일 **'창립 기념사'**에서는 계명대학교의 창립을 이렇게 서술하고 있다.

계명대학의 탄생은 이미 만세 전에 하나님에 의해서 계획된 것이다. 짧게는 인간이 마음속에 그것을 의식한 것만 해도 반세기 전, 즉 장로교 선교사들이 대구에 온 그때부터 비롯된 것이다. 알게 모르게 기나긴 과거와 미래의 역사를 이어주는 역할을 담당하기 위해 계명대학은 탄생하게 된 것이다.

계명대학교 창립의 토대가 된 개척 정신은 캠퍼스 부지 선정과 건설 과정에서도 여명의 눈동자처럼 밝게 빛났다. 계명기독대학 초대 학장인 감부열 목사는 학교 부지를 물색하던 중, 당시로서는 대구시 중심부의 남쪽 변두리 지역에서 가장 높은 곳에 자리 잡고 있어서 360도 사방으로 조망이 가능한 터를 발견했다.

그 땅에는 어느 문중의 묘지가 있는데다가 앞에 또 화장터가 놓여 있어서, 보통 사람들이 학교 부지로 생각하기가 쉽지 않은 곳이었다. 하지만 백안의 감부열 목사는 화장터가 앞에 있다고 해도 전혀 꺼림칙하게 여기지 않았으며, 한국인의 정서로 보아 묏자리가 있는 땅을 선뜻 내어줄 리 만무하다는 우려에도 위축되지 않고 이렇게 말했다.

> 당신의 조국을 위대하게 만들 지도자를 양성하는 대학처럼 숭고한 기관에 문중의 묏자리를 판다면, 그것이 진정한 인류애를 발휘하는 것입니다. (신일희 2004, 67)

이는 통념을 넘어 국가 지도자 양성과 인류애의 발휘라는 숭고한 가치로 종손을 설득한 말이다. 이런 신념에 찬 끈질긴 설득으로 결국 그 문중 종손의 동의를 이끌어 냈다. 그리고는 풀 한 포기 자라기 어려운 황무지 바위산을 깎아 나무를 심고 꽃을 가꿔, 훗날 수많은 영화나 드라마의 배경으로 각광받는 아름다운 대학 캠퍼스의 토대를 닦았던 것이다. 이는 보통 사람의 생각을 뛰어 넘는 높은 이상과 개척 정신이 한데 어우러져 일구어낸 고귀한 성취라 할 수 있을 것이다. **"처음에는 보잘것없겠지만 나중에는 크게 될 것이다."**(『성경』「욥기」8:7)는 성경 구절처럼, 계명대학교는 1천여 평 남짓한 건물에서 2개 학과 118명의 학생으로 출발했지만 지금 전국 10위 권의 대형 종합 대학으로 성장했다.

이런 계명의 개척 정신은 성서캠퍼스 부지 마련과 약학대학 유치 과정 및 계명대학교 동산병원 건설에서도 고스란히 드러난다. 우선 성서캠퍼스 부지 선정에 있어 당시 대구 소재 많은 대학들이 경산 지역으로 이전할 계획을 갖고 있음을 고려해 교통 혼잡과 출퇴근 및 등하교의 불편, 고등 교육 기관 편중 등을 예상하고 반대 방향인 성서 지역 일대로 최종 결정했다. 다른 대학들이 캠퍼스 조성에 유리한 평지를 찾아 대구 동쪽으로 이전하던 때에 계명대학교는 이런 대세를 따라가지 않고 남들이 안중에 두지 않던 대구 서쪽 끝의 야산을 찾아 계명의 새 터로 낙점한 것이다. 이로써 **바위산을 깎아 이룩한 대명캠퍼스 건설의 정신을 계승**하고 대구 지역 고등 교육 기관의 균형적 배치도 달성할 수 있었다.

약학대학 설립은 1899년 7월에 장인차 의료 선교사가 한강 이남에서 최초로 연 약국인 '미국약방'으로 거슬러 올라간다. 그 후 계명대학교는 동산병원과 통합한 1980년부터 기회가 있을 때마다 국가의 교육 당국에 약학대학 신설을 신청했지만 제도적 제한 등으로 말미암아 번번이 받아들여지지 않았다. 그렇지만 이에 굴하지 않고 끈질기게 도전한 결과 2010년에 정부로부터 설립 인가를 받아냈다. 111년에 걸친 오랜 꿈과 지난 30년간 9차례에 걸친 끊임없는 시도가 마침내 결실을 보게 된 것이다. 이로써 계명대학교는 1899년에 설립된 '제중원(濟衆院)'에서 발전한 동산의료원(의과대학, 간호대학, 동산병원)에다가 약학대학이 보태져 의학, 간호학, 약학을 망라한 종합 의료 체계를 구축하고 메디시티 대구를 대표해 지역 사회와 세계에 종합적이고 수준 높은 의료 서비스를 제공할 수 있게 되었다.

2012년 4월에는 2019년 개원을 목표로 계명대학교 동산병원 건설 공사가 시작되었다. 새 동산병원은 에너지 절약형에 친환경 건물로써 개실형(個室型: 1인실) 집중치료실 등 의료의 질을 획기적으로 개선할 다양한 시설들을 국내 병원 최초로 도입했다. 이 역시 '제2의 도약, 새로운 100년, 글로벌 동산의료원'이라는 비전을 가지고, 국내 의료 수준을 앞장서서 끌어올리려는 계명대학교의 선도적인 개척 정신을 잘 보여준다.

학생을 위한 끊임없는 교육 개혁

계명대학교는 교육 편제와 학사 제도, 학생 교육과 지도, 교수 채용과 연구 지원 등 학사 운영 전반에 걸쳐 한국 사회의 오랜 관행에 안주하기를 거부하고 늘 새로운 시도를 해왔다.

1970년부터 우리나라 교육 당국은 수도권 집중을 해소하기 위해 지방 대학을 중점 육성하는 정책을 펴고, 대학 교육의 문제점을 개선하기 위한 국가 차원의 다양한 대안 마련을 시도했다. 그런 변혁의 시기에 계명대학교는 **1974년 전국에서 6개 대학을 선발한 '실험 대학'** 대상으로 대구·경북에서 사립 대학으로서는 유일하게 포함되었다. 실험 대학 제도는 우선 종전에 학과별로 하던 학생 모집을 계열별로 전환하고 2학년 진급 시에 전공 학과를 결정하도록 했다. 그리고 교양 교육을 강화하고 부전공 또는 복수 전공제를 도입했으며, 졸업 학점도 160학점에서 140학점으로 낮추었다. 이로써 학생들이 입학한 뒤에 자신의 적성에 맞는 전공 학과를 선택하고, 주입식 암기 공부에서 벗어나 창의적이고 사고력을 향상시키는 학업을 할 수 있는 여건을 마련했다.

계명대학교는 이 실험 대학 제도를 실행에 옮겨 교수 방법을 획기적으로 개선하고, 학생 생활과 학습 지도 방안을 모색했으며, 도서관 중심의 교육 등을 적극 지원했다. 이런 노력이 교육 당국의 좋은 평가를 받아 계명대학교는 입학 정원을 늘리고 학과를 증설할 수 있게 되어 비약적인 학교 발전의 토대를 구축했다. 당시 실험 대학 제도는 고등학교를 갓 졸업한 학생들이 전공 학문에 대한 충분한 사전 지식 없이 학과를 선택한 뒤 입학하고 나면 적성에 맞지 않을 수 있는 학과의 전공 공부만 요구한 종전의 문제점을 개선하기 위한 혁신적인 제도였다.

물론 실험 대학 제도는 복수 전공을 위한 지원 시스템과 교양 과목 및 교수법 개발 등이 아직 제대로 갖추어지지 않았고, 소위 인기 학과와 비인기 학과 사이의 학생 수급 불균형이 심화되는 등 우리나라 현실에 잘 맞지 않는 문제점을 노출하기도 했다. 그럼에도 불구하고 계명대학교는 일정 기간 동안 이를 적극 시행함으로써 대학 교육의 틀을 혁신적으로 바꾸는 데 앞장섰고, 그 후 지속적으로 교육 편제 개편을 위시해 우리나라 대학 교육 개혁을 위한 선구적 소임을 담당했다.

대학은 자기 분야에 대한 해박한 전공 지식을 가진 학자들이 학문의 탁월성과 윤리적 책임성을 갖고 저마다의 학문 연구에 매진하면서 후학을 교육하는 곳이다. 이런 교육과 연구가 제대로 수행되기 위해서는 훌륭한 자질을 갖춘 교수 인력을 확보하는 것이 가장 중요한 급선무라고 할 수 있다. 계명대학교는 우수한 교수 진용을 갖추기 위해 남다른 행보를 계속했다. 학교 운영권자는 어떤 분야의 우수한 학자가 있다면 그 사람의 학연과 지연 등을 전혀 문제 삼지 않고 어디든지 달려가 초빙하려고 정성을 쏟았다.

계명대학교가 제법 4년제 대학다운 규모를 갖추었다고 할 수 있는 1970년대 중반 경에는 각 학문 분야에서 당대의 최고인 유능한 신진 교수들을 초빙해 연구와 교육에 종사하도록 독려했다. 그래서 계명대학교에서 재직한 적이 있었던 한 교수는 그 시절을 회고하면서 **계명대학교를 "교수의 논산 훈련소"**(조동일 2005, 31)라고 표현하기도 했다. 이는 자기 학교나 자기 지역 출신이 아니면 교수로 채용하지 않던 당시 우리나라 학계의 관례에 비추어 볼 때 매우 혁신적인 조치였다. 또 타지나 국외에 있는 우수한 교수를 초빙하기 위해서는 살 집을 제공할 필요가 있다고 생각해, 일찍이 1960년에 '뱁칵마을(Babcock Village)'이라는 22동의 교수 사택을 대학 구내에 마련했다. 이로써 계명대학교가 비약적으로 발전하기 시작한 1970년대에 들어와 많은 교수들은 교내에 생활하면서 학생들과 밀접한 관계를 유지할 수 있었고, 수강 인원이 적은 클래스는 가끔 사택에서 수업을 하기도 하면서 전공 지식 공부 외에 사제 간의 따뜻한 정이 담긴 참된 인간 교육을 함께할 수 있었다.

또한 1967년에 이미 독립된 교수 연구관을 건립하고 교수들에게 개별 연구실을 제공했으며, 난방을 위한 석유를 무제한 공급해 추운 겨울에도 교수들이 연구실에서 학문 연구와 학생 지도를 지속적으로 할 수 있는 여건을 마련해주었다. 아울러 당시 학교 재정이 넉넉한 편이 아니었는데도 교수들의 봉급도 다른 대학보다 후하게 줌으로써 교수들이 생활의 걱정 없이 학문 연구에 전념할 수 있게 해주었다.

이런 일련의 조치는 당시 다른 대학에서는 유례를 찾아보기 힘든 것들로 시대를 앞서서 대학을 대학답게 운영하려는 계명대학교의 도전적 개척 정신을 잘 구현한 사례들이라고 할 수 있다. 그 결과 교수들이 삶터인 동시에 일터인 학교 캠퍼스 내에서 학과의 경계를 넘어서서 서로 친하고 함께 일할 수 있는 풍토가 조성되어 연구 활동을 매우 활발하게 수행했다. 이로 말미암아 **'계명에서 닭이 울어야 날이 밝는다'는 말이 학계에 유행**할 정도로 당시 계명대학교 교수들이 당대의 학문 연구를 주도했다.

게다가 계명대학교는 일찍이 1970년대에 이미 여타 국내 다른 대학에서는 시도할 엄두조차 내지 않았던 교수 계약제를 실시하는 한편, 강좌별로 강의 계획서를 작성해 학생들에게 배부하고 그것에 따라 수업을 진행하도록 했을 뿐 아니라 학생 면담 시간을 정하고 준수하도록 했다. 강의 계획서 배부는 수업에 임하는 교수의 매우 당연한 의무로 지금은 국내 모든 대학에서 보편화되었지만, 당시 우리나라 대학의 현실을 고려할 때 파격적인 조치였다. **1996년에는 전국 대학 최초로 학생들에 의한 교수의 '강의 평가'**를 시험적으로 시행해 강의 계획서에 따라 수업을 충실하게 진행하는지를 검증해 교수의 강의 개선에 참고하도록 했으며, 1998년부터는 이를 일정 부분 교수 업적 평가에 반영하고 있다. 2011학년도부터는 평가 항목을 일부 조정하고 명칭도 '강의 만족도'로 바꾸어 운영하고 있다.

이런 선행 조치를 기초로 계명대학교는 2011학년도에 **'지역과 세계를 향해 빛을 여는 교육 혁신 선도 대학'**으로 자리매김해 나가겠다는 비전을 제시해 교육과학기술부로부터 '잘 가르치는' 학부 교육 선진화 선도 대학(ACE)에 선정되기에 이르렀다. 1970년대에 시험적으로 실시한 교수 계약제는 훗날 1998년에 들어와 전면적으로 실시된 교수 업적 평가제와 그것에 근거한 교수 연봉제 채택의 밑거름으로 작용해 학문의 탁월성 추구를 위한 기폭제가 되었다고 할 수 있다. 최근에 들어와 우리나라 주요 국립 대학들이 교수 연봉제를 위한 논의를 하고 있는 점을 상기할 때, 이 또한 국내 여타 대학보다 최소한 10여년 앞서 실시한 획기적인 시도였다고 할 것이다.

한편 우수 학생을 모집해 수준 높은 학업 성취를 유도하고 연구 의욕을 고취하기 위해 1970년대 초반부터 '특별 대우 장학 제도'를 실시했다. 해당 학생들에게는 학비 전액 면제 외에 매달 소정의 적지 않은 도서 구입비를 지원했으며, 국내외 유수 대학원에 진학하도록 독려했다. 그런 파격적인 지원 덕분에 그때 입학한 많은 인재들이 지금 계명대학교나 국내외 다른 대학의 교수 요원이 되어 열심히 후학들을 가르치고 있다. 이 장학 제도 역시 당시로서는 국내 다른 대학에 비해 선도적으로 실시한 것이었다. 이는 **1980년대로 들면서 '비사 장학 제도'**로 이름이 바뀌었으며 최근에 들어와 시행하고 있는 **'비사 스칼라'** 장학 제도는 이런 선구적 정신을 계승한 것으로, 훗날 계명을 이끌어 가고 국가와 인류 사회에 기여할 인재를 양성하는 데 크게 기여할 것으로 기대된다.

외국 유명 인사들에게 성명과 본관 부여

우리나라에서 성씨(姓氏)는 고대 국가의 형성기인 부족 국가 시대부터 나타났다가 중국 문화의 유입이 본격화된 삼국 시대부터 확산되기 시작했다. 그렇지만 삼국 시대까지 성씨는 중국에서 봉건 제도와 종법(宗法) 제도가 본격적으로 실시된 주(周)나라의 경우와 마찬가지로 왕족이나 귀족들의 전유물이었고 평민들은 갖고 있지 않았다. 고려가 개국하면서 태조 왕건이 사성(賜姓) 정책을 펴서 본관(本貫) 제도를 실시하면서 지방 호족들이 제일 먼저 성을 하사받았다. 이때 공을 세운 일부 평민들도 성을 받는 경우가 있었는데, 일반 평민들이 널리 성씨를 사용한 것은 고려 중엽 이후이다.

고려와 조선 두 시대에서는 국가에 공로가 있는 사람뿐 아니라 귀화인에게도 성씨를 하사한 일이 활발하게 있었다. 그렇지만 국가가 아닌 다른 기관이나 조직에서 외국인에게 한국식 성명과 본관을 부여한 경우는 유례를 찾아보기 힘들다. 계명대학교가 이 일의 단초를 열었다. 2012년에 계명대학교는 창립 정신과 교육 이념을 이해하고 한결같은 우정으로 상호 이해와 발전에 크게 기여한 외국의 유명 인사나 외교 사절에게 다섯 차례에 걸쳐 한국식 성명과 본관을 지어 주었다.

이 일은 2012년 3월 1일 계명대학교 내에 독일문화원 대구어학센터 설치와 독일 정부 장학생 선발에 관한 양해 각서(MOU) 체결을 위해 내교한 주한 독일 대사 부부에게 한국식 성명과 본관을 부여한 것이 그 출발이었다. 즉, 한스울리히 자이트(H.E. Hans-Ulrich Seidt) **대사에게 '대사공파(大使公派)' '계명 사(士)씨' 시조라는 본관과 성씨 및 '한울'이라는 이름**을, 대사 부인 마리타 자이트(Mrs. Marita Seidt) 여사에게는 본래의 성인 후스텐(Husten)을 따서 '공주파(公主派)' '계명 후(侯)씨' 시조라는 본관과 성씨 및 '마루'라는 이름을 지어 준 것이 시작이었다. 그로부터 7개월 후 10월 16일에는 주한독일문화원 대구어학센터 개원식 참석 차 내교한 클라우스 디터 레만(Prof. Dr. h.c. Klaus-Dieter Lehmann) 독일문화원(Goethe-Institut) 총재에게 '계명 래(萊)씨' 시조라는 본관과 성씨 및 '민강(旻江)'이라는 이름을 지어 주었다. 유로존 재정 위기 사태에서 독일의 파워가 다시 부각되고 전 세계적 영향력이 날로 확대되어 가고 있는 시점에, 이 센터는 우리 지역에서 좀처럼 접하기 힘들었던 독일의 사회, 문화, 예술을 제대로 배우고 연구하는 기회를 제공함으로써 독일통(獨逸通)을 키우는 데 크게 기여할 것이다. 계명대학교는 이런 공적을 기리기 위해 세 분에게 한국식 성명과 본관을 부여한 것이다.

같은 해 5월 16일에는 계명대학교와 한국국제교류재단이 공동으로 주최한 '제5차 한국-이탈리아 포럼'의 성공을 기념하는 만찬 연회에서 주한 이탈리아 세르지오 메르꾸리(Sergio Mercuri) 대사에게 '대사공파(大使公派)' '계명 리(利)씨' 시조라는 본관과 성씨 및 '세지(世智)'라는 이름을 지어 주었다. 제5차 한국-이탈리아 포럼은 '지역 균형 발전을 위한 지역 산업화 전략의 방향성 모색'이란 주제로 개최되어 성황리에 막을 내린 뜻 깊은 행사였다. 계명대학교는 공공 외교 증진을 위한 노력의 일환으로 시행 중인 국가 차원의 '주요 국가·지역별 포럼 사업'에서 지방 대학으로는 유일하게 공동 주최 기관으로 선정되어 성공적으로 수행한 것을 기리면서 주한 이탈리아 대사에게 의미 있는 색다른 선물을 한 것이다.

10월 26일에는 제2회 아시아·태평양 국제쇼팽피아노콩쿠르 시상식 및 연주회 참석 차 내교한 **폴란드 대통령 영부인 안나 코모로프스카(Anna Komorowska) 여사에게 '계명 고(杲)씨' 시조라는 본관과 성씨 및 '청라(淸砢)'라는 이름**을 지어 주었다. 계명대학교는 폴란드와 매우 특별한 인연을 갖고 있다. 1998년도에 '계명쇼팽음악원'을 설립해서 계명대학교에서 학사 학위를, 폴란드 국립쇼팽음악대학교에서 석사 학위를 취득하는 학·석사 연계 학위 교육 과정을 운영하고 있으며, 2002년 6월 5일에는 당시 폴란드 대통령인 알렉산데르 크바스니에프스키(Aleksander Kwasniewski) 국가 원수가 내교해서 아담스채플에서 특강을 하기도 했다. 일개 대학교에 10년을 사이에 두고 외국의 국가 원수와 영부인이 방문한 것은 매우 이례적인데다가 영부인에게 한국식 성명과 본관을 부여한 것은 더더욱 뜻 깊다고 하겠다.

계명대학교는 전통적인 사성 교지(賜姓敎旨)의 형식에 따라 품격 있는 명첩(名帖)을 만들어 그분들의 호의에 감사하는 마음을 담아 전달했다. 이는 전통적인 예법을 오늘에 되살려 수준 높은 민간 외교의 일익을 담당한 것으로, 옛것을 이어받아 초창의 새로운 지평을 연 우리의 개척 정신을 보여주는 특별한 사례라 할 것이다. 이런 일련의 창시적인 활동이 주한 외교 사절들로부터 상당한 주목을 받아, 주한 외교가에 자신에게는 언제 한국 성명이 주어지는지를 기다린다는 이야기가 들려오고 있다.

이처럼 계명대학교는 현실의 관행에 안주하지 않는 혁신 정신과 실패를 두려워하지 않는 도전 정신으로 학교를 세우고 정성을 다해 가꾸어왔다. 그로 인해 시행 과정에서 적지 않은 저항과 어려움에 봉착하기도 했지만, 시행착오를 통해 배우고 재도전함으로써 크게 볼 때 매우 비약적인 발전을 지속할 수 있었다. 도전과 혁신의 개척 정신이 있었기에 불가능하다고 생각했던 비전과 현실적으로 불가능해 보인 많은 일들이 성취된 것이다.

계명의 구성원들이 힘을 합쳐 꿈에 도전함으로써 개인의 성취는 물론 국가 사회와 인류 문명의 발전에도 일익을 담당할 수 있게 되었다. 이런 도전과 혁신은 모두 계명인들의 가슴 속 깊이 각인된 개척 정신의 발로로 앞으로도 이 대학에서 공부하는 학생들과 학생들을 가르치고 지도하는 교직원 모두의 마음 속에 살아 움직이며, 학령인구의 감소와 학문 풍토의 전환과 같은 대학을 둘러싼 제반 환경의 급격한 변화에도 불구하고 계명대학교가 어려움을 용감하게 극복하고 지속적으로 성장 발전하는 원동력이 될 것이다.

우리 계명인들은 현재의 위치에서 각자의 모습을 있는 그대로 받아들여 소중히 여기는 자존감을 갖고서, 태생적 개척 정신으로 무장해 'Tabula Rasa'에 우리의 모습을 그려 넣고 향후 더 큰 이상의 추구를 위해 달려가는 도전과 성취를 지속해나가야 할 것이다.

3. 봉사 정신

'내가 너희를 사랑한 것 같이, 너희도 서로 사랑하라'

계명대학교는 교육 목적에 인성 교육과 그것에 기초한 전문 교육을 실시하고, 각 학문 분야의 전문 지식을 탁월한 수준으로 연구하며, 그런 연구의 결과를 윤리적으로 사용할 수 있도록 하겠다는 뜻을 분명하게 담았다. 이는 인간이 언어를 사용함으로써 유사 이래 엄청난 지식을 창조하고 축적하여 인류의 문화를 발전시켜왔지만, 그 부작용 또한 만만치 않다는 반성에서 나온 것이다. 인간이 창조한 지식과 문명의 이기는 날카로운 칼날과 같이 이중성이 있어서 인간이 야만과 미개의 상태에서 벗어나 인간답게 존엄하고 행복하게 살 수 있도록 해주었지만, 인간성을 파괴하고 심지어 인류의 생존 자체를 위협하는 수단으로 오용된 사례도 적지 않기 때문이다.

우리 주변에서 소위 머리 좋다는 사람들에 의해 저질러진 지식의 오남용이 부른 폐해는 부지기수이다. 먼저 고대 중국에서 있었던 일로 『여씨춘추(呂氏春秋)』라는 책에 적혀 있는 이야기를 보자. 정(鄭)나라의 부자 한 사람이 갑자기 불어난 강물에 빠져 죽자 어떤 사람이 그 시신을 건져 올렸다. 그 부자의 가족들이 사례하겠으니 시신을 건네 달라고 하자 그 사람은 더 큰 돈을 요구하며 응하지 않았다. 가족들이 당시에 총명하기로 유명한 등석(鄧析, BC 545~BC 501)이란 사람을 찾아가 사정을 하자, 등석은 그 시신을 가지려는 사람은 당신네들밖에는 없으니 그 사람이 결국에는 당신들의 말을 들을 것이라며 안심하라고 했다. 이 말에 고무된 가족들이 안심하고 돈을 더 줄 수 없다며 며칠 동안 버티자, 이번에는 시신을 건져 올린 사람이 안달이 나서 등석을 찾아가 자문을 청했다. 이에 등석은 그 가족들은 다른 곳에서는 시신을 찾을 수 없으므로 결국에는 그대를 찾을 것이니 안심하고 느긋이 기다리라고 했다는 이야기이다. 이 이야기에서 등석은 쌍방의 약점을 간파하고 교묘한 화술을 펴고 있는데, 쌍방에 대한 등석의 조언은 틀림이 없고 말에도 모순이 없다. 하지만 시신을 건져 올린 사람이 어떻게 하는 것이 사람이 해야 할 옳은 행동인가에 대한 배려가 전혀 없다는 게 문제이다. 뛰어난 머리와 간교한 지식에서 나온 그럴듯한 논리가 얼마나 사람을 우롱하고 세상을 어지럽힐 수 있는가를 여실히 보여준다. 등석은 춘추(春秋)시대 말기에 정나라 대부를 역임한 인물인데, 옳고 그름을 명확하게 가리지 않고 의도적으로 이럴 수도 있고 저럴 수도 있다는 궤변을 늘어놓은 명가(名家) 학파의 선구자로 소위 당시에 머리 좋다는 사람이었다.

한편 현대 서양에서 일어난 사례는 끔찍하기까지 한데, 자신의 주장을 세상에 알리기 위해 인간의 생명을 담보로 도박 같은 거래를 한 이른바 유나바머(Unabomber)의 소행은 재능이나 지식의 오용이 얼마나 끔찍한 불행을 초래할 수 있는지를 보여준다. '유나바머'는 1978년부터 1995년까지 18년 동안 미국에서 16차례에 걸쳐 우편물

폭탄으로 3명을 죽이고 23명을 다치게 한 테어도르 카진스키(Theodore J. Kazynski)의 별명으로, 주로 대학과 항공사로 폭탄을 보내 자신의 주장을 세상에 알리려 한 소행으로 인해 붙여진 것이다. 키진스키는 17살에 하버드대학교에 입학해 3년 만에 졸업한 보기 드문 수재로 소위 머리 좋다는 사람이었다. 그는 1967년 미시간대학교에서 수학 박사 학위를 받은 뒤 1968년에 UC 버클리의 종신 교수 자격을 얻었지만, 대학 사회에서 적응하지 못하고 세상 밖으로 뛰쳐나왔다. 그는 산업 사회나 문명의 성취에 대해 고도의 적개심을 갖고 있던 차에 현대의 과학 기술 문명은 정상적인 방법으로는 그 발전을 멈추게 할 수 없고 테러나 혁명 같은 과격한 수단을 쓸 수밖에 없다는 생각에 사로잡혀 이런 소행을 서슴없이 자행했다. 이는 비뚤어진 수학 천재가 자신의 재능과 지식을 잘못 사용한 대표적인 사례이다.

지식이 전문화되고 문명이 발달할수록 참된 인간성의 소중한 의미에 대한 자각과 그것을 가꾸어나가기 위한 교육이 절실히 필요하게 된다. 이에 계명대학교는 학문의 탁월성 추구에 앞서 윤리성 교육을 강조하고, 나아가 탁월한 학문적 성취를 윤리적으로 사용해야 함을 교육 목적으로 삼고 있는 것이다. 이 교육 목적은 '진리와 정의와 사랑의 나라를 위하여'라는 창학 이념의 구현이자 그것의 토대가 된 기독교 정신의 실천에 다름 아니다.

진리와 정의와 사랑이라는 세 가지 숭고한 인문적 가치는 표면적으로는 삼위일체의 구조를 이루고 있지만, 그 궁극적 지향점은 사랑이다. "우리가 아직 죄인이었을 때에 그리스도께서 우리를 위해 죽으셨습니다. 이리하여 하나님께서는 우리들에 대한 자기의 사랑을 실증하셨습니다."(『성경』「로마서」 5:8)라고 적힌 대로, 창조주 하나님께서는 피조물인 우리 인간을 지극히 사랑하시어 그의 독생자 예수 그리스도를 우리 죄를 대신할 속죄제물의 징표로 주셨다.

'섬김'과 '나눔'의 정신

이런 이웃 사랑의 발로가 바로 봉사 정신의 핵심이다. 봉사는 우월적 지위나 능력을 이용해 남에게 시혜를 베푸는 것이 결코 아니다. 따라서 봉사를 함에 있어서는 '섬김'의 자세가 무엇보다도 중요하다. 예수 그리스도가 『성경』「마가복음」 10:43~45에서 이렇게 말했다.

너희 가운데서 누구든지 위대하게 되고자 하는 사람은 너희를 섬기는 사람이 되어야 하고, 너희 가운데서 누구든지 으뜸이 되고자 하는 사람은 모든 사람의 종이 되어야 한다. 인자는 섬김을 받으러 온 것이 아니라 섬기러 왔으며, 많은 사람을 구원하기 위해 치를 몸값으로 자기 목숨을 내주러 왔다.

이처럼 계명대학교가 예수를 믿고 그를 닮아 이 땅에 그의 성스러운 빛이 밝게 비치도록 하기 위해 세워진 만큼, 모든 계명의 구성원들은 섬김의 봉사 정신을 태생적인 소중한 가치로 간직하고 있다.

봉사 정신으로 계명대학교를 일군 사람들

계명대학교가 봉사 정신을 소중한 가치로 가슴 속에 간직하며 그것을 적극적으로 실천하게 된 데는 값없이 받은 사랑에 감사하고 도움과 손길이 필요한 이웃과 나누려는 생각 또한 크게 작용했다. 계명대학교는 설립 때부터 미국 북장로교회 선교부와 미국의 많은 독지가들의 물심양면에 걸친 지원을 받았다. 수많은 선교사들은 계명대학교의 창립과 발전을 위해 수십년간 희생적인 노력을 쏟았고, 독지가들도 이역만리 멀리 떨어져 어디에 있는지도 잘 모르는 나라의 계명대학교에 거금을 쾌척했다. 국내적으로도 설립 이후 지속적인 발전을 하는 과정에서 청지기적 사명을 가지고 학교를 위해 혼신의 정열을 쏟은 분들의 헌신과 함께 많은 독지가들과 동문 및 교직원들의 지원이 이어졌다. 우리는 이런 고마움을 가슴 깊이 새기고 간직하기 위해 주요 건물에 그분들의 성이나 아호를 붙여 기리고 있다.

안두화 목사를 기리는 대명캠퍼스의 '아담스관'과 성서캠퍼스의 '존슨홀' 및 '아담스채플'을 위시해, 대명캠퍼스의 '캠벨음악관'과 '월슨관' 및 '백학관', 성서캠퍼스의 '스미스관', '쉐턱관', '바우어관', '백은관(白恩館)', '영암관(榮巖館)', '의양관(義洋館)', '명교생활관(明嶠生活館)', '동산도서관(童山圖書館)', '행소박물관(行素博物館)', '해담(海淡)콘서트홀', '동영관(東榮館)', '동천관(東泉館)', '보산관(普山館)', '전갑규관(田甲圭館)', '봉경관(鳳卿館)', '덕래관(德來館)', '계정헌(溪亭軒)', '예인당(禮仁堂)' 등의 이름이 우리 계명인은 물론 방문객들의 시선을 끈다.

이밖에 캠퍼스를 아름답게 수놓고 있는 나무에도 기념 팻말이 붙어 있는 것이 많다. 거기에는 계명대학교를 방문한 외국 국가 원수와 자매 대학 대표의 팻말도 들어

▲ 아담스채플(The Edward Adams Hall of Worship and Praise) 기념석

▲ 계명대학교 창립 100주년이 되는 1999년에 봉헌한 기념석

▲ 1999년 준공한 아담스채플

있지만, 수십년간 봉직하면서 계명의 발전을 위해 저마다의 발자취를 남긴 분들의 이름도 적지 않게 눈에 띈다. 이런 기념 식수 팻말 역시 계명을 위해 신명을 바쳐 봉사하신 분들의 노고를 기억하고 기리려는 뜻에서 나온 것이다.

우리 계명인들은 교정을 거닐거나 건물 안에서 공부할 때 그분들의 헌신과 땀이 서린 봉사 정신을 기리고 배우는 가운데, 자연스럽게 우리의 시선을 이웃을 향해 돌리고 봉사의 실천을 다짐하게 된다.

봉사를 실천하는 우리

계명대학교는 봉사 정신을 계명인들이 가꾸어나가야 할 소중한 정신적 자산으로 여기고 있다. 그리하여 학생들에게 이를 심어주기 위해서는 우선 재학 시절 교육을 통한 학습이 필요하다고 생각해 **1958년부터 근로 장학생 제도**를 실시했다. 안두화 학장의 주선으로 시작한 이 제도의 취지는 학교가 재정적으로 어려운 학생들에게 봉사를 실천한다는 의미에서 장학금을 지급하고, 장학금을 받은 학생은 학교 내에서 근로 활동 봉사를 함으로써 다시 학교에 그것에 상응하는 합당한 대가를 되돌려 주도록 하는 것이었다. 이 제도는 현재까지 계명의 아름다운 전통으로 면면히 이어져 매년 수백 명의 학생들이 혜택을 누리며 봉사 활동에 종사하고 있다. 최근에 계명대학교는 여기서 한 걸음 더 나아가 본인이 받은 장학금을 자신보다 더 어려운 형편에 놓여 있는 다른 학생들에게 돌려주는 명예 장학생 제도도 시행하고 있다. 몇몇 학생들의 자발적인 참여로 시작한 이 제도는 나눔의 이웃 사랑을 실천하는 봉사 정신의 아름다운 표현이라 할 것이다.

현대 사회는 날이 갈수록 개인주의가 팽배해감에 따라 구성원들이 각자 마음의 문을 닫고 자신 속에 갇혀 마치 군중 속의 고독과 같은 삶을 사는 경향이 두드러져 간다. 이런 시대 풍조 속에서 계명대학교는 인간이 사회적 존재로 공동체를 구성해 서로 협동함으로써 다른 동물들이 도저히 따라올 수 없는 높은 문명을 일구어냈다는 인식 하에, 젊은이들에게 이웃과 나누는 삶의 가치를 교육할 필요가 있음을 절감하게 되었다. 그리하여 수년 전부터 정규 교육 과정에 다양한 봉사 관련 과목을 개설 운영하고 있다.

'기독교정신과 사회봉사'라는 봉사 관련 과목을 교양 필수로 편성해 전교생 모두가 이수하도록 했고, 2010학년도부터 이를 **'계명정신과 봉사'라는 과목**으로 계승해 지속적으로 운영하고 있다. 역시 필수 과목인 '채플'에서도 봉사 채플을 마련해 수강생들이 대학 밖으로 나가 도움이 필요한 이웃을 돌아보고 섬기는 체험 활동을 하는 가운데 자연스럽게 봉사 정신이 함양되도록 교육하고 있다. 이밖에 선택 과목으로 '사회봉사'라는 과목을 편성 운영함으로써 많은 학생들이 자유롭게 이수하면서 사회 봉사에 대한 개념 이해와 봉사 활동의 실천을 병행함으로써 봉사 정신이 우리의 영육 속에 조화롭게 뿌리 내리도록 유도하고 있다.

이런 교육을 통해 봉사 정신을 체득한 계명대학교 재학생들은 교내에 머무르고 있는 헌혈 차량에 가서 자기 몸의 생명소를 필요한 이웃을 위해 기꺼이 내놓기도 하며, 일손이 필요한 국내외 현장으로 달려가 다양한 봉사 활동을 전개해왔다. 개인 단위로 인근 고아원이나 양로원 또는 장애인 복지 시설에 가서 고아나 노인 또는 지체부자유한 이웃들의 목욕이나 빨래 등을 담당했고, 병원이나 요양 시설에 가서 청소 또는 심부름 등 궂은일을 마다하지 않았다. 나아가 학생회나 동아리 차원에서 조직적으로 펼친 국내외 봉사 활동도 면면히 이어져 그 규모나 횟수가 매년 확대되어 가고 있다.

학생들을 교육하고 지도하는 교직원들도 솔선수범해 봉사 활동에 나서왔다. 교수와 직원들은 기회가 있을 때마다 자기가 가진 재능과 시간 또는 재물과 노동력을 바쳐 이재민이나 사회적 약자에게 도움을 주는 것은 물론, 국내외를 가리지 않고 교육과 선교 및 의료 봉사를 실시해오고 있다.

특기할 점은 1921년 2월 동산기독병원 전 직원 급여 1%로 출범한 '병원전도회'와 1987년 영남 지역 최초로 **동산의료원 내에 결성된 호스피스회**가 지금까지 수천 명에 달하는 말기 환자를 보살핀 활동이 뿌리가 되어, 2004년 '계명1%사랑나누기' 운동을 전개하기에 이른 것이다. 이는 지난 세월 동안 계명대학교가 진리를 탐구하고 정의를 구현하기 위해 힘써 왔다면 앞으로는 '사랑'을 나누는 일에 더 힘쓰겠다는 결의에서 나온 것으로, 앞으로 봉사 활동을 단발성 행사로 끝내지 않고 상시적이고 체계적으로 수행하겠다는 계명 공동체의 의지가 자발적으로 표출된 것이라는 점에서 매우 획기적이라고 할 것이다.

제2절 | 계명 정신의 생활 실천 덕목: 청정절융

우리는 바로 앞 절에서 계명 정신이 믿음, 소망, 사랑의 기독교 정신에 기초한 '개척 정신'과 '봉사 정신'을 골자로 하고 있음을 살펴봤다. "세상을 이끌어가는 힘은 현학적 논쟁이기보다 생활 윤리에 충실한 실천적 삶"(신일희 2005, 4)이라는 견해처럼, 우리 계명인들이 생활 속에서 실천으로 옮길 때 계명 정신은 더욱 아름답게 빛날 것이다.

이에 계명대학교는 2009학년도부터 **'청정절융(淸正節融)', 곧 청결(淸潔), 정직(正直), 절약(節約), 융합(融合)을 계명 정신의 생활 실천 덕목**으로 내걸고 학사 운영과 대학 생활 전반에 걸쳐 구성원 모두가 이를 실행에 옮기려고 노력하고 있다. 특히 '청정절융'을 구체적 실천 목표 곧 계명의 '생활표어'로 정한 것은 세계적인 금융 위기의 여파로 국내외 경제 여건이 어려웠던 당시 상황에서 학생과 학부모의 경제적 어려움을 함께 나눈다는 취지 아래, 계명의 구성원 모두가 한 마음으로 앞장서서 청결하고 정직한 청지기로서의 내핍 생활에 동참하자는 현실적 요구에 부응하기 위한 것이었다. 이와 같이 현실적 필요에 따라 새로운 출발을 했다는 점에 '청정절융'이라는 생활 실천 표어 설정의 또 다른 의의가 있다.

'청정절융'이라는 생활 실천 덕목은 거슬러 올라가면 계명대학교 실립의 모태가 된 미국 북장로교회의 청교도적 세계관과 윤리에 바탕을 두고 있다. 청교도(Puritan)

들은 종교 개혁은 물론 도덕적 사회 개혁을 지향하는 세계관을 가지고 있어서, 그들의 사상 자체가 "빈틈없는 논리성 위에 선 정확하고 잘 다듬어진 이론 체계라기보다는 역동성과 신념으로 충만한 하나의 '삶의 방식'인 동시에 그것을 현실 속에 실현하려는 하나의 운동"(정만득 2001, 7)이었기 때문에 매우 실용적인(Pragmatic) 지향성을 지니고 있었다. 따라서 청교도의 윤리도 단순히 맑고 깨끗한 정신 또는 윤리 의식만을 유지하려고 하는 것이 아니라, 삶의 상황을 개선하고 삶을 윤택하게 하는 현실적이고 실용주의적인 것이었다.

초기 선교사들이 우리나라에 와서 선교할 때, 단순히 기독교의 전파에만 힘쓴 것이 아니라, 한국인의 삶 전반에 걸쳐 '삶의 방식'을 새로운 것으로 대체하려는 계획을 품고 있었다. 선교사들의 이런 정신이 우리 계명의 창립과 교육 및 운영에 반영되었고, 그것이 계명인의 삶 속에 뿌리내려 고귀한 전통으로 면면히 이어져 내려오다가 새로운 도약과 세계 봉사를 시도하는 계명대학교에 '청정절용'이라는 생활 실천 덕목으로 구체화된 것이다.

1. 청정절용의 의미

청결(淸潔, Cleanliness)

청결은 '해맑고 깨끗함'이란 뜻으로, 불순물이나 잡다한 요소가 개입되어 있지 않은 상태를 가리킨다. 청결은 우리의 몸과 마음은 물론, 주거 공간과 생활 주변, 먹을거리, 의복, 직장 또는 작업장, 공공장소, 나아가 산과 들이나 강과 바다 및 상수원과 유원지 등을 포함한 자연 및 지구 생태 문제에까지 두루 적용된다. 특히 온 세계가 국가 간의 장벽이 없는 하나의 '지구촌(Global Village)'으로 변해감에 따라 사람과 물자의 교류가 빈번해진 관계로, 개인 위생은 물론 전 지구적인 공중 보건과 위생 문제도 심각하게 대두되고 있다. 근래에 사스(SARS, 중증 급성 호흡기 증후군), 조류 독감, 돼지 독감, 신종 플루, 구제역(口蹄疫), 아프리카돼지열병(African Swine Fever, ASF), 코로나19(코로나 바이러스 감염증, COVID-19), 축산농가의 럼피스킨병(lumpy Skin Disease, LSD) 등과 같은 전염병이 빈번하게 발생하고 있다. 또한 생활 쓰레기와 하수, 오수, 분뇨, 축산 및 산업 폐수, 각종 폐기물, 방사성 물질 등의 발생량이 갈수록 늘어나고, 대기 오염과 기상 이변도 날로 심각해져가고 있다. 이런 상황에서 각종 병원균과 오염 물질의 유포를 차단하기 위한 수단의 하나로서 청결의 중요성이 더욱 크게 부각되고 있는 셈이다.

『성경』을 보면 청결에 관한 언급이 매우 많다. 문둥병과 같은 질병이나 우상 숭배 및 영과 육의 모든 더러움으로부터 깨끗해지고, 죄를 짓지 않는 깨끗한 생활을 영위하며, 의복과 거처하는 방이나 성전을 깨끗하게 할 것을 요구하고 있다. 특히 마음의 청결을 강조한 관계로 '깨끗한 양심'을 지니고 살도록 주문한다. 그리하여 "위선자들아! 너희에게 화가 있다. 너희는 잔과 접시의 겉은 깨끗이 하지만, 그 안은 탐욕과 방종으로 가득 채우기 때문이다."(『성경』「마태복음」 23:25)라고 해 겉과 속이 다른 위선을 준엄하게 경계하고 있다.

예수는 산상 수훈(山上垂訓)의 일부로서 인간이 누리는 팔복(八福)에 대해 말하면서 "마음이 깨끗한 사람은 복이 있다. 그들이 하나님을 볼 것이다."(『성경』「마태복음」 5:8)라고 가르치고 있다. 마음이 깨끗하다는 것의 의미에 대해서 독일 베네딕트수도회 소속의 안셀름 그륀(Anselm Grun, 1945~) 신부는 다음과 같이 풀이한다.

> 사람들의 눈을 본다. 무언가 소유하려는 눈, 남에게 상처를 주는 눈, 탐욕스러운 눈을 본다. 또 맑디맑은 어린아이의 눈도 본다. 때로는 노인에게서도 그렇게 맑은 눈을 본다. 마음이 평화로운 이의 눈은 맑다. (중략) 마음이 깨끗하다는 건 어떤 저의가 없는 것, 어떤 부수적인 의도가 없는 것을 말한다. (『중앙일보』, 2009. 9. 26.)

그륀 신부의 이런 해석은 중국 송(宋)나라 유학자 정이(程頤, 1033~1107)가 『논어(論語)』「공야장(公冶長)」에서 "계문자(季文子)가 세 번 생각하고 실행에 옮기니, 공자께서 이 말을 들으시고 '두 번 생각하면 된다'고 말씀하셨다.(季文子三思而後行, 子聞之曰: '再斯可矣.')"라고 한 대목을 두고, 어떤 문제에 대해 생각을 너무 많이 하다보면 사심(私心)이 끼어들어 미혹되기 쉬운 때문이라고 풀이한 것과 일맥상통한다.

사심으로 가득 찬 인간 내심의 탐욕과 방종이 불결함을 초래하는 원천이다. 이제 불순한 저의가 끼어들지 않은 청결한 마음으로 하나님을 경외하는 삶을 영위함으로써 우리의 일터가 부패하지 않고 깨끗하게 간직되며 인류의 유일한 생존 공간인 지구 생태가 하나님께서 지은 청정한 상태로 되돌려질 수 있도록, 우리가 일상생활에서 솔선수범해 청결을 유지하는 습관이 몸에 배게 해야 할 것이다.

정직(正直, Integrity)

정직은 '마음에 꾸밈이나 거짓이 없이 바르고 곧음'을 뜻하는 말로, 동서양을 막론하고 인생의 매우 소중한 가치로 간주되고 있다.

『성경』을 보면 "정직한 사람은 성실하게 살아, 바른 길로 가지만, 사기꾼은 속임수를 쓰다가 제 꾀에 빠져 멸망한다."(『성경』「잠언」 11:3)라고 해, 정직하지 않는 삶은 멸망 곧 죽음에 이르는 길이라고 했다. 실제로 『성경』의 「사도행전」 5장 1~11절에 아나니아와 삽비라 부부가 자기들의 소유를 팔아 일부는 숨겨두고 나머지를 헌금하면서 전 재산을 바치는 것처럼 타인을 기만한 죄 때문에 그 자리에서 바로 죽은 예가 기록되어 있다.

공자(孔子, BC 551~BC 479)도 『논어』「옹야(雍也)」에서 "사람이 살아가는 것은 정직으로 말미암은 것이니, 간혹 정직하지 않고 속이는 사람도 살아갈 수 있기는 하나 그것은 요행으로 화나 죽음을 면한 것이다.(人之生也直, 罔之生也, 幸而免.)"라고 해 정직이야말로 사람이 태어나 살아가는 '생존의 이치' 자체임을 갈파했다. 공자는 또 친구 교제에 있어서도 사귀어서 유익한 친구로 '정직한 사람'을 꼽고, 그에 반해 해가 되는 친구로 '말만 번지르르하게 할 뿐 성심이 없는 사람'을 지목했다. 이밖에도 대인관계는 물론 위정자가 정치를 함에 있어서도 솔선수범해 올바른 행위를 하고, 정직한 사람을 등용해 백성들을 다스리게 하면 백성들이 진심으로 따를 것이라고 했다.

제리 화이트(Jerry White)는 "정직은 그리스도인의 삶의 기초이며, 아울러 우리 사회의 도덕적인 삶을 위해서도 중요한 것"(제리 화이트 1986, 14)이라고 하고, 『성경』은 "우리의 도덕적 문제에 대한 해답뿐 아니라 사는 데 필요한 지침도 제시해주며, 하나님의 말씀을 통해 완전한 정직이 하나님께서 우리에게 주신 명령임을 알게 한다."(제리 화이트 1986, 15)라고 했다. 정직이 그리스도인의 신앙적 기초인 만큼, 청교도들은 정직을 생활의 최고 덕목으로 간주했다. 청교도 정신 위에 세워진 미국 사회가 정치 지도자에서부터 경제인 그리고 일반 시민, 학생에 이르기까지 정직을 최고의 덕목으로 소중하게 여기고 있는 것은 잘 알려진 사실이다.

"정직이야말로 최선의 방책이다.(Honesty is the best policy.)"는 말처럼 정직의 가치는 현대인의 삶 속에서 그 중요성이 날로 더 높아가고 있다. 개인과 개인 사이는 물론 각종 사회관계와 국가 간의 경쟁이 갈수록 심화되어가는 현 시점에서, 일시적인 방편과 눈앞의 이익을 위해 온갖 거짓말과 사기가 넘쳐나고 각종 산업 스파이가 득실대는 관계로, 올곧은 인재와 정직한 인간관계에 대한 갈급함이 갈수록 더 절실해지고 있는 것이다.

절약(節約, Frugality)

절약은 '함부로 쓰지 않고 꼭 필요한 데에만 써서 아끼는 것'을 뜻하는 말로, 에너지와 물자 및 재화의 남용으로 말미암아 부존 자원이 날로 고갈되어 가고 환경 오염과 빈부 격차가 갈수록 심해져가는 지금, 우리 인류의 삶에서 매우 중요한 실천 덕목의 하나이다.

절약에서 '대나무의 마디'인 '절(節)'자가 뜻하는 바가 의미심장하다. 대나무가 만약 마디를 짓지 않고 분에 넘치게 웃자람을 계속한다면, 결코 대나무다움의 본질인 곧음을 유지하지 못하고 휘거나 굽어지고 말 것이다. 이처럼 절약은 적절하게 '자기 통제' 내지 '자기 관리'를 하는 절제의 기초 위에서 시간과 돈이나 물자 따위의 사용과 음식물 섭취량 등을 합리적으로 조절하는 것이다. 달리 말해서 절약은 아까워 덜덜 떨며 무조건 쓰지 않는 것이 아니라, 곧음을 유지하기 위해 마디를 짓는 대나무처럼 꼭 필요한 데에 뜻 깊고 유용하게 쓰기 위해 아끼는 것이다.

절약에 관한 일화를 하나 이야기해보자. 어떤 자선 사업가가 기부금 모금을 위해 다니던 중, 어느 대저택 앞에 발걸음을 멈추고 초인종을 눌렀다. 주인이 거실에서 책을 보고 있다가 등불 세 개 중에서 두 개를 끄고 나와 맞아 주었다. 순간 그 자선 사업가는 마음 속으로 기부금을 받기 틀렸다는 생각이 스쳐 갔다. 그렇지만 밑져야 본전이라는 생각에 찾아온 목적을 말했더니 주인은 거금을 쾌척(快擲)했다. 이에 깜짝 놀란 자선 사업가가 조금 전 자신의 마음속에 품었던 생각을 말하자, 주인은 자기가 책을 보기 위해서는 등불이 세 개 필요하지만 그대와 대화를 나누는 데는 등불 하나로 족한 것이 아니겠느냐고 반문했다는 이야기이다. 이것이 바로 참된 절약이다.

온 세계는 하나의 지구촌으로 가까워지고 있지만, 생활 수준과 빈부 격차는 천양지차(天壤之差)로 더 벌어지고 있다. 지구 한쪽은 풍요에 못 이겨 다이어트니 살빼기 열풍이 한창인가 하면, 다른 한쪽은 먹을 것과 살 집이 없는 절대 빈곤으로 굶어 죽고 얼어 죽는 생명이 부지기수이다. 중국 당(唐)나라 때의 시성(詩聖) 두보(杜甫, 712~770)가 「서울에서 봉선현으로 가며 회포를 읊은 오백 자(自京赴奉先縣詠懷五百

字)」라는 시에서 "돈 많은 고관대작들의 붉은 문엔 술과 고기가 썩어나고, 길에는 얼어 죽은 해골이 뒹군다.(朱門酒肉臭, 路有凍死骨.)"라고 읊은 기막힌 현실이 그저 과거의 이야기가 아니라 21세기 우리 인류의 실상 그대로이다.

과식이 건강에 가장 해로운 적이니만큼 절약 생활은 가깝게는 개인의 건강과 직결되고, 나아가서는 자원의 남용과 무리한 개발로 신음하고 있는 지구 생태를 살리는 차원의 문제와도 연관된다. 그리고 궁극적으로 절약 생활로 남긴 시간과 돈이나 물자를 가난하고 필요한 이웃을 위해 뜻 깊고 유용하게 쓸 수 있다는 점에서 일석삼조의 효과가 있다. 이런 점에서 절약은 자신에게는 엄한 내핍 생활을 요구하되 남에게는 관대한 베풂기 곧 봉사를 지향하기 때문에 맹목적인 궁상이나 인색과는 전혀 차원이 다른 것이다. 아울러 벤저민 프랭클린(Benjamin Franklin, 1706~1790)이 "빈 자루를 바로 세우기란 힘들기 때문입니다."(벤저민 프랭클린 2003, 53)라고 한 것처럼, 한 인간이 진정한 자유를 얻기 위해서는 가난으로부터 벗어나야 한다. 앞으로 인구 절벽에 따른 학령 인구의 감소로 말미암아 재정 확보가 날로 어려워질 것으로 예상되므로, 대학도 학문의 자유를 위한 경제적 토대 구축에 도움이 될 절약 생활이 필수적이라 할 것이다.

융합(融合, Harmony)

융합은 '서로 다른 종류의 것이 녹아서 구별이 없이 하나로 되는 것'을 뜻하는 말로, 각 개별 요소의 단순 총합보다 더 큰 시너지 효과의 창출을 지향한다. 근년에 들어와 학제간의 연구를 통한 새로운 창조와 효율성 제고, 조직의 생산성 향상, 그리고 공동체의 유익 달성 등을 위해 융합이란 말이 각 분야와 각계각층에서 전방위적으로 사용되고 있다.

『주역(周易)』「계사전 상(繫辭傳 上)」에 "두 사람이 마음을 같이하면, 그 날카로움이 쇠도 자른다.(二人同心, 其利斷金.)"라는 말이 나온다. 이것은 개개인의 처지나 입장은 다르지만 서로 호응하고 교통하는 군자의 도리를 가리켜 한 말이다. 서로가 마음을 같이하면 '1+1'은 '2'가 아니라 그보다 훨씬 큰 역량을 일구어낼 수 있다. 우리 계명 공동체는 고등 교육 기관으로서 학생, 교수, 직원이라는 삼각 축과 크고 작은 부서나 조직 및 단체들로 구성되어 있다. 대학은 개별 구성원들의 관심사나 업무가 서로 다르며, 개성이 강하고 자유로움을 추구하기 때문에 구성원 모두의 마음을 하나로 결집시키는 것은 결코 쉬운 일이 아니다. 특히 계명 공동체는 규모면에서 전국 10위 권의 대형 종합 대학이므로 그만큼 공동체의 융합에 있어서 어려움이 더하다고 할 수 있다.

계명 공동체가 진정한 융합에 이르기 위해서는 '화이부동(和而不同)'의 화합 정신이 바탕에 깔려야 한다. 이는『논어』「자로(子路)」에서 "군자는 다른 사람과 조화를 이루지만 이익에 따라 다른 사람과 동일한 행동을 하지 않으며, 소인은 이익에 따라 다른 사람과 동일한 행동을 하기는 하지만 다른 사람과 조화를 이루지는 못한다.(君子和而不同, 小人同而不和.)"라고 한 데서 따온 말이다. 소인배들은 일시적인 이해관계 때문에 결탁해 패거리를 지을 뿐 절대로 화합하지 못하지만, 군자의 삶의 태도는 개개인의 다양성을 인정하며 화합하되 부화뇌동하지 않는다. 우리 구성원 모두가 이런 군자의 정신을 바탕으로 서로 존중하고 신뢰할 때, 그리고 맡은 바 직분에 충실하고 각자의 역량을 극대화할 때, 우리는 그 기초 위에서 계명이 추구하는 대의인 '진리와 정의와 사랑의 나라'를 세울 수 있고, '개척 정신'과 '봉사 정신'이 근간이 된 계명 정신을 구현할 수 있으며, 이를 위해 청결, 정직, 절약을 기꺼이 실천하면서 하나로 녹아들어 대동단결할 수 있을 것이다.

2. 청정절융의 실천 사례

'청정절융'이라는 생활 표어는 실천을 통해 우리 계명인들의 몸에 배어 우리의 삶의 방식을 변화시키고 삶 속에 뿌리내릴 때 진정한 의미가 있다. 우리는 독실한 신앙인들과 초창기 계명인들이 이를 어떻게 실천했는지 알아보고, 그것을 우리 각자의 삶 속에서 실천에 옮기도록 최선의 노력을 다하자.

독실한 신앙인들의 실천 사례

'청정절융'의 일부 또는 전부가 생활 속에 실천된 사례는 우선 독실한 신앙인들의 삶에서 많이 찾아볼 수 있다. 우리 보통 사람들의 삶이 수도사와 같은 신앙인 수준의 금욕주의에까지 이르지는 못한다고 하더라도, 그들의 삶을 통해 많은 것을 깨닫고 배울 수 있을 것이다. '서유럽 수도회의 아버지'로 불리는 누르시아의 베네딕트(Benedict of Nursia, 480?~543)는 『규율(The Rule)』이라는 책에서 "청빈, 청결, 복종을 이상"(양창삼 2008, 12)으로 하는 수도원의 규율을 내걸고, 나눔을 통해 사랑을 실천하기 위해서 가난하고 깨끗한 삶을 살았다. 그리고 청교도로서 18세기 미국을 휩쓴 대각성 운동의 중심에 선 인물인 조나단 에드워즈(Jonathan Edwards, 1703~1758)는 자신의 신앙생활 지침서인 '결의문(The Resolutions)'을 만들었는데, 그 중에 "한 순간의 시간도 절대 낭비하지 말고 그 시간을 가능한 한 최대로 유익하게 사용하자."(양창삼 2008, 54)라는 시간 절약과 관련된 대목이 들어 있다.

또한 우리나라 선교사로 활동하면서 절약을 몸소 실천한 두 분이 있다. 이 땅의 마더 데레사(Mother Teresa, 1910~1997)로 불린 엘리자베스 쉐핑(Elizabeth J. Shepping, 1880~1934)은 "선교비가 오면 반은 헌금하고 그 남은 돈으로 최저 생활을 하면서 가난하고 병든 이들과 나눈"(양창삼 2008, 193) 분이다. 또 광주를 중심으로 한 전라도 지역 선교에 헌신한 플로렌스 루트(Florence E. Root, 1893~1995)는 "선교사로서 받은 월급 거의 모두를 불쌍한 이웃을 위해 사용하는"(양창삼 2008, 202) 삶을 살았다.

그런데 '청정절용'과 관련 있는 덕목을 생활 속에서 가장 잘 실천한 사람은 미국 건국의 아버지로 손꼽히는 벤저민 프랭클린이다. 그는 20대에 자신의 도덕적 덕목 완성 프로젝트인 '13개 행동 원칙'을 정하고 그것을 실천에 옮기는 삶을 살았는데, 그 중에 절제, 절약, 근면, 청결 등의 원칙이 들어 있다. 그는 수첩 한 페이지에 13개 덕목을 하나씩 적고 1주일에 1덕목씩 절대로 어기지 않고 실천하도록 자신을 엄격하게 관리하는 방식으로 13주를 단위로 한 바퀴씩 돌면서 1년에 4회 반복하는 삶을 여러 해 지속했다. 그는 이런 덕목이 다른 사람의 일상생활 속에서도 실행되기를 열망했기 때문에, 인쇄소를 운영하면서 『가난한 리처드의 달력(Poor Richard's Almanack)』을 발행해 자신의 가치관을 짧은 경구로 만들어 그 속에 인쇄해 넣었다. 1756년 달력을 발행하면서 그는 "정직, 절제, 근면, 검약과 같은 좋은 덕목들을 독자 여러분의 마음속에 심어 주고자 노력하였다."(양창삼 2008, 74)라고 했다. 이런 연유로 프랭클린은 '자기계발 트렌드'의 일인자로 칭송되었으며, 그의 경력 관리 지침은 사업과 인생에서 성공하는 방법에 대한 비결을 다룬 책들에서 금과옥조로 간주되었다. 그리하여 유명한 베스트셀러인 스티븐 코비(Stephen R. Covey, 1932~)의 『성공하는 사람들의 7가지 습관』과 같은 부류의 서적들이 쏟아져 나오도록 했다.

초창기 계명인들의 실천 사례

계명대학교는 학문적 자유를 위한 경제력 확보에 기여한 공로자로 재산 기부자 이외에 "투철한 애교심과 근검절약 정신으로 학교 재산을 관리해온"(신일희 2005, 16) 교직원들을 꼽는다. 묵묵하게 '청정절융'의 정신을 실천해온 다수의 계명인들이 과거부터 지금까지 있어 왔다. 이제 그 중에서 '청정절융'의 실천에 앞장서서 우리 계명에 전통으로 뿌리내리도록 기초를 다진 초창기 계명인들의 사례를 간략히 살펴보자.

세 명의 법적 '계명기독대학 설립자' 중 한 사람으로 제2대 계명대학 학장을 역임한 안두화 목사에 대해 그의 아들 존 아담스(안요한, John Adams)는 그가 '단순한 사람'으로 복잡하게 생각하지 않았기 때문에 "혼란스러운 상황에서도 중심을 벗어나지 않는 능력을 가졌다."(신일희 2004, 11)라고 했으며, "그는 기본적 책무를 다하였다. 그가 나에게 마지막으로 한 말은 '나는 내 의무를 다하였다고 생각한다.'였다."(신일희 2004, 11)라고 회고한 바 있다. 안두화 목사는 한국전쟁 중에도 우리나라를 떠나지 않고 피난민 대피와 구호 물자 전달에 전심전력을 다했으며, 전쟁이 끝난 뒤 어려운 상황에서도 계명대학교를 창립하고 대명캠퍼스의 토대를 완성했다. 특히 계명대학교의 창립은 20세기가 시작될 무렵부터 한국 남부 지역에 대학을 설립하려고 했던 아버지 안의와 선교사의 뜻이 50년이나 지난 뒤에 실현된 것인데, 이는 안두화 목사가 혼란스런 상황에서도 기본적인 책무 수행에 충실했던 단순한 사람이었기에 가능했을 것으로 생각된다. 단순한 삶은 하나님께 순종하는 믿음을 온전히 하고 다른 뜻을 품지 않은 청결한 마음의 소산이다.

초대 학장인 감부열 박사는 미국 선교부로부터 받은 9만 달러밖에 되지 않은 적은 기금으로 학교 부지 매입, 건축과 조경 작업, 교육 기자재 구입 및 향후 5년간의 운영비용까지 감당해야 하는 가운데, 개인용 지프차가 있었지만 매일 약 2.5km 가량 되는 거리를 자전거로 통근하는 절약 생활을 몸소 실천했다.

초창기 계명인들의 근검절약하는 생활을 가장 잘 나타내주는 예는 제3대 학장과 명예 총장을 역임한 신태식 박사가 해외 출장 시에 보여준 행동이다. "하나님과의 정직한 만남을 신앙의 핵심으로 생각하는 사람"(황종건 1999, 257)으로 평가받는 신태식 학장이 학교 기금 모금을 위해 국외 나들이를 하면서 십 수 차례 홀트아동복지회에서 주선하는 입양 고아들을 국외의 양부모에게 데려다 주는 일을 맡아 비행기를 무료로 탑승한 일화는 많이 알려진 이야기이다. 칠순에 가까운 노 학장이 미국이나 유럽행 장거리 비행 시간 동안 항공료에 해당하는 교비를 절약하기 위해 어린 아이들을 돌보며 출장을 다니고 저가의 YMCA 호텔에 투숙했다. 신태식 학장의 절약 정신은 1967년 대명캠퍼스에 교수 연구관을 건립해 각 교수들에게 개별 연구실을 제공하고 겨우내 난방용 기름을 대준 데서 더욱 빛이 난다. 아낄 수 있는 것은 아끼되, 꼭 필요하다고 판단되면 과감하게 쓰는 것이 참된 절약인 것이다. 뿐만 아니라 신태식 학장은 출장 후 남은 공금은 아무리 적은 액수라도 경리과에 돌려주었으며, 계명대학교의 종합 대학 승격을 위한 다른 대학들과의 치열한 경쟁에서도 로비 활동을 위해 전혀 돈을 쓰지 않는 '청렴한 도덕성'을 보여줬다.

초대와 4~7대 및 9~11대 총장을 거쳐 현 총장으로 재직 중인 신일희 박사는 신태식 박사의 자기 헌신적인 절약 정신을 더욱 철저하게 계승해 계명대학교 학사 운영과 생활 전반에 걸쳐 근검절약하는 토대를 공고히 다져 놓았다. 신일희 총장은 국내외 출장 후 남은 교비를 학교로 반납하고 국외 출장 시 저가의 숙소에 투숙해 개인적으로 절약 생활을 몸소 실천함은 물론, 교내 구석구석을 다니며 청결과 절약이 전 구성원들의 몸에 배도록 하는 세심한 배려를 하고 있다. 이런 솔선수범적인 청결과 절약

▲ 성서캠퍼스 의양관, 의양 정재호 명예 이사장 흉상

의 실천은 계명의 역사에서 길이 간직되어야 할 것이다.

초창기 계명대학교의 법인 이사와 명예 법인 이사장을 역임한 전 삼호그룹 회장 의양(義洋) 정재호 박사와 법인 이사와 법인 이사장을 역임한 부인 박명교 여사는 거액의 기부금과 부동산을 계명대학교에 희사했는데, 1990년에 계명대학교에서 정재호 박사에게 수여한 명예 경영학 박사 학위 수여 공적서에 의하면 정재호 박사의 기업 활동이 경영인으로서 그가 평소에 지녔던 정직, 근면, 사회적 책임감의 자각 등에 뿌리를 두고 있었다는 것을 알 수 있다. **정재호 박사와 박명교 여사**는 정직하고 근면하게 기업을 경영하고 그 이윤의 상당 부분을 계명대학교에 환원해, 두 분의 고귀한 뜻이 **의양관(義洋館)과 명교생활관(明嬌生活館)**이라는 건물 명칭과 함께 계명 동산에 고이 남아 있다.

1960, 70년대에 걸쳐 계명대학교에 **10만 달러의 거액을 기부한 쉐턱 회장**은 자녀들이 7살이 되는 때부터 1주일에 10센트씩 용돈을 주고 그 용돈을 나누어 보관할 4개의 상자를 준 뒤에 각각 저축할 돈, 남을 위해 쓸 돈, 소비할 돈을 넣는 용도, 그리고 10센트를 잔돈으로 나누기 전까지 보관하는 용도로 쓰게 했다. 그리고는 저축과 남에게 베풀기 위한 돈을 넣는 상자가 채워지기 전까지 소비용 용돈 상자에는 한 푼도 넣을 수가 없도록 하고, 10센트 중 2센트는 저축, 3센트는 베풀기, 나머지는 소비용으로 나누도록 자녀들을 교육했다고 한다. 쉐턱 회장은 절약과 나눔의 생활을 몸소 실천하고 자녀들에게도 그대로 가르친 실천인인 것이다.

계명대학교의 **종합 대학 승격에 숨은 공을 세운 정순모 법인 이사장**은 39년간 시무한 동로교회와 교우들로부터 "깨끗하고 욕심 없는 목회자"(신일희 2004, 151)라는 존경을 한 몸에 받고 있다.

이밖에 계명대학교 부총장을 역임한 정만득 박사는 "융합과 합리의 틀 안에서 매사를 처리한 대학 행정가"(신일희 2004, 183)로 평가받는다. 계명대학교 철학과 출신으로 법인 이사장을 역임한 김진홍 목사는 장로교회 신학대학 입학 후 첫 시험에서 부정행위를 하는 동급생들을 목도하고 그들의 부정직한 위선에 아연실색했으며, 청계천 빈민촌에서부터 남양만 두레마을, 동두천 두레마을에 이르기까지 물자, 시간, 음식 등을 절약하는 생활을 철저하게 실천에 옮겼다. 역시 철학과 졸업생으로 경북 직물업계의 대부였던 이상홍 장로는 연구비와 장학금 등을 기부하고 수년간 계명대학교 총동창회 회장과 법인 이사로서 학교를 지키는 네 큰 역할을 남당했는데, 정직, 성실, 창의, 사랑의 미덕을 역설하고 그대로 실천하면서 본을 보이는 삶을 살았다. 그리고 철학과 졸업생인 이원상 목사는 미국 워싱턴중앙장로교회에 시무하면서 "출장비로 사용하고 남은 페니 하나까지도 내어 놓았으며"(신일희 2004, 265) 계명의 후배들에게 "너희는 먼저 하나님의 나라와 하나님의 의를 구하여라."(『성경』「마태복음」 6:33)는 말씀과 함께 철저한 시간 관리를 권면하고 있다. 그의 출장비 반납은 재학 시절 신태식 학장으로부터 배운 공인으로서의 주인 의식을 제대로 계승한 것이다.

2009학년도부터 본격적으로 시작된 '청정절융'이라는 계명의 생활 표어를 실천하는 운동은 계명대학교 창립 초기부터 음으로 양으로 면면히 이어져 온 전통이 구체화된 것으로서 이를 적극적으로 계승해 힘써 실행에 옮기는 것이야말로 현재 계명에 몸담고 있는 구성원 모두의 몫이다. 우리가 이런 책무를 다함으로써 그 실천의 폭을 무한히 확장시켜 나갈 때 '청정절융'의 가치는 참 빛을 발할 것이다.

계명대학교는 2009년에 **국내 대학교 최초로 자연 친화적인 '그린 캠퍼스(Green Campus)'**를 만들기 위해 교내에서의 자동차 운행을 최소화하는 **저탄소 캠퍼스** 운동을 펼치고 있다. 걸어다니면서 아름다운 캠퍼스를 감상하면 정신과 육체 건강에도 두루 유익할 것이다. 건물 내에 음식물 배달을 자제하는 캠페인과 학생 자치 공간에 대한 점검도 강화하고 있는데, 이는 우리의 학습과 생활 공간을 청결하고 쾌적하게 하기 위한 것이다.

그리고 학생들에게 수업 시에 대리 출석을 부탁하거나 해주는 행동을 금지하고, 시험 때 양심의 눈에 호소하며 부정행위를 하지 않도록 적극 권면하는 운동도 전개 중이다. 이것이 우리의 정직성을 훈련하는 좋은 계기가 되기 바라며, 무감독 시험에까지 이를 수 있도록 우리 모두가 노력해야 할 것이다. 너무나 당연한 것이겠지만 교수들은 학술 연구의 표절과 논문의 중복 게재를 자율적으로 규제하는 정직성의 기초 위에서 학문의 탁월성을 추구해야 할 것이며, 교직원들은 각종 연구비와 경비 지출, 공문 및 출장 서류 등의 작성에 있어서 양심의 소리에 귀 기울여 정직하게 임하도록 해야 한다.

냉난방 온도를 여름에는 약간의 더위를, 그리고 겨울에는 약간의 추위를 느낄 정도로 조절하고 전열기 사용을 자제하며, 빈 강의실과 연구실이나 행정 사무실과 학생 자치 공간 등에 쓸데없는 불이 켜져 있지 않도록 주의해야 할 것이다. 그리고 물과 종이도 아껴 쓰고 이면지 사용을 생활화할 필요가 있다. 우리는 절약한 비용으로 학생들에게 장학금을 지급하거나 학문의 자유를 위한 경제력을 확보하고 미래를 대비함은 물론, 의료 선교와 1% 사랑 나누기, 국외 봉사 등을 통한 나눔에 앞장서서 우리가 받은 사랑을 다른 이웃들에게 돌려주고 있다.

학생들에게 장학금을 지급한 사례 하나만 들어 보자. 계명대학교는 2012학년도 1학기에 청정절융의 생활 실천을 통해 3억원에 달하는 에너지 및 인건비 절약 성과를 거두었다. 학생들에게 학교생활 속에서 청결한 캠퍼스 조성, 정직한 대학 생활, 에너지 절약 등 저탄소 그린 캠퍼스 구현에 앞장섰거나, 구성원 간의 융합으로 애교심 고취, 계명 정신 함양 등에 기여한 내용을 사례별로 작성해 제출하도록 했다. 신청한 사례를 엄정하게 심사한 뒤 선발된 435명의 학생에게 총 3억 4천 9백 2십만원의 '2012 청정절융 장학금'을 지급했다.

계명 공동체의 모든 구성원들은 "계명인 개개인의 가치는 물론 계명인 모두의 가치를 합한 전체 집합보다 더 큰 가치의 틀 속에서 원대한 꿈을 꾸고 있다는 자중하는 생각과 숭고한 신념"(신일희 2005, 34)을 가지고 소아를 버리고 융합함으로써 우리가 가진 역량을 극대화해 계명 공동체의 지속적인 발전과 비약을 위해 적극 동참해야 할 것이다.

우리 학생들이 개척과 봉사를 요체로 하는 계명 정신을 가슴에 품고 그 구체적 생활실천 덕목인 '청정절융'을 몸에 배게 한 후 사회로 진출한다면, 어느 조직, 직장, 단체에서든지 환영받고 성공할 것이다. 물론 이런 가치를 고수하다 보면 설혹 중간 과정에서 고지식한 사람이라는 인상을 줄 수도 있겠지만, 그것이 개인의 이익을 위한 것이 아니라 공동체의 건전성과 효율성을 위한 것이기 때문에 종국에는 승리하게 될 것이다. 산업화를 넘어 지식 정보화 사회로 진전할수록 도덕적 인성이 더욱 필요해지므로, 우리 학생들이 이런 덕목들을 지닌 명품 계명 브랜드로 성장해 세상을 이끌어가는 인재로서 우리나라와 인류 사회의 발전을 위해 크게 공헌하기를 기대한다.

현대인의 삶이 갈수록 고달프고 복잡해지더라도 청결, 정직, 절약, 융합의 덕목을 자기 자신부터 소박한 마음가짐으로 하나하나 실천해나간다면, 우리를 둘러싼 많은 문제들이 해결되고 나아가 더 쾌적하고 즐거운 삶을 누릴 수 있을 것이다. 계명의 젊은이들이 사회로 진출할 때 계명대학교에서 공급받은 '청정절융'의 샘물과 빛으로 앞장서서 메마른 세상을 적시고 정화시키며, 어두운 세상을 환하게 비추고 이끌어가며 섬기는 삶을 살 수 있을 것이다.

생각 나누기

01 계명대학교의 창학 정신인 기독교 정신은 계명 정신의 형성에 어떤 영향을 미쳤는가?

02 초창기 계명인들은 어떻게 그렇게 특별한 개척 정신을 가질 수 있었는가?

03 계명대학교의 창학 정신은 기독교 정신에 입각한 개척과 봉사라고 할 수 있다. 오늘의 계명인들이 이 같은 계명정신을 어떻게 되살릴 수 있을지 생각해보자.

04 계명대학교 건물에 붙인 이름의 주인공들의 봉사 정신에 대해 깊이 생각하면서 그분들을 비롯해 '청정절용'의 덕목을 잘 실천했거나 실천하고 있는 사람들과 국가 및 기관 또는 단체나 조직의 사례를 조사해보자.

05 계명대학교에 대해 우리는 어떤 비전을 가질 수 있는가? 자신의 지난 생활을 돌아보며 '청정절용'의 덕목과 부합하는 것과 부합하지 않는 사례를 찾아보고, 앞으로 고쳐나가야 할 것이 무엇이며, 어떻게 더 효율적으로 실행에 옮길 수 있을지에 대해 이야기해보자.

06 학과나 단과 대학 및 대학교 전체 또는 동아리 등의 각종 행사나 학교 생활 전반에 걸쳐 '청정절용'을 실천할 수 있는 구체적인 아이디어를 짜내보자.

07 자신이 가꾸고자 하는 계명인상 내지 계명 브랜드를 설정하고, 그 실현 방안으로서 '청정절용'의 실행 계획표를 구체적으로 만들어 실천한 뒤, 그 결과를 자기 소개서 및 진로 계획서를 작성할 때 반영해보자.

참고 자료

· 계명대학교 50년사 편찬위원회, 『계명대학교 50년사 1954~2004』, 서울: 다락방, 2004.

· 계명대학교 120년사 편찬위원회, 『계명대학교 120년사 1899~2019』, 대구: 계명대학교출판부, 2019.

· 계계명대학교 120년사 편찬위원회, 『계명을 빛낸 사람들 1899~2019』, 대구: 계명대학교출판부, 2019.

· 신일희, 『초창기의 계명인』, 대구: 계명대학교출판부, 2004.

· ______, 『타불라 라사』, 대구: 계명대학교출판부, 2005.

· 조동일 외, 『학문에 바친 나날 되돌아보며』, 서울: 지식산업사, 2004.

· 황종건, 『자유와 신념의 교육자, 동산 신태식』, 대구: 계명대학교출판부, 1999.

· Rhodes, Harry A. and Campbell, Archibald (eds.), *History of the Korea Mission : Presbyterian Church in the U. S. A., Vol. 2*, New York: Commission on Ecumenical Mission and Relations, PCUSA, 1964.

| 제2부 |

계명과 봉사

학창립예식
교수취임
1956 6 14
도와그 의나라를위함

제3장
계명의 선구자들

우리는 때때로 이 지구상에 살다간 사람들의 행적과 품었던 뜻을 돌아보며 지금 내가 어떻게 살아야할지 생각하기도 한다. 멀리는 서양 위인들의 삶에서 가까이는 우리나라 선조들의 삶에서 많은 것을 배우게 된다. 그중에서도 우리가 지금 발을 딛고 몸을 담고 있는 이 계명대학교를 일군 선구자들의 삶은 우리의 존재 의미를 일깨워주는 깊은 메시지를 담고 있다.

'나는 지금 어디에 있으며 어디로 가고 있는가', '내가 찾아야 할 나의 아이덴티티는 무엇인가'를 고민할 때 계명을 일구어 놓고 떠난 선구자들이 과연 어떤 씨앗을 심어 놓고 어떤 나무가 자라기를 바라는가를 한번 돌아보기로 하자. 그것이 바로 진정한 '나'를 찾는 마음의 여행이 될 수도 있을 것이다. 이제 계명인 오디세이를 시작해 보자.

제1절 | 안의와, 안두화 목사: 계명대 설립자

안두화의 아버지, 안의와의 한국 선교

▲ 대구·경북 선교의 아버지 안의와

계명대학교의 설립자 안두화 목사의 아버지 안의와는 1867년 5월 2일 미국 인디애나주 맥코이에서 출생해 일찍 아버지를 여의고 외갓집이 있는 캔자스주 토피카에서 자랐다. 캔자스주 워시번대학교(Washburn Univ.)와 존스홉킨스대학교(Johns Hopkins Univ.)를 거쳐 1894년 맥코믹신학교를 졸업한 안의와는 미국 토피카노회에서 목사 안수를 받았다. 이어 안의와 목사는 1895년 4월 미국 예수교 북장로교회 해외 선교부로부터 한국 선교사로 선임받았다.

안의와가 생면부지의 한국을 선교 대상국으로 삼은 것은 배위량 선교사와 결혼한 누나 안애리가 한국의 선교사로 떠날 계획을 하고 있었고 맥코믹신학교 졸업반 동급생이며 1893년 결혼한 아내 넬리 딕 또한 선교사가 되는 꿈을 가지고 있었기 때문이었다. 게다가 넬리의 쌍둥이 자매 진(Jeane)도 아프리카 선교사를 지원해 선교 활동 준비를 하고 있던 중이었다.

이렇게 한국 선교 활동 준비를 하고 있던 안의와 부부 사이에 1895년 2월 6일 장남 안두화가 태어났다. 장남이 태어난 지 2개월 만에 안의와 부부는 샌프란시스코항을 떠나 일본을 거쳐 1895년 5월 29일 부산에 도착했다. 부산은 누나 안애리와 자형 배위량 선교사가 4년 전에 먼저 와서 터를 닦아 놓은 곳이었다.

▲ 1955년 5월 20일 본관 정초식에 초석을 놓고 있는 안두화 목사

안의와의 한국어 교사 김재수

선교 활동을 시작하기 위해 안의와는 무엇보다 한국어와 한국의 풍습부터 익혀야 했다. 그의 한국어 선생은 그가 부산에 도착하던 날부터 안내를 맡았던 청년 김재수이다. 그는 경북 상주 낙동면 화산 출신으로 심한 종양을 앓다가 용한 서양 의사가 있다는 소문을 듣고 부산까지 찾아간 사람이다. 김재수는 1891년 캐나다에서 온 감리교 의료 선교사 하리영(河鯉泳, Dr. Robert A. Hardie, 1865~1949)을 만나서 병을 치료하고 하리영의 전도로 세례를 받은 뒤 고향인 상주에 머물고 있었다.

그런데 상주로 전도 여행을 온 배위량 선교사를 만난 김재수는 다시 부산으로 따라 내려왔고 마침 부산에 도착한 안의와 목사에게 한국어를 가르치게 된 것이다. 훗날 김재수는 대구에서 안의와 목사가 남문안교회(현 대구제일교회)를 창립할 때 유일한 한국인으로 참여했고 뒤에 평양신학교를 졸업한 후 경북 최초의 한국인 목사가 되었다.

안의와 1897년 대구에 오다

부산에서 선교 활동을 하던 배위량 선교사가 1895년 11월 한국 선교 본부에 제출한 대구 선교 지부(부산 선교부 소속)의 설립 청원서가 서울, 평양, 부산에 이어 4번째로 승인이 나자 1896년 1월 배위량 선교사는 가족과 함께 대구읍성 남문 안 정완식의 집(1,388㎡, 420평)을 사서 이사했다.

당시 대구는 인구 7만 5천의 경상도 북부의 중심 도시였다. 그런데 1896년 하반기 배위량 선교사는 선교사 연례회에서 서울 지역 교육 담당 고문으로 발령이 나서 1896년 11월 대구 선교 업무를 안의와에게 인계했다. 1897년 11월 대구에 온 안의와는 이날 선교 지부 사랑채에서 부인 넬리 딕, 아들 안두화, 어학 선생 김재수, 보모 체이스(Marie Chase)와 함께 첫 예배를 드렸다.

안의와, 장인차 의료 선교사 초청, 미국약방, 제중원 설립, 개원

대구를 중심으로 선교 활동을 펴고 있던 안의와는 의료 시설이 낙후해 침술로 치료할 수 없는 환자들이 손 쓸 방도도 없이 죽음을 맞이해야 하는 현실을 매우 안타깝게 생각했다. 또 대구 지방에는 나환자가 무척 많았다. 이러던 차에 안의와는 미국에서 잘 알고 지내며 선교사를 희망하던 의사 장인차를 동역자로 초청했다. 1897년 성탄절에 장인차와 그의 부인 에디스 파커가 대구에 도착했다.

장인차 의료 선교사는 대구 선교 지부의 책임자였던 안의와와 함께 우선 1899년 7월 **'미국약방'**을 통해 의약품을 제공했고, 개원 준비를 마친 1899년 12월 24일 **'제중원'**을 개원해 본격적인 치료 활동을 함과 동시에 나환자 보호소인 **'애락원'**(현 애락보건병원)을 설립해 제중원 근처 초가집에 10여명의 환자를 수용했다. 이 제중원이 바로 오늘날 계명대학교 동산의료원의 전신이다.

계명대학교 동산캠퍼스 조성과 대구 사과의 유래

1900년 초 대구에서 기독교 문화를 주도하던 사역자는 안의와, 장인차, 그리고 1899년 10월 26일 부임한 부해리 선교사이다. 이들 삼총사 가운데 의사인 장인차를 제외하고 안의와 선교사가 대구·경북 지역 내에 1914년까지 직접 설립한 교회가 28개, 전도인을 파송해 설립하고 아담스 전도 기금으로 운영한 교회가 73개, 부해리 선교사가 1923년까지 세운 교회가 56개나 되었다.

안의와를 비롯한 선교사 삼총사가 전도 집회를 갖고 제중원을 운영하기에는 남문 안의 선교 지부가 너무 좁았다. 또 하수 처리, 소음, 오물, 분뇨 등으로 도저히 병원으로 쓸 수가 없어 현재 계명대학교 동산캠퍼스 자리에 새 건물을 짓기로 했다. 황무지였던 동산에 안의와를 비롯한 선교사들은 벽돌 2층 양옥집을 짓고 정원에 갖가지 꽃과 아름다운 초목을 심었다. 그들의 눈에는 서양 동화 속의 집 같기도 하고 에덴동산 같기도 했다.

대구 선교 지부의 책임자였던 안의와가 대구읍성 안 제중원의 냄새, 연기, 소음을 피해 에덴동산과 같은 지금의 계명대학교 동산캠퍼스를 마련하는 데는 많은 어려움이 있었다.

지금의 계명대학교 동산캠퍼스는 당시 산신령이 살고 있다는 큰 고목나무도 있고 무연고 무덤도 있었으며 더러운 쓰레기를 마구 버리는 못 쓰는 언덕 야산이라 매입하기는 수월하였다. 그런데 막상 부지 매입을 하고 제중원 건축과 선교사 사택을 지으려고 하니 대구 지방 관리들(경상 감영의 관찰사를 비롯한 관리들)이 저지를 하고 나선 것이다. 그때가 1900년 5월이었다.

엄연히 달성 서씨 개인 소유의 못 쓰는 땅을 매입했는데도 불구하고 관찰사 서리가 그 땅은 관유지이며 외국인이 살 수 없는 조계(租界) 밖의 부동산이라고 했다. 터무니없는 억지를 부리는 것이었다.

안의와는 선교사들이 마땅히 누릴 수 있는 조약상의 권리를 서울과는 달리 불평등하게 존중받지 못하는 자세한 내용을 주한 미국 공사 안련(Horace N. Allen, 1858~1932)에게 보고하고 안련으로 하여금 외무대신 박제순(朴濟純, 1858-1916)에게 크게 항의하도록 했다. 여러 차례 강력한 항의를 받은 외무대신 박제순은 경상도 관찰사 이유인(李裕寅)에게 "조약 규정을 준수할 것, 공평하게 처리하라. 미국인을 우대하고, 꺼리며 멀리함을 드러나게 하지 말라."고 수차례 지시하여 오늘날 계명대학교 동산캠퍼스 조성은 성사되었다. 그때 언덕 야산을 동산(東山)이라 불렀던 것은 조선시대 경상 감영이 있었던 현 달성공원을 중심하여 볼 때 동쪽에 있었기 때문이었다.

또 그때 안의와는 중국 산동성에서 미국 선교사들이 알맹이가 큰 미국산 과일나무를 보급한다는 말을 듣고 그 과일나무를 수입하기로 작정했다. 그 과일나무는 사과나무였다. **장인차가 미국 미주리주 사과 묘목**을 수입해서 심었지만 잘 자라지 않았다. **안의와가 캔자스주 사과나무 묘목**을 신맛이 나는 토종 능금나무 줄기에 접을 붙여 자라게 하는 데 성공했다. 묘목을 심은 지 5년 만에 수확한 첫 열매는 꿀맛이었다. 그때부터 전교인들에게 사과나무 묘목을 분배했고 그 결과 대구 사과(능금)와 경북 사과(능금)가 오늘날까지 전국적으로, 세계적으로 유명하게 되었다. 현재도 국산 사과의 60~70%가 대구·경북에서 생산되고 있다.

사과(沙果)나무의 특징은 모래를 통해 물 빠짐이 좋은 곳에 잘 사는 나무라 모래 사(沙)와 실과 과(果)를 합하여 그 이름을 사용했고 옛 토종 사과나무를 능금(林檎, 임금)나무라 부른 것은 열매 맛이 달아서 뭇 날짐승들이 능금(임금)나무 숲에 날아 와서 생긴 이름이다.

▲ 한반도의 첫 사과나무. 이 사과나무는 원조 사과나무의 3대 자손목이다.

안의와 등 선교사들의 학교 설립

안의와는 1900년 11월 11일 현 약전골목 당시 대구 선교 지부 안에 대구 최초 남자 사립 초등 학교 '대남소학교'를, 1902년 '신명여자소학교'를 설립했다.

1906년 대남소학교에 졸업생들이 배출되자, 안의와는 남자 중학교 '계성학교'를 세웠고 부해리 선교사 부인 부마태 여사는 안의와와 함께 여자 중학교인 '신명여학교'를 1907년 설립했다. 안의와 부인 넬리 딕과 피아노 연주를 잘하는 장인차 부인 에디스 파커, 신명여학교 초대 교장을 역임한 부마태 여사, 이 세 사람이 대구 선교 지부 내 여성 삼총사였다. 그들은 선교 개척 활동을 하는 남편들을 적극 도왔고 다른 한편으로 남자 선교사들이 할 수 없는 여자들만의 신문화 운동을 펼쳐 나가고 있었다. 그런데 다섯째 아이 유산 후 산후병을 앓고 있던 넬리 딕은 1909년 10월 31일 파계사 요양에도 불구하고 천국으로 떠났고, 그녀의 묘비는 현재 계명대학교 동산캠퍼스내 선교사 묘지에 세워져 있다(227쪽 그림 참조).

안두화, 황해도 재령에서 선교 활동

1895년 한국에 와서 선교사 아버지와 함께 생활하던 안두화는 학교를 다니기 위해 미국으로 돌아갔다. 그는 만 19세가 되던 해 1914년 미국 메사추세츠주 질(Gill) 마운트 허먼고등학교(Mount Hermon School for Boys, 1881년 무디(Dwight Lyman Moody, 1831~1899) 설립)를 졸업하고 오하이오주 우스터대학(College of Wooster)을 거쳐 1921년 일리노이주 시카고 맥코믹신학교를 졸업했다. 안두화는 같은 해 시카고장로회에서 목사 안수를 받았다. 맥코믹신학교는 1829년에 개교한 신학 대학으로 안두화의 아버지 안의와 목사가 졸업한 학교이다.

1921년 9월 안수산(Susan Comstock, RN.)과 미국에서 결혼한 안두화 목사는 한국으로 와서 황해도 재령에서 1925년까지 선교 활동을 했다. 황해도 재령 선교부에 부임한 안두화 목사의 주 임무는 시골 교회를 순회하며 설교하는 것과 성경 학교에서 학생들을 가르치는 일이었다. 재령은 한국에서 성경 학교 학생이 가장 많은 지역으로 세계 어느 선교 지역보다 그 방면에서는 돋보이는 곳이었다.

대구 선교 활동과 일제에 의한 투옥

1925년 안두화는 아버지 안의와 목사의 건강 악화로 안의와 목사가 선교 활동을 하던 대구로 선교 임지를 옮겼다. 대구에서 안두화 목사는 시골 곳곳에 교회를 설립하는 데 집중했다. 이러한 선교 활동의 결과 대구·경북 지역에 120개의 교회가 설립되었으며, 안목사는 15~20개의 교회에 책임을 맡았고 성경 학교 교장으로서 지도자 양성에도 힘을 기울였다.

1941년 12월 7일 **일본에 의한 진주만 공습 이후** 21명의 다른 선교사들과 함께 **한국을 떠나기를 거부한 안두화**는 가족을 미국으로 돌려보내고 자신은 20일간 투옥되었다가 연금 상태가 되었다. 그는 1942년 여름 미국으로 강제 송환되었다.

1945년 5월 제2차 세계대전이 끝나갈 무렵 한국으로의 재입국을 준비하던 안두화는 1946년 10월 대구로 다시 돌아왔다. 1948년 1월 한국 선교부를 재구성하기 위한 회의에서 안두화 목사는 실행 위원회 의장이 되었고 그 이후에 한국 선교부의 대표로 임명되었다.

1950년 6월 25일 한국 전쟁이 발발했을 때 안두화 목사는 일본으로 대피하기를 거절한 선교사 중의 한 사람이다. 부산과 대구의 임시 숙소에서 목사들과 그 가족들을 안전한 남쪽 해안으로 이송하며 홍수처럼 밀려오는 난민들의 구호에 전력을 다했다.

1950년 12월 중공군이 서울을 향해 밀려올 때는 북쪽에서 내려오는 피난민들을 인천에서 피난선에 싣고 수천 명을 안전한 남쪽으로 대피시키기도 했다.

1951년 1월 난민 1,500여명을 인천항에서 배로 피난시키고 안 목사 일행이 한강에 가설된 부교를 건널 때 동행한 6명의 한국인 중에는 영락교회 한경직 목사와 용산교회 유효준 목사도 포함되어 있었다. 안 목사는 동행한 모든 목사들과 고아가 된 목사 가족에게 한 달 치 봉급을 지급했다. 다음날 서울이 공산군에 점령당했는데 이때 **안목사 일행이 피난시킨 사람들이 3,000여명**이나 되었다.

대구에 기독교 대학 설립 절감

6·25 한국 전쟁은 3년 1개월간 계속되었다. 150만 명의 사망자와 360만 명의 부상자를 낸 이 전쟁으로 국토는 피폐해졌다. 그러나 1900년 대남소학교, 1902년 신명

여자소학교, 1906년 계성학교, 1907년 신명여학교를 설립해 운영하고 있던 대구의 기독교 지도자들은 그 연장선상에서 기독교 사역에 전념할 한국의 젊은 인재들에게 고등 교육을 제공할 기독교 대학의 설립이 절실함을 공감하고 있었다. 초등 교육 기관을 설립한 지 50년이 지난 1953년 이러한 움직임은 현실로 나타났다.

대구에 기독교 대학을 세우기 위해 미국 북장로교회 해외 선교부에 재정 지원을 요청했지만 선교부는 대학을 설립할 정도로 재정 형편이 넉넉하지 못했다. 그래서 선교부가 최종 결정을 하기 전에 교계의 지도자들이 독자적으로 대학 설립을 추진하기로 했다. 그 첫 모임이 1953년 6월 11일 11시 계성학교 신태식 교장실에서 열렸다. 그 모임에 안두화, 최재화, 김광수, 박병훈, 오병기, 신후식, 주덕근, 차태화, 신태식 교장이 참석했다. 이 회의가 **계명기독대학 설립을 위한 '기성회 준비 위원회'** 첫 모임이다. 이 모임의 회장은 안두화 목사가 맡았고 서기는 신태식 교장이 맡았다. 그 후 이 기성회는 7차례 회의를 거쳐 대학의 재단 설립과 이사 선임을 결정하고 1954년 4월에 대학을 개교하기로 했다.

1954년 3월 20일 안두화 목사는 마침내 아버지 안의와 목사의 꿈이었던 계명기독대학의 설립을 50년 만에 이루어냈다. 그가 설립자가 된 계명기독대학은 1954년 4월 19일 **'계명기독학관'이란 이름으로 개관**했다. 교수진으로는 감부열 학장, 장기동, 한명수 교수와 김기우, 김익호, 김재건, 이성학, 최성곤, 구의령, 안혜리 등이었고, 철학과 58명, 영어영문학과 60명의 학생이 등록했다. 1945년 전국에 고등 교육 기관인 대학이 19개(학생 7,819명)였으나 1955년에는 4배로 늘어나 74개 대학에 재학생이 84,996명에 달했다.

대신동 선교 지부에 계명기독대학 개교

안두화 목사는 미국 예수교 북장로교회 해외 선교부에 대학 설립을 위한 예산을 청원하고 여러 기독교 단체에 재정 원조를 요청했으나 4천 달러 밖에 모금하지 못했다. 그런데 마침 1953년 미국 북장로교회 해외 선교부 한국 담당관 스미스(John C. Smith, 1903~1984) 박사가 내한하자 안두화 목사는 그에게 12만 5천 달러 재정 지원을 요청했다. 스미스 박사는 1950년, 1954년 등 이미 두번이나 한국에 와서 안두화 박사로부터 대구에 기독교 대학 설립에 대한 계획을 여러번 설명을 들었고 또 대구에 직접 와 본 바도 있었다. 스미스 박사의 동의와 선교부의 승인은 받았으나 요청한 금액 중 3만 5천 달러는 평양에서 서울로 이전한 숭실대학 재건을 위해 쓰고 9만 달러만을 받게 되었다. 또 감부열 박사가 다른 경로를 통해 약간의 자금에다가 시장 가격으로 6만 달러에 상당하는 목재, 시멘트, 벽돌, 유리, 기와, 못 등 건축 자재를 '미군 대한원조(AFAK)'로부터 지원받았다. 계명대학교는 개교 당시 **미국 해외 선교부 한국 담당관**으로서 9만 달러의 대학 설립 자금을 지원해 준 **스미스 박사의 공적**을 기념해 계명대학교 성서캠퍼스 **국제지역학부 소속 건물을 스미스관(The John Coventry Smith Hall)**이라 명명했다.

계명기독대학이 처음 개교한 교지는 현재 계성초등학교 자리인 대구시 중구 대신동 283(도로명 주소: 대구광역시 중구 달성로 15)번지이다. 이곳에는 미국 북장로교회 한국 선교회 대구 지부 부지 8,264.5㎡(2,500평)와 안두화 목사 사택, 1953년 서울로 이전한 신학교 강의실, 기숙사 등으로 모두 4동의 건물, 연건평 1,289㎡(390평)의 교사(校舍)가 있었는데 이것을 빌려서 그곳에서 개교했다.

계명기독대학 대명캠퍼스 조성

▲ 계명기독대학 창학 당시의 대신동 임시 교사(1954.)

▲ 염소들이 한가롭게 풀을 뜯고 있는 대명캠퍼스 전경(1961.)

1955년 2월 5일 재단 법인 계명기독대학이 학교 재단으로 문교부의 허가를 받았고 1956년 2월 18일 문교부로부터 계명기독대학이 대학으로 공식 허가를 받았다. 그

▲ 대명캠퍼스 조성 초기. 바위산을 깨 운동장을 만들고 있는 모습(1964.)

▲ 대명캠퍼스 교수촌 뱁칵마을(1960.)

▲ 뱁칵마을 준공 기념문 동판(1960.)

동안 대신동 선교 지부에서 2.5km 남쪽으로 떨어진 대구시 남구 대명동 2345번지(도로명 주소: 대구광역시 남구 명덕로 104) 일대 64,206㎡(21,186평) 새 부지, 즉 현 계명대학교 대명캠퍼스 부지를 28명의 소유주로부터 1954년 11월 29일부터 매수하기 시작해 1957년 8월에 대부분 매입했다. 그리고 대명캠퍼스 본관 기공식을 1955년 2월 8일에 갖고 5월 5일에 초석을 놓았다.

특히 대명캠퍼스는 높은 언덕에 위치하고 있어 자연적으로 조성된 노천강당을 원형극장처럼 만들 수가 있었다. 본관 기공식에는 건축 자재를 지원해준 미군 맥고우(E. J. McGaw) 장군이 참석해 축사를 했고 **안두화 목사가 초석**을 놓았다. 1955년 12월 5일 연 면적 3,398㎡(1,028평) 규모의 본관이 준공됨에 따라 1956년 2월 1일 대신동 임시캠퍼스에서 대명캠퍼스로 대학을 이전했다.

바우어기념도서관

1958년 4만 권을 소장할 수 있는 도서관이 건축되었다. 장서 3만 권은 이미 미국의 여러 단체와 개인으로부터 기증받아 두었다. 건축 자금은 미국 펜실베니아주 필라델피아의 기독교인 바우어(Christian Bauer) 씨로부터 미화 2만 5천 달러를 기부 받았으므로 이를 기념해 도서관 이름을 **'바우어기념도서관(Bauer Memorial Library)'**이라 명명했다.

안두화 목사는 1958년 감부열 초대 학장이 임기를 마치고 정년 퇴임하자 학장직을 맡았고 계속해 건축 자금 확보에 힘썼다. 이때 안두화 학장은 미국 위스콘신주 니나의 외가 이모인 헬렌 뱁칵(Helen Babcock)과 엘리자베스 뱁칵(Elizabeth Babcock) 자매로부터 거액의 자금을 얻어 22명의 교수들이 거주할 수 있는 현대식 교수 사택을 캠퍼스 내에 지었다. 그리고 그 **교수촌을 '뱁칵마을(Babcock Village)'**이라 명명했다.

5·16군사정변으로 안두화 학장 정년 퇴임

1961년 5·16 군사 정변으로 군사 혁명 정부에 의해 교수의 정년이 65세에서 60세로 단축이 되었고 외국인은 대학의 학교장이 될 수 없었다. 부득이 66세였던 안두화 학장은 임기를 2년 남기고 신태식 부학장을 후임 학장으로 임명해 제3대 학장으로 취임하게 했다. 그리고 본인은 명예 학장, 협동 학장으로 추대되었다. 안두화 명예 학장은 계명대학의 발전을 위해 1962년 2월 20만 달러 대학 발전 기금 모금 운동을 벌였다.

안두화 목사의 외가가 있던 미국 위스콘신주 니나에 사는 기독교 독지가 쉐턱(Ruth and Sidney Shattuck) 부부가 10만 달러를 기부하고, 또 미국인 100여 명이 각각 2달러에서 1만 달러까지 기부를 하여 모두 16만 9천 달러가 모금되었다. 이중에는 무명의 대학생도 있었고 안두화 목사의 고향 캔자스주 토피카의 세계적인 정신 분석학자 메닝거 박사(Dr. Karl A. Menninger, 1893~1990)도 있었다. 이 운동에 한국 사람도 60여 명이 참석해 3만 1천 달러를 모금했는데 이중 3만 달러는 한 사람의 독지가였던 박명교 여사(의양 정재호 삼호그룹 회장 부인)가 기부했다.

안두화 목사 은퇴, 미국 오레건주 메드포드에서 70세에 소천

안두화 목사는 1952년 모교인 미국 오하이오주 우스터대학에서 신학박사 학위를 받았다. 1963년 미국으로 돌아가기 전 한국에서 평생 선교 활동을 하면서 계명대학교를 설립하고 수많은 교회를 창설했을 뿐만 아니라 한국의 문화 발전에 크게 기여한 공로로 1963년 7월 1일 **박정희 대통령으로부터 문화 훈장**을 받았다.

다음 글은 안두화 학장이 1963년 7월 1일 정부로부터 문화 훈장을 받고 미국으로 영구 귀국할 당시『동아일보』에 게재된「한미 친선의 선구자 아담스 목사」라는 제목의 사설이다.

평생을 우리나라에서 교육과 설교에 헌신하다가 정년이 되어 곧 귀국하게 될 미국인 에드워드 아담스 씨에게 정부는 지난 1일 문화훈장을 수여하였다. 안두화(安斗華)라는 우리나라 이름까지 가지고 있는 아담스 씨는 구 한국말인 1895년에 생후 2개월 밖에 되지 않는 몸으로 선교사인 아버지 제임스 아담스 씨의 품에 안기어 내한한 이래, 68년 동안 우리나라 사람들과 고락을 같이 하면서 지내오다가 이제 정든 제2의 고국을 떠나 도리어 생소한 제1의 고국으로 돌아가게 된 것이다.

우리나라와 미국과는 19세기 말엽에 일본이 이 땅에 야심을 품고서 침략의 마수를 뻗치기 시작한 그 당시부터 개화와 독립 운동을 위해 물질적, 정신적인 유일한 벗으로 있어 왔던 것이며, 서울의 아펜젤러, 언더우드, 평양의 마펫, 그리고 대구의 아담스 같은 분들은 그 선구자로서 우리 근대화의 역사에 길이 빛날 업적을 남겼던 것이다.

아담스 씨는 계성중, 고등학교, 계명대학, 대구성경고등학교 등 대구에서만도 수 개교를 설립하였고, 평양의 숭실전문학교, 서울의 세브란스 의과대학, 연세대학 등 20여개 학원의 재단 이사를 겸하면서 교육 시설의 확장과 인재 양성에 많은 공적을 남겨왔을 뿐만 아니라 50여 년간의 선교 활동을 통해 건립한 교회당만도 100여 개가 넘는다는 것이다.

일제 말기에 아담스 씨는 일시 일경에 의하여 투옥된 일이 있었고, 나중에는 추방까지 되었으나, 8·15광복이 되자 곧 한국으로 돌아와 그의 사업을 계속하였던 것인데, 이렇게 본다면 그는 그의 전 생애를 한국과 한국인을 위해 바쳐왔다고 말할 수가 있다. 그리고 비록 종교적인 신앙심에서 왔다고는 할지라도 타국과 그 나라 국민을 위하여 이처럼 그의 전 생애를 바쳐서 봉사한다는 것은 인류의 역사상 그리 흔한 예가 아니라고 생각되는 것이다.

광복 후 미국은 우리나라에 막대한 군사적, 경제적인 원조를 보내 왔었고 지금도 그러한 원조는 계속되고 있다. 그러나 미국의 이러한 원조가 정부 대 정부의 원조로서 그치고, 민간인 사이의 친밀한 교섭이 뒤따르지 않았더라면 미국 사람과 한국 사람과의 정의에 가득한 우호 관계는 오늘과 같이 그렇게까지 농밀해지지는 못하였을 것이다. 이러한 점에서 아담스 씨와 같은 존재는 한미 친선을 위하여 실로 금자탑과 같은 공헌을 남겨 놓은 분이라고 찬양할 수가 있다.

이제 아담스 목사는 미국으로 돌아갔지만 한국 사람은 그를 결코 잊지 않을 것이며, 언제든지 다시 돌아와 줄 것을 희망하면서 그의 여생에 신의 가호가 있기를 이 자리를 빌려 기원하는 바이다. (『동아일보』, 1963.7.5.)

※ 이 글에서 아담스 씨는 안두화 박사를 가르키는데 계성중·고등학교를 설립한 사람은 안두화 박사가 아니고 안두화 박사의 아버지 안의와 목사이다.

안두화 목사는 1958년 10월 이미 이승만 대통령으로부터 문화 표창을 받은 바도 있고 1963년 5월 28일 경북대학교에서 명예 문학박사 학위를 받기도 했다. 태어난 지 2개월 만에 아버지를 따라 멀리 이국땅 한국에 와서 평생 한국의 발전, 특히 계명대학교의 설립과 발전을 위해 헌신하고 봉사해온 안두화 목사는 향년 70세가 되던 1965년 9월 7일 미국 오레건주 메드포드에서 소천했다.

그는 우리들에게 기독교 정신은 어떤 것이며 개척과 봉사는 어떻게 하는가를 직접 보여주는 위대하고 거룩한 삶을 영위하고 떠났다.

계명대학교 설립의 주체로서 대학의 발전을 위해 평생을 바친 안두화 박사의 거룩하고 숭고한 개척과 봉사 정신을 영원히 기리고자 계명대학교는 대명캠퍼스 미술대학 건물과 성서캠퍼스 채플을 각각 **아담스관(The Edward Adams Memorial Hall)과 아담스채플(The Adams Hall of Worship and Praise)**이라 명명했다.

독립운동가 최재화 목사

1955년 리선근 문교부 장관이 발급한 계명기독대학 설립 허가서에 명시된 설립자는 안두화, 최재화, 강인구 세 사람이다. 안의와 선교사의 기독교 정신에 크게 영향을 받은 최재화 목사와 강인구 목사도 이 고장 출신으로 일찍 기독교를 받아들이고 신교육을 받은 선각자로서 대구·경북의 기독교 정신에 입각한 고등 교육 기관의 설립에 기꺼이 동참을 한 것이다.

▲ 학장 취임 서약서에 서명하는 안두화 박사(왼쪽)와 재단 이사장 최재화 목사(오른쪽)(1958.)

백은(白恩) 최재화(崔載華)는 1892년 12월 18일 경북 선산군 해평면 산양리에서 최도원과 우서원 사이에 3남 2녀 중 장남으로 태어났다. 시골 농부의 아들로 태어난 최재화는 부모의 농사일을 도우며 서당에서 글을 배웠다. 그러던 중에 1907년 최재화의 고향 산양에 복음이 전래되었다. 미국 예수교 북장로교회 선교사인 안의와 목사가 순회 전도를 한 것이다.

1909년 최재화는 안의와 선교사의 주선으로 서울 경신학교에 입학했다. 경신학교는 1886년 미국 예수교 북장로교회 한국 선교사 원두우(Horace G. Underwood, 1859~1919) 목사가 세운 중등 교육 기관이다. 1915년 경신학교 대학부가 연희전문학교로 발전했는데 이 학교가 오늘의 연세대학교이다. 1914년 경신학교를 졸업하기 직전 20세가 된 최재화는 부모가 정혼해준 김금심과 결혼하고 졸업과 동시에 경남 진주 심상소학교(지금의 초등학교) 교사 생활을 시작했다.

최재화, 대구·선산 독립 만세 운동 전개와 중국 망명

1년간 초등학교 교사 생활을 한 최재화는 안의와 선교사의 안내로 미국 유학을 위해 1915년 가을 중국 상해로 갔다. 우리나라에서는 바로 미국으로 갈 수가 없는 때였다. 그런데 중국에 도착한 최재화는 전쟁으로 말미암아 미국으로 가는 배편을 구하기는 고사하고 중국에서 생명조차 유지하기 어려워서 고국으로 돌아와 일본으로 유학 가기로 결심했다. 1914년 제1차 세계대전이 발발해 전 세계가 매우 불안정한 시기였다.

1916년 봄부터 동경 일본대학교에서 법학 공부를 한 최재화는 1918년 다시 고국으로 돌아와 모교인 경신학교 교사가 되었다. 이때 **최재화**는 3·1 독립운동의 민족 대표 33인의 한 사람인 경신학교 선배 이갑성(李甲成, 1889~1981)을 만났다. 그리고 최재화는 **1919년 대구의 3·8 독립 만세 운동**과 선산의 4·3 독립 만세 운동을 주도했다. 그리고 여러 차례 독립운동으로 경찰에 체포되고 또 탈출해 지명 수배를 받아온 최재화는 중국으로 망명했고 일제의 **궐석 재판으로 징역 8년**을 선고받았다.

중국에서 망명 생활 중 최재화는 금릉신학교에 입학했다가 미국 예수교 북장로교회 선교부가 경영하던 화북신학교에 다시 진학, 1924년 12월 이 학교를 졸업했다. 그리고 중국 산동성 다의강(多義講)교회의 청빙을 받아 산동노회에서 목사 안수를 받고 그곳에서 목회 활동을 했다. 독립운동으로 8년 징역을 선고받은 최재화는 고국으로 돌아 올수가 없었고 중국에서 사역을 할 수 밖에 없었다. 형 집행 기간이 지나서도 5년이 더 경과해야 자유의 몸이 될 수 있었기 때문이었다.

대구제일교회 담임 목사로 귀국, 후진 양성

중국과 만주에서 10년을 살았던 최재화는 당시 남성정교회(현 대구제일교회)의 목사 청빙으로 1931년 고국으로 돌아오게 되었다. 대구제일교회는 자신을 이끌어준 안의와 선교사가 세운 교회이다. 당시 대구제일교회는 선교사들과 함께하는 노회파와 이만집 목사의 자치파로 갈라져 큰 갈등을 겪고 있던 때였다.

재판에서 노회파의 승리로 교회당도 되찾고 새로운 목사(최재화)의 청빙으로 교회가 안정되자 최재화 목사는 붉은 벽돌 2층 건물로 교회당을 신축했는데, 그것이 바로 지금 대구 약전골목에 문화재로 지정되어 있는 대구제일교회 건물이다. 이때 최재화 목사는 기독교 중등 교육 기관인 계성학교 출신 가운데 소명 받은 학생들을 집중적으로 신앙 지도를 하고 일본 유학을 주선했다. 학생 중에는 후에 한신대학 학장을 지낸 이여진(李如眞, 1920~2010) 목사와 부산대학교 교수를 역임한 조민하 박사도 있었다.

안두화 목사와 함께 계명대학교 설립에 동참

1950년 6·25 한국 전쟁으로 피폐해진 대구에 전쟁의 종식과 함께 국가 재건이 절실히 필요한 때 기독교 선각자들에 의해 대학의 설립이 한 목소리로 거론되고 있었다. 이러한 여건 속에 안두화 선교사가 중심이 되어 기독교 대학 설립 운동이 일어났고 이것이 현실화되어 1953년 6월 11일 대학 설립을 위한 기성회 조직 준비 위원회가 구성되었고 최재화 목사는 이 준비 위원회의 회장이 되기도 했다. 1955년 2월 5일 문교부로부터 대학 법인 설립 허가서를 받아 계명기독대학이 설립되었는데, 최재화 목사는 세 사람의 설립자 중에 한 사람으로 대학 재단 법인의 초대 설립 이사가 되었다.

1954년 공식적인 대학의 설립 허가가 나기 전에 사설 강습소인 계명기독학관을 먼저 개관하고 재단법인 계명기독대학 초대 이사장이었던 안두화 박사가 1958년 9월 18일 대학의 제2대 학장으로 취임하자 최재화 목사는 제2대 이사장에 취임해 1959년까지 봉사했다. 최재화 목사는 이밖에도 1949년부터 1953년까지 계성중·고등학교 재단 이사장을 역임했고, 대구장로회신학교(현 대신대학교) 설립에 동참해 1956년 동 대학교 재단 이사장을 지낸 바 있다. 독립운동가 최재화 목사는 1962년 9월 17일 향년 70세로 소천했다.

최재화 목사는 1980년 8월 최규하 대통령으로부터 대통령 표창, 1990년 노태우 대통령으로부터 건국 훈장 애족장을 받았다. 계명대학교는 백은 최재화 목사의 계명대학교 설립과 발전에 기여한 공적을 후학들에게 기리고자 **성서캠퍼스 자연과학대학 건물**을 그의 아호를 따서 **'백은관(白恩館)'**이라 명명했다.

올곧은 목회자·교육자 강인구 목사

강인구 목사는 1908년 5월 9일 경북 영주시 이산면 신천리에서 강석진 목사의 아들로 태어났다. 강인구 목사의 가정은 당시에는 보기 드물게 일찍부터 기독교를 받아들인 가정으로 한국 선교 초창기에 그의 조부가 이미 신교육과 신문화에 접해 있었

▲ 최재화 목사의 공적을 기념하는 성서캠퍼스 백은관(白恩館)

▲ 강인구 목사의 공적을 기념하는 성서캠퍼스 영암관(榮巖館)

다. 고향인 산골 마을 영주에는 변변한 교육 기관이 없던 관계로 15세인 어린 나이에 1923년 대구 계성학교로 유학을 오게 되었다.

계성학교를 졸업한 강인구는 한국의 예루살렘이라고 불리던 평양의 숭실전문학교로 진학했다. 숭실전문학교를 졸업한 강인구는 고향 영주로 돌아와 보통학교 교사 생활을 하면서 아버지의 목회 활동을 도왔다. 고향 영주에서 12년간 교사 생활을 하던 강인구는 다시 목회자의 꿈을 실현하기 위해 평양신학교에 진학해 1942년 졸업과 동시에 경동노회 소속 경북 영천 금호교회의 초청을 받아 목사 안수와 동시에 목회 활동을 시작했다.

강인구 목사가 올곧은 목회자와 교육자로 활동하게 된 것은 아버지 강석진 목사와 어머니 임봉순 여사의 영향을 많이 받은 때문이라고 스스로 말했다. 임봉순 여사는 대구신명여학교의 교사로 재직하던 중 학생들을 이끌고 1919년 3·1독립만세운동에 참여해 1년간 옥고를 치른 바 있는 독립 유공자이자 보기 드문 여성 지도자였다.

영천 금호교회에서 4년간 목회 활동을 했던 강인구 목사는 어려움을 당하고 있던 영천제일교회로 임지를 옮겼다. 영천제일교회에서 6·25한국전쟁을 겪은 강인구 목사는 1955년 대구 서남교회로 목회지를 옮겨 15년간 목회 활동을 하고 1970년 은퇴했다.

강인구 목사와 계명대학교

강인구 목사는 영천 금호교회와 영천제일교회에서 시무하는 동안 대한예수교장로회 경동노회장을 세 차례(1948, 1949, 1952) 역임했고, 대구 서남교회 재직시에는 대한예수교장로회 경북노회장(1961년)을 지냈다. 그리고 강인구 목사는 1950년부터 3년간 모교인 계성학교 법인 이사를 거쳐 1954년 계명대학교 설립자로서 오랜 기간 법인 이사로 재직하면서 우리나라 기독교 학교의 발전에 크게 기여했다.

계명대학교는 1989년 강인구 목사에게 명예 신학박사 학위를 수여했고 대학의 설립자와 이사로서의 학교 발전에 기여한 공로를 오래도록 기리고자 **인문국제학대학·사범대학 건물**을 그의 아호를 따서 **'영암관(榮巖館)'**이라 명명했다. 영암(榮巖)은 계명대학교 명예 총장 신태식 박사가 강인구 목사의 고향인 영주의 '영(榮)'자와 바위 '암(巖)'자를 따서 '영주의 큰 바위'란 뜻으로 지어준 아호이다.

감부열 목사 한국 선교 선택

감부열 선교사는 1890년 9월 28일 펜실베니아주 필라델피아 조지타운에서 태어났다. 그의 나이 10살 때 아버지 조셉 캠벨(Joseph A. Campbell)이 워싱턴주 시애틀로 이사를 하여 워싱턴대학교 바로 옆에서 살았기 때문에 감부열의 다섯 형제는 모두 워싱턴대학교를 졸업하게 되었다. 감부열은 워싱턴대학교에서 토목 공학을 전공했지만 타고난 만능 운동선수로 그 중에서도 8인 조정 경기를 가장 잘 했다고 한다.

1913년 워싱턴대학교를 졸업한 감부열은 뉴저지주 프린스턴을 여행하면서 선교 사역을 하기로 결심하고 프린스턴신학교에 진학해 1916년 졸업했다. 그해 9월 27일 감부열은 어린 시절부터 친구였던 헬렌 오트(Helen M. Ott)와 결혼했다. 결혼한 감부열과 헬렌 오트는 한국 선교사를 선택해 시애틀의 유니버시티장로교회에서 성직 서임을 받고 1916년 12월 9일 한국에 왔다. 그곳이 평안북도 강계였다.

평안북도 강계에서 대구로

나이 26세에 평안북도 강계에서 선교 사역을 시작한 감부열은 그곳에서 24년간 선교 활동을 했다. 감부열의 주된 일과는 강계 지방의 시골 변두리를 다니면서 순회 설교하는 것이었다. 또 사냥을 좋아해서 가끔 사슴을 잡으면 마을 주민들과 함께 잔치를 했다. 강계 주민들은 헌신적인 봉사 활동과 목회 활동을 하고 있던 감부열을 존경해 그 마을에 기념비를 세웠다. 그러던 중 제2차 세계대전이 일어나서 불가피하게 1940년 미국으로 돌아갔던 감부열은 미국의 여러 교회에서 봉사하다가 종전이 되자 1946년에 다시 한국에 왔다.

제2차 세계 대전이 마무리되자 감부열 선교사는 미국에서 선교 지역을 대구로 옮겼다. 먼저 전쟁고아들을 돌보고 미국의 구호 물자를 요청해 분배하기도 했다. 또 1951년 일제 강점기에 해체되었던(1938년 9월 20일 일제는 평양 조선(대한)예수교장로회 신학교를 폐교시킴) 신학교(총회신학교, 현 총신대학교)를 대구에서 창설해 초대 학장을 역임했다. 후에 그 신학교는 서울로 자리를 옮겼다. 당시의 기독교인 중에는 의사, 판검사, 교사, 심지어 정부 기관장, 대학 총장도 있었다. 따라서 미래의 교회 지도자가 상당한 교육 수준을 갖추려면 대구에도 기독교 대학의 설립이 반드시 필요했다. 1953년부터 준비한 계명기독대학의 설립이 1955년 2월 5일 드디어 문교부의 허가를 얻자 감부열은 설립 이사와 초대 학장(1956년 6월 14일 취임)으로 적극 참여하게 되었던 것이다.

대학 설립 자금 늘이기: '신발끈 늘이기' 작전

1953년 미국 북장로교회 해외 선교부는 계명기독대학 설립을 지원하되 대학 설립기금으로 요청한 12만 5천 달러 중 3만 5천 달러는 평양에서 서울로 이전한 숭실대학(숭실대학교)에 쓰고 계명기독대학 설립 비용으로 9만 달러를 지원하겠다고 했다. 따라서 감부열 선교사는 미국 선교부로부터 주어진 **'적은 대학 설립 자금'**을 **'짧은 신발끈'**에 비유해 대학 설립 자금을 늘리기 위한 **'신발끈 늘이기'** 작전을 펼치기로 했다.

신발끈 늘이기 작전은 먼저 본관 신축 자금을 확보하는 데서 발휘되었다. 감부열 학장은 우선 미국 아이젠하워 대통령의 제안으로 창설된 **'미군 대한 원조(AFAK)'의 도움**을 받기로 했다. '미군 대한 원조' 사업은 전쟁으로 피폐한 한국이 학교, 병원, 고아원 등 공공건물을 짓는데 필요한 건축 자재를 공급해주는 원조 프로그램이었다. 감부열 학장이 이 사실을 알고 찾아갔지만 이미 신청 기한이 지난 다음이었다.

큰 실망을 하고 돌아왔지만 며칠 후 우연히 다른 일로 그 부대 지휘관 맥고우 장군과 점심을 같이하면서 계명기독대학 본관 건축을 위한 부족한 자재에 대한 사정을 이야기하게 되었다. 장군이 다시 한 번 검토해 보자고 하여 다음날 찾아 갔는데 뜻밖에 지원 허락을 받게 되었다. 그때 **지원받은 목재, 시멘트, 벽돌, 유리, 기와, 못 등 건축자재가 시장 가격으로 6만 달러**나 되었다. 모자라는 대학 설립 기금, 짧은 신발끈 늘이기 작전은 일차적으로 큰 성공을 거둔 셈이다.

대명캠퍼스 본관 건설, 통나무 대학으로 시작한 프린스턴대학교보다 나은 대학

1954년 4월 계명기독학관이 개교했다. 교명도 '계명' 즉 '빛을 밝게 여는 대학', '빛을 확장한다(Expanding Light)'라는 뜻을 가진 멋진 이름이었다. 철학과 58명, 영어영문학과 60명의 신입생들을 대상으로 강의가 시작되었다. 때마침 신학교가 비워둔 진흙 건물, 안두화 선교사가 살던 3층 가옥, 금방이라도 무너질 것 같은 세 채의 기숙사, 허름하기 짝이 없는 교수 숙소가 전부였고 이런 것들조차도 모두 빌린 것이었지만 계명기독대학은 통나무 대학으로 시작한 미국 프린스턴대학교보다는 더 훨씬 나은 것이었다.

1955년 2월 대명캠퍼스 본관이 착공되었다. 건축 자재를 제공해 준 맥고우 장군도 참석해서 활기찬 연설을 했고 통역은 감부열 학장이 맡았다. 개교하고 본관 건축이 시작되었지만 신발끈 늘이기 작전은 계속해야 했다. 학칙 제정, 교복 선정, 또 본관 강단 의자 제작과 구입, 강의실용 의자 디자인, 도색, 캠퍼스 조성을 위한 나무 심기 등 학장이 할 일은 정말 많았다. 특히 대명캠퍼스 본관 강당을 신축하는 데 필요한 12인치 철근 아이빔(I-beam)을 포함한 많은 **건축 자재를 부산까지 가서 미군 공병단**으로부터 얻어왔다.

이렇게 건축한 대명캠퍼스 **본관이 1955년 12월 5일 헌당식을 갖고 준공**되었다. 이때 미국 장로교회 총회 의장인 미국 오레곤주 포틀랜드의 폴 라이트(Paul S. Wright) 박사가 직접 와서 축하 인사를 했다. 이 본관이 **미국 장로교회 총회 의장에 의해 헌당된 세계 최초의 건물**이 된 것이다.

감부열 학장 정년, 명예 학장으로 추대

감부열 선교사는 1924년 펜실베니아대학교에서 수학 전공으로 석사 학위를 받았고 1952년 비버(Beiver)대학과 위싱턴대학교에서 명예 신학박사 학위를 받았다. 1958년 8월 20일 감부열 학장은 정년으로 계명기독대학 학장직을 이임하고 명예 학장으로 추대되었다. 그리고 곧바로 미국으로 돌아가 플로리다주 외곽 도시 올랜도에 있는 성 앤두루스장로교회에서 3년 동안 목사로 봉직했다. 그후에도 감부열 선교사는 아프리카 자메이카 임시 교회에서 1년 반 동안 봉사한 뒤 다시 미국으로 돌아와 플

▲ 오늘날 우리 대학교의 상징이 된 본관 첨탑 공사 광경(1956.)

로리다 레이크랜드에 있는 선교사 사택에서 여생을 보냈다.

감부열 선교사를 한국에 파송해 그를 지원한 교회는 미국 워싱턴주 시애틀에 있는 유니버시티장로교회(University Presbyterian Church)이다. 이 교회는 감부열 선교사의 아버지 조셉 캠벨 목사가 세운 교회로 계명기독대학이 대명캠퍼스에 음악관을 신축하게 되자 2만 5천 달러를 모금해 지원했다. 계명기독대학은 1963년 5월 21일 개관한 이 음악관을 감부열 초대 학장의 아버지 조셉 캠벨을 기념하기 위해 **'캠벨기념음악관(Campbell Memorial Music Hall)'**이라 명명했다. 특히 이 음악관 개관식에는 미국 북장로교회 한국 선교부 선교사 마포삼열(Samuel A. Mofteff, 총신대학교, 장로회신학대학교 설립자) 박사의 부인 엘린 마펫(Eileen Moffett) 여사가 참석했는데, 그녀는 마포삼열 선교사와 결혼하기 전 시애틀의 유니버시티장로교회에서 종교 교육 담당 교사로 봉사한 인연을 갖고 있었다.

▲ 감부열 초대 학장을 기념하는 캠벨기념음악관(1963년 준공)

제4절 | 장인차 선교사: 제중원(동산의료원 전신) 초대 원장

장인차 1897년 한국 선교사 지원

장인차 의료 선교사는 1869년 6월 9일 미국 일리노이주 게일스버그에서 태어났다. 1890년 미국 펜실베니아주 라파예트대학(Lafayette College Easton) 재학 중 19세기 미국의 기독교 대부흥사 무디(Dwight L. Moody, 1837~1899) 목사의 설교에 감동을 받고 장차 의사가 되어 해외 선교 활동을 하기로 작정한 장인차는 1891년 대학을 졸업하자 바로 펜실베니아 의과대학에 진학해 1895년 졸업했다. 그는 뉴욕 브루클린에 있는 킹스카운티병원과 윌크스바레시립병원에서 수련의 과정을 마치고 1897년 6월 21일 한국 선교사를 지원해 임명받았다.

아내 에디스 파커는 당시 서부 펜실베니아에 있는 대학 예비 학교에서 프랑스어와 영어를 가르치고 있었다. 약혼한 남자가 의사로서 해외 선교를 하기로 작정했기 때문에 그녀는 뉴욕에 있는 슬로운산과병원(Sloane Maternity Hospital)에서 개설한 단기 육아 교육 과정을 이수하면서 소독법, 산과학, 신생아와 산모의 간호, 환자의 병상 만들기 등을 배우고 익혔다.

장인차와 에디스 파커는 1897년 10월 25일 침례교 목사인 에디스 파커 아버지의 주례로 결혼하고 그해 11월 18일 한국을 향해 출발했다. 출국 전 선교부의 예산 부족으로 본인들이 선교비를 마련해야 했다. 다행히 2주후에 필라델피아 제2장로교회와 윌크스바레 제1장로교회에서 선교비를 도와주었다.

장인차 의료 선교사 대구에 오다

안의와 선교사는 1897년 6월 장인차가 한국 선교사로 임명받을 당시 서로 편지를 주고받는 친밀한 사이였다. 특히 장인차는 미리 한국에 와 있던 안의와에게 서신으로 도움과 안내를 요청했고, 안의와는 기쁘고 감사한 마음으로 의사로서 대구에서 함께 선교 활동을 하게 될 장인차를 기다리고 있었다.

1897년 6월 29일 장인차가 안의와에게 보낸 서신에 대한 안의와의 답신 내용은 1897년 가을에 안의와가 대구로 이사를 한다는 것과 대구는 부산과 100마일(161km) 떨어져 있고 아직 우체국이 없으며 프랑스 신부(김보록, Achille P. Robert) 외에는 외국 사람이 한 사람도 없다는 것이었다. 그리고 부산에 오면 1년 동안 머물면서 한국어 공부를 하라고 권했다. 장인차가 의사인줄 알면 많은 사람들이 몰려와 어학 공부할 시간이 없을 것이라고 했다.

1897년 11월 18일 미국을 출국해 12월 22일 부산에 도착한 장인차 부부는 부산에 있던 어을빈(魚乙彬, Dr. C. H. Irvin, 1866~1909) 의료 선교사 집에서 하루 묵고 바로 대구로 향해 조랑말을 타고 12월 25일 오후 대구 남문 안에 도착했다. 장인차 부부는 안의와 가족과 함께 대구 선교 지부 내에서 생활했다. 미국에서 부산으로 보낸 장인차의 이사짐이 제물포(인천)로 잘못 가서 그 짐을 찾는데 반년이 걸렸다.

장인차 가족이 대구에 도착한 20일 후 1898년 1월 14일 안의와 부부는 차남 안변암(安邊巖, Benjamin N. Adams, 1898~?, 안동 지방에서 선교 활동)을 낳았는데 대구에서 태어난 최초의 외국인이었다. 이때 대구에는 장인차 외에 어떤 의사나 간호사도 없어서 장인차 부부가 이들의 출산과 산후 간호를 했다. 또 장인차 부인 에디스 파커도 그해 7월 13일 장녀 메리(Mary Parker)를 부산에 가서 낳아야 했으므로 장인차는 산모를 데리고 부산을 왕래하게 되었다.

미국약방과 제중원 개원

장녀 메리가 1899년 여름 대구의 지독한 더위 때문에 병이 나자 장인차는 부인과 딸을 데리고 부산으로 요양을 갔다. 또 병원(제중원) 개원 준비를 하는데 대구에서는 유능한 목수를 구할 수가 없어 진료실 준비를 제대로 할 수가 없었고, 미국에 주문한 의약품이 1899년 7월까지 도착하지 않는 등 병원 개원이 2년이나 늦어지게 되었다. 그 사이에 **장인차 선교사**는 한국어를 배워야겠다는 생각에 여름마다 **대구 팔공산 파계사에 들어가서 한국어 공부**에 열중했다.

1899년 여름 요양 후 장인차 선교사는 대구 선교 지부 내에 진료소로 사용할 작은 한옥 한 채를 마련했다. 그 집은 방이 두 개인 흙벽 초가집이었다. 도배를 하고 선반을 만든 뒤 주문한 약품이 도착하기를 기다렸다. 얼른 개원을 하고 싶었지만 여러 가지 여건이 허락하지 않았다.

1899년 크리스마스 이브에 제중원을 개원했다. 최초 제중원은 대구 약전골목 안 대구 선교 지부 내에 있었다. 진료소는 성벽 바로 안쪽 밑에 위치하고 있었고 별도의 대기실이 있었다. 대기실은 마당을 가로 질러 멍석이 깔린 방이었다. 병원 건물은 낮은데다 성벽에 가까이 위치해 있어 여름에는 통풍이 잘 되지 않고 식사와 난방을 위한 연기, 비위생적인 분뇨 처리에 따른 악취 등 의사마저 건강에 위험을 느낄 정도로 열악한 환경이었다.

제중원 진료실 건물 구조는 9×5피트(2.7m×1.5m)의 작은 진찰실과 이보다 작은 창고, 주병실을 겸한 30×12피트(9m×3.6m) 크기의 큰 방으로 삼등분되어 있었다. 이 방은 약재실과 수술실로 양분되었다. 철사 줄로 울타리를 쳐 놓은 대기실도 있었는데 15명이 들어갈 수 있는 이 방은 추위와 비 및 더위를 피할 수 있는 피신처 구실을 했고, 철사 줄 울타리와 빗장에 달린 대문이 있는 이 방은 많은 사람들이 한꺼번에 진찰실과 수술실로 밀어 닥치지 못하게 하는 역할을 했다.

본격적인 치료 활동을 하기 전에 장인차 의료 선교사는 1899년 7월부터 미국약방이란 간판을 달고 단순히 의약품만을 제공했다. 모든 준비가 완료된 후 제중원 간판을 달고 치료를 하면서 다음 여름까지 일 년이 되기도 전에 1,700명의 환자를 치료했는데, 환자 중에는 신환자가 800명, 수술 환자 50명, 왕진 환자 80명이 포함되어 있었다. 1901년과 1902년 사이에 환자 수는 2,000명으로 늘어났다.

1899년 연말 제중원 개원 당시에는 한국인 90% 이상이 절대적인 빈곤층이었다. 또 한국 사람들은 **나쁜 귀신이 세상에 널리 퍼져 있으면서 사람들을 병들게 한다**고 믿고 있는 사실을 알고 장인차는 매우 놀랐다. 또 소위 의원 또는 의생이라고 부르는 재래 의사(?)들이 믿기지 않을 정도로 의학 지식에 무지했다.

부모들은 아이가 천연두에 걸리면 살아남을 때까지 이름도 짓지 않고 가족 수에 포함시키지 않았다. **천연두는 중국에서 온 나쁜 귀신**이 몸속에 들어와 일으키는 병이라고 생각했다. 그들은 피가 순환한다는 사실도 몰랐고 정맥과 동맥의 차이를 신경이 있고 없고의 차이로 알았으며 사람들의 시체를 해부한다는 건 생각조차 할 수 없는 것으로 여겼다.

사람들이 **열병을 치료할 때 흔히 말린 두꺼비나 뱀**을 달여 먹었고 **몸이 허약하면 호랑이 이빨**을 갈아 만든 가루약이 특효라고 알았다. 골수염이 흔했으며 가장 일반적인 만성 질환은 소화 불량이었다. 귓병 환자는 날마다 왔고 백내장 수술을 여러 번 했다. 그리고 나환자도 많았고 허파와 간에 종양이 생긴 사람도 많았다. 특히 아기가 정상적으로 분만되는 모습을 거의 볼 수가 없었는데 이는 이웃 사람들이 서로 도와가며 분만을 했기 때문이었다. 또 비정상적인 분만이나 산통이 오래 가는 경우 임산부 집 마루 위에 멍석을 깔고 분만을 시켰다. 이런 분만은 아주 비위생적이었고 진통제도 사용하지 않았지만 신생아의 숫자는 놀라울 정도로 많았다.

1899년 10월 26일 대구에 온 부해리 선교사가 대구에 온 지 얼마 되지 않은 때였다. 입술이 퉁퉁 부어 식사를 전혀 못하고 밥알을 젓가락으로 밀어 넣어 주고 물을 볏짚 빨대로 삼키는 환자가 있었는데 부해리 선교사의 마취와 장인차 선교사의 수술로 완치가 되었다. 이 소문이 경북 도내에 퍼지자 많은 환자가 몰려 왔고, 천연두 예방접종(10전, 저렴한 비용)을 위해 가난한 아이들까지 많이 찾아 왔다.

동산캠퍼스에 제중원 신축, 병원 인기 급상승

제중원을 개원했던 대구 선교 지부(현 대구 중구 약령시 내 옛 대구제일교회 부지)는 옛날 머슴이 살던 집과 헛간을 개조한 임시 건물로 통풍도 잘 안 되고 천장이 낮아 여름에는 몹시 덥고 갑갑한 곳이었다. 악취도 심하고 밤이면 개 짖는 소리와 빨래 방망이 소리, 무당 굿하는 소리, 각 가정의 굴뚝에서 나오는 매운 연기 때문에 성문 밖 서쪽 동산(東山) 언덕(큰 장, 곧 서문시장 동쪽에 있는 큰 언덕)의 넓은 땅(지금 동산캠퍼스)을 사서 제중원을 신축하기로 했다. 땅 주인은 달성 서씨(達城徐氏) 문중의 학자였고 헐벗은 황무지로서 일부 무연고 묘지가 있었다.

대구 선교사 삼총사인 안의와, 장인차, 부해리 세 사람은 그 동산을 '여호와 이레', 즉 하나님께서 영남 지역의 선교를 위해 미리 마련해 주신 거룩한 땅으로 생각했다. 많은 어려움을 겪으면서 부지 매입을 하고 1903년 4월 서울에서 벽돌공을 불러 착공했다. 건축비는 미국 필라델피아 제2장로교회 라이트(Mary H. Wright)가 헌금한 돈으로 해결했고, 설계는 고든(H. B. Gordon)이 맡았으나 설계상 구조적인 결함이 있어 일차 지은 병원이 1905년 태풍에 무너지고 말았다. 1906년 다시 짓고 추가 비용이 1,250달러가 더 소요되었다. 제중원을 신축한 후 병원의 인기가 급상승해 1907년과 1908년 사이 환자 수가 5,000명을 넘었고 해마다 그 수가 급증했다.

아편 중독자 정석사

어느 날 경북 고령에서 **아편(모르핀, Opium) 복용**으로 심한 발작을 일으키며 고생하던 **정석사**라는 사람이 장인차 선교사를 찾아왔다. 그는 양 눈이 움푹 들어가고 쇠약해 마치 박제가 된 표본 같은 처량하고 불쌍한 모습을 하고 있었다.

입원 치료 후 천천히 회복되어 28일 만에 퇴원을 하게 되었다. 장인차 선교사는 혹 이 환자가 퇴원하자마자 대구에서 또 나쁜 친구들을 만나 다시 아편 중독자가 될까 걱정이 되어 말 한 필을 구해 병원 문 앞에 대기시켜 놓았다가 믿을 수 있는 한 사람과 함께 고향으로 돌려보냈다. 그는 몇 달 뒤에 살이 찌고 행복한 모습으로 인사차 병원을 찾아 왔다. 그는 기독교인이 되었고 다시는 아편에 빠지지 않았다. 당시 한국은 아편에 관한 일반적인 인식이 많이 부족했다. 대부분 한국 사람들은 어릴 때부터 아편을 먹거나 피하 주사를 맞았다. 감기에 걸렸을 때도 드롭스처럼 아편을 먹었다.

망건장이 노총각

하루는 발병한 지가 10년 쯤 되고 다리에 접시만 한 종기가 난 서른 살의 노총각이 절름거리며 병원을 찾아왔다. 그는 피부 이식이 필요할 정도로 상처가 깊었고 치료는 하고 싶지만 돈이 없다고 했다. 장인차 의사가 무얼 하는 사람이냐고 묻자 그는 "망건 만드는 사람입니다."라고 대답했다. 망건이란 말꼬리의 털을 뽑아 그 털로 만든 머리띠(작은 모자) 같은 것을 말한다.

치료는 해주어야 하는데 돈이 없다고 하니 모두들 난감한 표정을 짓고 있을 때 병원에서 공부를 하고 있던 한 학생이 치료는 해주되 "일을 시킵시다."라고 제안했다. 그래서 병원에서 그에게 세 마리 분량의 말꼬리를 사다 주고 그것으로 망건을 만들게 했다. 그는 상처를 치료받는 동안 망건을 만들었고 병원에서는 그걸 나중에 시장에 내다 팔았다. 그렇게 하여 **망건장이 노총각**은 건강을 되찾아 자신의 본업에 충실하게 되었다.

여자 돌팔이 폐결핵 전문의

대구에 **폐결핵을 전문**으로 고친다는 여자 돌팔이가 있었다. 그녀는 환자의 머리나 등뼈를 마사지한 후에 족집게를 가지고 2, 3㎝ 정도 되는 가늘고 하얀 실 같은 것으로 **뼈를 뽑아내는 체했다**. 이 돌팔이 의사는 대구 어느 교회의 장로 부인에게 이렇게 하여 많은 뼈를 뽑았다고 했다. 그 장로는 어리석게도 이 여자를 협잡꾼(사기꾼)이라고 말은 하면서도 그의 아내가 워낙 위중하고 죽을 지경에 처해 있었으므로 어쩔 수 없이 그 여자에게 공손히 대했다.

그 여자는 장로 부인에게 남편이 옆에 있으면 뼈를 빼낼 수 없다고 하고, 미국 의사가 처방해 주는 약을 계속 복용하면 쉽게 뽑아낼 뼈를 찾을 수 있다고 했다. 그 장로는 그 여자가 뽑아낸 뼈를 몇 개 가지고 왔다. 현미경 조사를 해본 결과 그것은 **한국산 청어 지느러미뼈**로 판명되었다. 한국 사람들의 해부학에 대한 지식이 턱없이 부족하던 시대였다.

장인차 선교사 근대 의학 교육

▲ 장인차(Woodbridge O. Johnson) 의료 선교사, 계명대학교 의과대학 부속 동산병원의 전신 제중원 초대 원장

제중원을 찾는 환자 수가 급증하자 장인차 선교사는 1908년과 1909년 사이 제중원에서 근무하는 청년들 중에 7명을 선발해 그들에게 **근대 의학 강의**를 했다. 그러나 당시 여건에서는 청강을 희망하는 학생이 많지 않았고, 장인차 선교사가 다음 해 건강이 무척 악화되어 귀국했기 때문에 의학 강습은 전문적인 의학 교육 기관으로 발전하지 못했다.

강의 과목은 해부학, 생리학, 약품 조제, 치료학, 내과학, 신과학, 외과학, 영어 등이었다. 학생들 중 능력이 있는 학생들은 왕진을 나가서 분만을 도우거나 가벼운 치료를 대신하기도 했다. 이런 교육은 병원에서 필요한 의학 전문인을 양성한다는 큰 의미가 있었다. 이 강의는 **대구 최초의 근대 의학 교육**으로 근대 의학사에 길이 남을 일이었다. 또 여기서부터 계명대학교와 계명대학교 의과대학의 역사가 시작되었다.

▲ 대구 최초의 근대 의학 교육을 받은 제중원 청년들

나환자 요양원 설치

1900년 초 경상도 지방은 원래 나병(한센병, Leprosy) 환자가 많은 곳이었다. 1908년 어느 날 한 젊은 스님이 찾아와 자기의 병을 고쳐주든지 아니면 죽여 달라고 호소한 일이 있었다. 그는 이미 손가락과 발가락이 다 떨어져 나가 증세가 심한 나환자였다. 이 당시 많은 나환자들은 매독에 감염되어 있었다. 장인차는 매독부터 치료했다. 장인차가 나병 치료를 한다는 소문이 퍼지자 제중원에는 많은 나병 환자들이 찾아왔다.

장인차는 1909년 병원 근처 초가 한 채를 마련하고 10명의 나환자를 수용해 간호하며 치료하기 시작했다. 이것이 나환자 요양원의 시작이다. 이때 설립한 이 **'나환자 요양원(Leper Asylum)'**이 오늘날 **대구애락보건병원**의 모체이다. 1910년 장인차는 건강이 아주 나빠져서 동산병원장 직을 사임했고, 제2대 동산병원장으로 부임한 별리추(Dr. Archibald G. Fletcher, 1882~1970) 선교사에게 나환자 요양원을 인계했다. 이 대구애락보건병원은 1917년 6월 24일 대구 서구 내당동(도로명 주소: 대구광역시 서구 통학로 30) 반고개 언덕으로 이전해 많은 나환자들을 입주시켜 치료했고 많은 수의 나환자들을 완치해 사회에 복귀시켰다.

연간 5,000명의 진료로 건강 악화, 장인차 선교사 귀국

1897년 28세 의료 선교사로 대구에 온 장인차는 미국약방과 제중원을 개원하고 나환자 요양원을 설립해 운영했으며 대구 최초로 근대 의학을 강의했다. 1899년 제중원을 개원, 본격적으로 환자 진료를 시작한 첫해부터 2,000여 명의 환자를 치료했고 환자 수가 매년 급증해 그가 귀국할 1910년에는 치료 환자 수가 연간 5,000여 명이 넘었다.

특히 1901년에는 과로로 인한 발진티푸스에 걸려 목숨까지 위험했으나 부산의 어을빈 의료 선교사의 치료로 간신히 회복되기도 했다. 1903년 제중원 신축 공사 감독까지 하게 된 **장인차는 과로로 다시 건강이 악화**되어 1905년 안식년을 갖고자 미국으로 휴양 갔다. 이때 제중원의 진료는 의료 선교사 널(M. M. Null) 부부가 맡았다. 이들 부부는 1년 동안 진료를 하고 지쳐 쓰러지는 상태가 되어 결국 다른 선교지로 옮기게 되었다. 장인차 의료 선교사는 1906년 대구로 다시 돌아왔다. 다음해 5월 병이 재발해 **선교부에서는 의료 활동을 중단**하고 쉬도록 권고했다.

그때 마침 경북 안동 선교 지부가 개설되어 그곳에 가서 잠시 휴가 겸 쉬기로 했으나 그곳 역시 환자가 많아 휴식에 도움이 되지 않았다. 다시 대구에 온 장인차는 건강문제로 도저히 의료 선교 사업을 계속할 수가 없었고 마침내 1910년 가을 병원 업무를 별리추 의료 선교사에게 인계하게 되었다.

1951년 글랜데일 요양원에서 장인차 소천

장인차는 건강 악화로 의료 선교 사업은 못할지언정 전도 사업은 계속할 목적으로 목사 안수를 받기로 했다. 장인차 의료 선교사의 목사 안수 문제는 1912년 8월 31일 제4회 경상노회에서 부해리 선교사에 의해 발의되어 그해 9월 1일 평양에서 열린 제1회 장로교 총회에서 허락되었다. 그러나 장인차 선교사는 병세 악화로 1912년 11월 15일 15년간 젊음을 바쳐 봉사한 대구를 떠나 미국으로 돌아가게 되었다.

1912년 미국으로 돌아간 장인차는 캘리포니아 임페리얼 카운티에서 목장을 경영하며 이 지역 농장 자문관으로 지내다가 1920년 네 자녀를 데리고 캘리포니아 이글록으로 이주한 뒤 비행 청소년을 관리하는 청소년 보호소 대리직을 맡았다. 카운티의 불행한 소년들이 갱생되어 나감으로써 장인차는 큰 보람과 만족감을 얻게 되었다. 그는 이 분야에서 16년간 또 다른 형태의 선교 사업을 했다. 고령의 장인차는 이후 지역사회와 교회를 위해 계속 봉사 활동을 하다가 1951년 7월 19일 아침 글랜데일 요양원에서 향년 82세를 일기로 세상을 떠났다.

장인차 의료 선교사는 위대한 인물이었다. 그는 안의와 선교사와 함께 동산기독병원의 창설자일 뿐 아니라 대구애락보건병원의 창설자로서 대구·경북을 중심으로 한 영남 지방 최초의 근대 의학 보급자이다. 그는 병든 우리의 부모와 형제자매, 나환자의 선한 친구요 구세주였다. 그의 개척 정신과 봉사 정신을 우리는 꼭 잊지 말아야 할 것이다.

청송 푸른 솔밭

▲ 계명기독대학 제3대 학장 취임식의 신태식 박사

동산 신태식 박사는 1909년 1월 21일 경북 청송 복동마을 이른바 '소대(松臺)'라고 부르는 푸른 솔밭마을에서 태어났다. 신태식 박사는 유가의 전통을 이어받은 평산 신씨(平山申氏) 가문의 신경한(申經漢)과 이덕성(李德成) 사이의 둘째 아들이다.

1915년 미국인 안의와 선교사에 의해 기독교가 전파되어 소대 윗마을 수락(水落)에 청송 최초의 교회가 설립되었다. 이후 신태식 박사 가족은 기독교에 귀의하고 선교사들과 남다른 인연을 맺게 되었다. 특히 부친 신경한은 그 후에 복동교회를 설립하고 초대 장로가 되었다. 5살부터 한문 공부를 하던 신태식은 기독교를 통해 신식 문화를 접하게 된 부친의 영향으로 9살부터 청송 안덕에 새로 생긴 학숙에 다녔다. 그 후 청송 화목의 공립보통학교 4학년에 편입해 1925년 3월까지 6년제 보통학교에 다녔다.

대구로 유학, 계성학교 입학

보통학교 5학년을 수료한 신태식은 어머니 심부름으로 당시 대구 계성학교에 다니고 있던 형 신후식(申厚植, 1905~2010)을 찾아가게 되었다. 형의 권유로 대구에 주저앉아 계성학교에 다니기로 결심을 한 신태식은 시험을 거쳐 당시 **계성학교 교장 현거선(玄居善, Harold H. Henderson) 선교사로부터 입학**을 허락받았다.

계성학교는 미국 예수교 북장로교회에서 대구 지역 선교를 위해 파견한 안의와 선교사에 의해 1906년 영남 지역 최초로 설립된 기독교 학교로 안의와 및 나도래(羅道來, Ralph O. Reiner, 1882~?) 선교사가 교장을 맡아 운영해왔다. 1920년부터 전문 교육자인 현거선 선교사가 교장을 맡으면서 근대식 학교의 형태로 발전했다.

신태식은 1930년 일제(日帝)의 자격 인정을 받지 못한 계성학교를 졸업한 후 평양의 숭실전문학교에 진학했다가 1934년 다시 일제의 자격을 받게 된 계성학교에 돌아와 일 년을 더 공부했다. 신태식은 계성학교 졸업 후 숭실전문학교를 거쳐 일본 동북제국대학으로 유학을 갔다.

평양 숭실전문학교 진학

숭실전문학교는 1897년 배위량 선교사가 자신의 사랑방에서 시작해 1900년 4년제 중학 과정으로 발전했다가 1925년 4년제 문과 전문 학교로 발전한 기독교 학교이다. 1930년대의 우리나라에는 정규 대학인 경성제국대학교 외에 13개의 전문 학교가 있었다. 그 중 기독교 전문 학교로 연희전문, 세브란스의전, 이화여전은 서울에 있었고 숭실전문학교가 유일하게 지방인 평양에 있었다.

1930년 계성학교를 졸업하고 청송 집에 내려가 있던 신태식에게 진학의 꿈을 열어준 사람은 계성학교 현거선 교장이다. 그는 숭실전문학교의 윤산온(尹山溫, George S. McCune, 1878~1941) 교장에게 신태식의 입학을 추천했고, 윤산온 교장은 신태식을 면담한 후 정식 입학을 허락했다. 이때 형인 신후식이 이미 숭실전문학교에 다니고 있었기 때문에 많은 도움이 되었다.

그런데 한국을 점령한 일본이 1936년부터 조선인의 황민화 정책을 내세우며 일본 황실 숭배 사상인 신사 참배를 강요하자 미국 예수교 북장로교회 선교회는 평양 숭실전문학교를 폐교하기로 결의했다. 윤산온 교장도 신사 참배를 반대해 신태식이 졸업하던 해인 **1936년 숭실전문학교는 폐교**되고 윤산온 교장은 미국으로 돌아가게 되었다. 그러나 윤산온 교장은 떠나기 전에 **신태식을 일본 동북제국대학 영어영문학**

과에 유학을 주선하는 한편 장학금을 마련해 줬고, 귀국 길에 신태식과 부산에서 일본 고베(神戶)까지 배로 동행하며 각별한 애정을 보였다.

연세대 교수직 사양, 모교 계성학교 교사로

일제(日帝)는 1939년 모든 학교로 하여금 일본어 사용과 군사 훈련, 신사 참배를 강요했다. 이로 인해 계성학교를 비롯한 기독교 학교가 큰 시련을 겪고 있던 1939년 봄 일본 동북제국대학을 졸업한 신태식은 계성학교 영어 교사로 부임했다. 당시 최고의 학력을 갖춘 신태식으로서는 더 좋은 직장(서울 연희전문학교 교수직)을 권유받았지만, 자신의 모교이자 중학교 입학 당시부터 자기를 특별히 보살펴 준 현거선 선교사가 교장으로 있던 계성학교에 보답하는 심정으로 기꺼이 교사직을 선택했다.

29세의 젊은 영어 교사로 부임해 근무한 지 2년 후인 1941년 5월 현거선 교장은 일제의 탄압으로 20년간 선교 교육 사업을 정리하고 미국으로 떠나게 되었다. 1939년 발발한 제2차 세계대전은 1940년 9월 일본, 독일, 이탈리아가 동맹해 미국, 영국, 프랑스를 상대로 도발 태세를 갖추면서 전 세계로 확대되자, 일본과 전쟁 상태에 놓이게 된 미국 정부는 조선내의 모든 선교사를 서둘러 귀국시켰다.

현거선 교장은 1941년 5월 20일 부산행 열차를 타고 수천 명 인사들의 전송을 받으면서 대구를 떠났다. 현거선 교장은 송창근 목사의 추천을 받아 진주사범학교 교사로 재직하고 있던 김석영(金奭英)을 후임 교장으로 임명했다.

계성학교 교장 취임, 명문 학교로 재탄생시켜

1945년 8월 15일 해방이 되면서 가네꼬(김석영의 일본 이름) 교장이 8월 16일 밤 아무도 몰래 도망가 버리자, 17일 저녁 김성재 계성학교 재단 이사장과 김병준 이사 등이 모여 신태식을 신임 교장으로 선출했다.

신태식 교장은 과거 현거선 교장이 이룩해 놓은 아름다운 계성 캠퍼스를 복원하고, 일본식 군국주의 교육을 청산함과 동시에 자유 민주주의 교육도 새롭게 시작해야 했다. 또한 경제적으로 어려운 학교를 맡아 교사들의 월급부터 해결해야 했다. 무엇보다 급한 것은 친일파 김석영 교장이 창학 이념인 기독교 정신을 박탈하기 위해 바꾼 교명인 공산중학교를 계성중학교로 환원하는 것이었다. 그는 기독교와 아무런 관계가 없는 대구의 섬유 산업 사업가 김성재 회장을 찾아가 당시 김회장 재산의 절반인 65만원을 계성학교에 투자하도록 권유했다. 학교 재단을 설립한 뒤 그 자금으로 공산중학교를 매입해 1948년 9월 1일 교명을 '계성'으로 환원하고 4년제를 6년제로 변경해 계성학교를 새롭게 탄생시켰다.

계성은 그 이후 6.25 한국 전쟁 등 교내외 여러 가지 어려운 난관에 봉착할 때마다 신태식 교장의 자유주의적 교육 이념과 갖가지 특별 활동 등을 통한 전인 교육, 우수한 교사들의 초빙, 교육 재정 기반 조성, 교사들에 대한 최고의 대우 등을 통해 명문 학교로서의 위치를 굳건히 다지기 시작했다. 또 그 동안 신태식 교장은 계성초등학교와 계성유치원을 설립해 종합적 교육 체계를 완성했으며, 그 공로를 인정받아 미국의 엠포리아대학으로부터 명예 교육학 박사 학위를, 캐롤대학으로부터 명예 법학 박사 학위를 수여받았다.

중앙 교육 위원으로 안두화와 함께 계명기독대학 설립

계명대학교 설립 당시는 1955년 8월 공표된 '대학 설치 기준령' 때문에 대학 설립 허가를 받기가 몹시 어려웠으며, 대학의 신설은 중앙교육위원회의 심의를 거쳐 인가하도록 되어 있었다. 이 시기에 신태식 교장은 대구시 교육 위원 겸 경상북도 교육 위원이었고 또 경상북도 교육위원회를 대표한 중앙교육위원회의 위원으로 활동하면서 조동식(趙東植, 1887~1969) 위원장과 위원들을 설득해 1955년 재단 법인 계명기독대학 설립과 1956년 계명기독대학의 설립 허가에 결정적인 역할을 했다. 1956년 그해에는 계명기독대학이 4년제 대학으로서는 유일하게 설립 허가가 났다.

계명기독대학 설립을 위한 기성회의 조직이나 재단 설립, 이사 선임, 미국 선교본부의 재정 지원 등의 주도자이자 대표자는 안두화 선교사였으나, 한국인으로서 실질적인 자문과 보좌는 교육 행정의 경험이 많은 신태식 교장이 맡았고, 한국 기독교 단체와의 협조 업무는 경북노회장을 역임한 신후식 목사가 맡았다. 이때 계명대학의 교명도 정해지게 되었다. 앞에서 언급한 것과 같이 '계성학교의 '계(啓)' 자와 신명학교의 '명(明)' 자를 따서 '빛을 확장한다'는 의미의 '계명'이라고 하자는 신태식 교장의 제안이 받아들여지게 된 것이다.

안두화 목사와의 2대에 걸친 인연

계명기독대학의 초대 학장인 감부열 선교사는 1958년 8월에 정년 퇴임하고 영구 귀국할 예정이었으므로, 계명기독대학 재단 법인 이사회는 1957년 10월 이사회를 개최해 미리 법인 이사장으로서 그 동안 미국 예수교 북장로교회 한국 선교 본부의 총무를 맡고 있던 대학 설립자 안두화 목사를 제2대 학장으로 선임했다.

돌이켜보면 안두화 학장은 계명대학교를 창설했고 신태식 박사를 미국 피츠버그대학교로 유학을 보내는 등 큰 인물로 성장시키는 데 결정적인 도움을 준 사람이라 할 수 있다. 안두화의 아버지 안의와 목사는 청송 지방에 교회를 세우기 시작했고, 선교 운동의 연장으로 신태식 박사의 아버지 신경한을 기독교로 인도한 사람이다. 안의와 목사는 대구에 제일교회와 제중원(동산기독병원), 계성학교를 세웠을 뿐만 아니라 경북 지방에서 가장 산골인 청송을 찾아가 교회를 세우고 전도했다.

이와 같이 안두화 학장 부자와 신태식 박사 부자간에는 2대에 걸친 깊은 신앙적 만남과 인간적 만남이 있었다. 안두화 학장은 학장 취임과 동시에 신태식 박사를 계성중·고등학교 교장을 겸임하는 조건으로 계명대학 부학장으로 임명해 여러 가지 학사 운영에 조언을 구함과 아울러 장차 계명대학의 장래를 맡길 적임자로 염두에 두었던 것으로 추측된다.

학장 취임과 대학 발전 기금 모금 운동

1961년 5·16 군사 정변 전에 안두화 학장은 임기를 1년 남짓 남겨두고 이사회를 통해 신태식 박사를 계명대학 차기 학장으로 선임했다. 그 후에 5·16 군사 정변이 일어나 교원의 정년이 65세에서 60세로 단축되고 외국인이 학장이 될 수 없다는 군사 정부의 특별 조치로 당시 66세였던 안두화 학장은 부득이 임기 전에 물러나고, 1961년 11월 30일 **신태식 박사가 계명기독대학 제3대 학장**으로 취임했다.

신태식 학장의 취임은 두 가지 큰 의미를 지녔는데 하나는 외국인이 아닌 한국인이 학장이 되었다는 점이고, 다른 하나는 목사가 아닌 교육 행정 전문가가 학장으로 취임했다는 사실이다. 신태식 박사는 일본 동북제국대학 유학 시절을 제외하고는 모든 생애를 기독교 교육 기관에서 보냈으며, 1945년부터 1978년까지 30여 년 동안 오

▲ 문학 특강차 방문한 루마니아의 망명 작가 게오르규(Constain Virgil Gheorghiu, 1916~1992)(가운데)와 신태식 학장(정면)

로지 한 길, 계성중·고등학교와 계명대학만을 위해 봉사했다.

신태식 학장은 대학 발전 기금을 마련하기 위해 능력과 지혜를 발휘해 국내외적으로 활발한 모금 운동을 벌였다. 미국 정부나 특정 단체의 지원을 받은 해외 여행에서도 반드시 대학 발전 기금 모금 활동을 펼쳤고 대학 발전 기금 모금만을 위한 미국 여행도 여러 차례 했다. 그런데 그때마다 문제가 되는 것이 비싼 미국 왕복 항공 요금이었다.

당시 본인의 돈이나 대학의 경비로 미국에 출장 간다는 것은 도저히 상상할 수 없을 정도로 나라 전체의 경제 사정이 어려웠다. 그래서 신태식 학장은 미국에 갈 때마다 홀트아동복지회에서 주선한 **입양 고아**들을 데리고 가는 조건으로 비행기를 무료로 타는 방법을 택했다. 홀트아동복지회는 미국 사회사업가 해리 홀트(Harry Holt, 1905~1964) 씨가 기독교 정신에 입각해 6·25한국전쟁 고아들을 돕기 위해 1955년 설립한 사회 복지 단체이다.

어린 유아들을 두세 명씩이나 데리고 장시간 비행기 내에서 돌보는 것은 건강한 장년이라도 여간 어려운 일이 아니었다. 그러나 신태식 학장은 대학 발전 기금을 모금하는 일이라면 그 어떤 어려움도 기꺼이 나서서 했다. 마침 홀트재단의 해외 입양아 수송 업무를 계명기독대학 설립자이자 초대 이사장인 안두화 선교사의 아들이 담당하고 있어서 그나마 그러한 기회를 쉽게 얻을 수 있었던 것이다.

신태식 학장은 1961년 학장으로 취임한 후 1971년까지 10년 사이에 무려 15회

이상 해외를 오가며 수십만 달러의 발전 기금을 모아 오늘날의 계명대학교 대명캠퍼스 건물의 신축과 캠퍼스 조성에 사용했다.

대학의 구조 조정과 초급 대학 병설

1954년 계명기독학관 시절 영어영문학과와 철학과 두 과에 총 정원이 400명이었으나 1956년 역사지리학과와 교육학과가 신설되어 모두 4개 학과 총 정원이 480명이었다. 그리고 1959년 종교교육학과, 보육학과, 가정학과가 신설되어 학생 총 정원이 560명으로 늘어났다. 1961년 5·16군사정변 후 교육 특별 조치법에 따라 계명기독대학은 1961년 9월 7개 학과 560명의 학생 정원이 교육학과를 비롯한 보육학과, 가정학과 폐과와 함께 460명으로 감축되어 대학 운영에 큰 문제가 생겼다. 이러한 상황에서 신태식 학장이 착안한 대학운영 정상화 방안은 대학에 병설 초급여자대학을 신설해 운영하는 것이었다.

1962년 2월 신태식 학장은 국가 재건 최고회의와 문교부에 가정과(80명), 보육과(80명) 두 개 과에 160명 정원의 **계명기독대학 병설 초급여자대학의 설립**을 신청해 인가를 받고 신태식 학장이 두 개 대학의 학장을 겸하게 되었다. 또 그해 6월 부설 유치원을 인가받아 보육과 학생들의 실습기관으로 활용했다. 아주 획기적인 대학 정상화 방안이었다. 이 초급 대학은 1970년 대학 입학 예비고사 제도로 인해 전문 학교로 개편되었다. 이 학교가 현재 **계명문화대학교**의 전신이다.

1974년 계명대학은 문교부의 대학 교육 개혁 정책에 따라 전국 우수 6개 대학만 실시했던 실험 대학 시행 대학이 되었다. 2년에 걸쳐 부전공 제도 도입, 교양 과목의 강화, 계열별 학생 모집, 졸업 학점 140점 하향 조정 등 대대적인 학사 제도 개편 등을 실시한 실험 대학 시행 결과 계명대학은 최우수 실험 대학이었다. 이에 따라 1974년 6개 계열, 15개 학과, 전체 학생 정원 1,740명으로 늘어났고, 1978년에는 4개 단과 대학, 22개 학과, 입학정원 1,030(총정원 4,120명)명의 꿈에도 그리던 종합 대학으로 승격하게 되었다.

우수 교수 초빙을 위한 열정

신태식 학장은 1961년 취임하자마자 세 가지 대학의 발전 계획을 가지고 있었다.

첫째는 캠퍼스 조성과 대학 구조 조정을 통한 대학의 **재정 자립**, 둘째 대대적인 **우수 교원 확보**, 셋째 이를 뒷받침할 **대학 발전 기금 모금**이었다. 이 세 가지 방안 중에 가장 어려운 것이 우수 교원 확보였다. 한국인으로서 해외 유학을 가서 최고 학위를 받고 새로운 학문을 연구한 학자들을 파악하기 위해 대사관마다 수소문했다. 교원 인사 제도를 개선해야겠다는 생각에 1964년 3월 국내에서는 어느 대학도 시행한 바가 없는 **교수 계약제를 도입**했다.

신태식 학장의 독특하고도 특별한 행정 방침에 따라 계명대학은 우수한 교수들을 초빙했고, 그들에게 타대학보다 비교가 안될 만큼 좋은 대우를 했다. 그래서 학생들의 등록금으로는 대학의 재정을 충족할 수가 없었으므로 특히 국내외에서 많은 발전 기금을 모금해야 했다.

신태식 학장은 대학 운영 철학이 분명해 기독교 정신에 따라 충실히 운영하되 교회 정치가 대학의 운영에 일일이 간섭하는 것을 배제하고자 많은 노력을 했다. 신태식 학장은 개인적으로는 많은 어려움을 겪었지만 그 때문에 계명대학교는 오늘날 세계적인 대학으로 발전할 수 있었다.

동구학원 합병

경북 경산군 압량면 신천동 산 16번지에 있던 동구학원(東丘學院)은 1961년 메노나이트 설립 취지에 따라 세워진 학교 법인이다. 메노나이트(Mennonites)는 16세기 종교 개혁기에 등장한 개신교 종파의 하나로 메노나이트란 이름은 네덜란드 로마 가톨릭 교회 사제로 사목했던 메노 시몬스(Menno Simons, 1496~1516)에게서 비롯되었다. 그는 로마 가톨릭 교회 사제였지만 종교 개혁에 가담해 유아 세례를 인정하지 않고 개인의 종교 자유를 인정한 사람이었다.

한국전쟁 중인 1952년에서 1971년까지 **메노나이트**는 부산과 대구 등의 영남 지역에서 무료 직업학교 운영 등의 구호 활동을 했다. **동구학원**도 같은 취지에서 설립되어 경산 압량에서 고아와 불우 **청소년들의 실기 교육을 실시**해왔다. 이 학원 산하에 동구종합전수학교와 동구실업학교, 메노나이트고아원 등도 있었는데 1970년대에 들어 경영난에 봉착해 있었다. 신태식 학장이 섭외 활동을 통해 동구학원을 **학교 법인 계명기독대학과 합병**한 것이다. 학교 법인 계명기독대학에서는 이 부지를 농장 실습지로 이용하다가 매각해 학교 법인 자산으로 활용하고 있다.

새 술은 새 부대에

신태식 학장이 취임하던 1961년 당시 계명대학교 대명캠퍼스는 풀 한 포기 자라지 못하던 청석 바위산이었다. 그러나 종합 대학으로 승격 발전하게 된 1978년에는 '숲이 우거진 푸른 동산'으로 변했다. 신태식 학장은 "새 술은 새 부대에"라는 말 한 마디 남기고 미련 없이 자리를 떠났다. 법인 이사회는 그 동안 종합 대학 승격에 공로가 많은 독어독문학과의 신일희 교수를 새 총장으로 선임했다. 이로써 성서캠퍼스라는 더 큰 동산을 건설할 젊은 교수들, 새 사람들의 계명대학교 시대가 막이 오르게 된 것이다.

신태식 학장은 학장으로서의 임기를 마치던 1978년 2월, 교직원과 학생 전원에게 친필 서한을 보내어 종합 대학 승격 사실과 앞으로 이 대학을 새로 맡아 운영할 새 총장과 보직 교수 임명사실을 알리고 계명의 식구들이 함께 뭉치고 노력하자는 힘찬 격려의 말씀을 보냈다. 신태식 학장의 마지막 인사이자 간절한 호소였다.

'동산(童山)'의 발자취

신태식 박사의 아호는 동산(童山)이다. 문자 그대로 해석한다면 '나무가 없고 헐벗은 민둥산'을 의미한다. 그러니 계명대학교 대명캠퍼스의 초창기 모습이 연상된다. 황종건(黃宗建, 1929~2006, 전 계명대 교수) 박사의 술회에 의하면 신태식 박사는 스스로 겸손한 마음, 부모를 생각하는 마음에서 자신의 호를 헐벗은 민둥산을 의미하는 동산이라고 정했다고 한다. 신태식 박사의 업적으로 보면 '나무가 우거진 태산'일 수 있으나, '보잘것없는 언덕 산', '헐벗은 민둥산'으로 자신의 아호를 삼은 것은 민둥산을 소중히 가꾸는 그의 교육철학을 반영한 것이었다고 볼 수 있다.

동산 신태식 박사는 대한민국 교육의 선구자로서, 특히 기독교인으로서 신앙과 교육에 대한 철학과 소신이 남다른 사람이었다. 6살 때 부친이 청송 복동마을에 처음으로 들어온 기독교에 귀의해 그 지역 첫 교회(복동교회)를 설립하고 그 교회의 초대 장로가 된 시절부터 기독교 신자로서 한평생 신앙생활을 게을리 하지 않았다.

▲ 신태식 계명대학장이 박정희 대통령으로부터 국민훈장 모란장 수훈(1973.)

그가 다닌 계성학교와 숭실전문학교 모두 선교사가 세운 기독교 학교여서 학창 시절에도 몸에 밴 신앙생활을 했다. 사회생활을 하면서도 교회(대구 동로교회)를 창설해 그 교회를 묵묵히 섬김으로써 개인의 성실한 신앙생활뿐만 아니라 교회 발전에 헌신하고 봉사한 것은 많은 사람들의 귀감이 되었다.

그러나 그는 비록 기독교 정신에 입각해 세워진 기관이라도 학교는 교육 행정 전문가가, 교회는 교회 지도자 중심으로 운영해야 한다고 주장했다. 학교 운영에 교회나 교회 관계 단체가 관여하는 것은 부당하다고 주장해 그 과정에서 많은 고초를 겪었다. 계성중·고등학교와 계명대학교는 많은 시련을 겪었지만 신태식 박사의 교육 철학에 크게 힘입어 명문 학교로 발전할 수 있는 기틀이 마련되었다.

동산 신태식 박사는 계성중·고등학교 교사와 교장, 계명대학 학장, 양 학교 법인 이사 및 이사장으로 평생을 교육에 헌신했다. 그밖에 1952년 경상북도 교육 위원, 교육위원회 의장, 1968년 문교부 중앙 교육 위원, 1972년 문교부 교육 정책 심의 의원 등을 역임하면서 교육자로서 큰 업적을 남겼다.

수많은 공로로 인해 1973년에는 국민 훈장 모란장을 수여받았고, 1977년 5·16 민족상과 1993년 한국평생교육진흥회의 월남장을 수상했다. 또 1992년 '인물로 본 숭실 100년'에 교육 부분 100인 가운데 한 사람으로, 2004년 한국 기독교 성령 100주년 대회에 한국 기독교 100년사에 큰 업적을 남긴 역사적인 인물 100인으로 선정되었다.

2004년 7월 19일 타계해 그가 태어난 경북 청송 복동마을로 돌아갔다. 전 대학적십자사 총재이자, 전 KBS 사장이었던 서영훈(徐英勳, 1920~2017) 박사는 이렇게 이야기하고 있다.

> 신태식 박사는 내가 존경하는 선배 가운데 한 분이다. 나보다 10년이나 연상이시지만 언제나 나를 친구로 대했다. 기업인 김학봉, 체육인 손기정, 문학인 구상 선생과 함께 어울려 허물없는 대화를 나누고 (중략) 호방한 자유인이었고 (중략) 멋있고 열린 분이었다. (중략) 그의 비전과 주관은 뚜렷했고 목표를 정하면 반드시 이루고 마는 의지와 집념의 교육자였다. (중략) 스승이 아쉬운 시대에 자라나는 청소년들에게 신태식 박사를 소개할 수 있게 된 것은 그 분의 삶이 보여준 '높은 뜻'과 '올곧음' 때문이라고 할 수 있다.

신태식 박사는 그 누구보다 개척과 봉사라는 계명 정신에 충실한 선각자였다. 그는 젊은 인재들을 지극히 아끼고 사랑한 교육자였다. 그는 계명대학교의 풀 한 포기, 나무 한 그루도 아침저녁으로 살피고 가꾼 위대한 계명의 청지기였다.

생각 나누기

01 안의와, 안두화 선교사 부자와 그들의 가족들이 가난하고 피폐한 이국땅 대구에 와서 평생 동안 힘써 한 일들이 무엇인가?

02 왜 대구·경북의 사과가 유명하게 되었는가?

03 지금으로부터 120여 년 전에 타지방에 비해 유난히 나환자가 많았고 근대 의학 치료병원이 전혀 없었던 대구·경북 지방에 제중원(계명대학교 동산의료원)과 대구애락보건병원(나환자요양치료병원)을 설립해 병든 우리의 부모, 형제자매들을 치료해준 장인차 의료 선교사의 업적을 오래도록 기리는 방법으로 어떤 것이 있는지 생각해보자.

04 계명의 선구자 최재화, 강인구 목사와 감부열 초대 학장이 계명대학교의 발전에 기여한 업적으로 어떤 것이 있는지 생각해보자.

05 오늘의 계명대학교가 있기까지 신태식 명예 총장의 공로가 컸다고 할 수 있다. 그 공적 가운데 가장 큰 세 가지는 무엇인가?

06 우리 캠퍼스내의 건물 이름에서 선구자들의 아호(雅號)를 찾아보자.

참고 자료

· 계명대학교 120년사 편찬위원회, 『계명대학교 120년사 1899~2019』, 대구: 계명대학교출판부, 2019.

· 계명대학교 120년사 편찬위원회, 『계명을 빛낸 사람들 1899~2019』, 대구: 계명대학교출판부, 2019.

· 계명대학교 동산의료원, 『사랑과 봉사의 발자취 동산의료원 100년』, 대구: (주)애드코인&애드코인 퍼블리케이션, 1999.

· 계명대학교 건축물의 역사 편찬위원회, 『계명대학교 건축물의 역사』, 대구: 계명대학교출판부, 2019.

· 계명대학교 50년사 편찬위원회, 『계명대학교 50년사 1954~2004』, 서울: 다락방, 2004.

· 계명대학교 행소박물관, 총동창회·총학생회, 『자유와 신념의 교육 선구자 동산 신태식 박사 10주기 추모전』, 대구: 컴엔시, 2014.

· 대한예수교장로회 경북노회 100회사 편찬위원회, 『경북노회100회사』, 대구: 중외출판사, 1977.

· 김중순·이은숙, 『집념의 교육자 신태식-이 사람들아, 지금 머하노』, 서울: 소통, 2009.

· 손인호, "기독교 교육을 위해 헌신한 동산 신태식", 『인물로 본 숭실 100년』, 서울: 숭실대학교출판부, 1992.

· ______, "영원한 계명인 동산 신태식 박사", 『초창기의 계명인』, 대구: 계명대학교출판부, 2004.

· 신명고등학교·성명여자중학교, 『신명백년사 1907~2007』, 대구: 방형식디자인, 2008.

· 이상근, 『대구제일교회 90년사』, 대구: 중외출판사, 1983.

· 이재원, 『이재원 교회기념 대구기독교역사 논문집』, 2006.

· 학교법인 계성학원, 『계성백년사 1906~2006』, 서울: 다락방, 2006.

· 황종건, 『자유와 신념의 교육자 동산 신태식』, 대구: 계명대학교출판부, 1999.

제4장
계명을 가꾼 청지기

제1절 | 마포화열 선교사: 동산병원 중흥의 주역

45년간 동산기독병원과 한국인에게 봉사

마포화열(馬布和悅, Dr. Howard F. Moffett, 1917~2013)은 1947년 30세의 청년으로 한국 의료 선교사로 임명받아 1993년 77세에 계명대학교 동산의료원을 떠나기까지 45년간을 동산병원과 한국인을 위해 헌신하고 봉사한 사람이다.

2010년 9월 동산병원 111주년 기념 행사에 초청을 받아 한국에 온 마포화열은 "한국은 내 삶의 전부입니다. 45년간 한국인을 위해 봉사할 수 있는 기회를 주신 하나님께 깊이 감사하며, 대구가 영적 회복과 부흥으로 새로운 선교지가 될 것을 기도합니다."(『대구매일신문』, 2010. 9. 30.)라고 소회를 밝히며, 그날 동산의료원 전 교직원과 의과대학 및 간호대학 재학생들을 대상으로 특강을 했다.

그는 1945년 해방 후 극심한 혼란기인 1949년 제7대 동산병원장으로 임명되었다. 그 후 일어난 6.25 한국 전쟁 중에도 밀려드는 전쟁 부상자 치료와 병원 운영이라는 큰 어려움을 잘 극복했다. 1953년 정전 이후에는 활발히 전개된 정부의 복구 사업과 경제 개발 계획에 동참하면서 70병상 규모의 작은 동산병원을 오늘날 1,000병상의 대형 의료 기관으로 성장 발전시킨 장본인이다.

평양을 한국의 예루살렘으로 만든 마포삼열

마포화열은 1917년 8월 16일 한국 장로교의 아버지 마포삼열(馬布三悅, Samuel A. Moffett, 1864~1939) 선교사의 다섯 아들 가운데 넷째로 평양에서 태어났다. 제2세대 선교사로 태어난 마포화열은 어린 시절을 평양에서 보냈기 때문에 늘 자기의 고향은 평양이라고 말했다. 그의 아버지 마포삼열은 한국의 장로 교인이라면 모르는 사람이 없을 정도로 한국과 한국인을 위해 헌신하고 봉사한 선교사이다.

마포삼열은 1889년 맥코믹신학교를 졸업하고 한국 선교를 자원해 1890년 한국에 온 후 주로 평양에서 선교 활동을 했다. 선교사로 그가 처음 평양 시내에 들어갈 때 한 시민이 "미국 귀신 물러가라."며 던진 돌에 맞아 쓰러졌던 바로 그 자리에 교회를 세우고 평양을 중심으로 1천여 교회와 10만여 교인들을 길러냈다.

또 3백여 소학교와 숭실대학, 대한예수교장로회신학교(평양신학교), 오늘의 총신대학교와 장로회신학대학교 등 많은 기독교 학교를 설립, 한국의 근대 교육에 온 힘을 쏟았다. 그리고 특히 그는 일제의 조선 총독 데라우치 마사타케(寺內正毅)의 비인도적 만행을 항의하며 미국 장로교회 본부에 보고해 국제 여론을 환기시키는 데 큰 역할을 했다.

자주 독립 선교의 시대를 연 개척자

그는 평양에 한국인 목사 양성 기관인 평양신학교를 설립해 외국인 선교사의 한국 선교 독점 시대를 마감하고 한국인 목사가 선교의 주체가 되는 자주 독립 선교의 새 시대를 열어준 개척자였다. 그가 설립한 교회와 학교의 본질적인 정신은 한국인에 대한 깊은 사랑이었음을 우리의 근대사가 증명하고 있다.

한국인에 대한 사랑이 지극했던 마포삼열은 평소 한국 땅에 묻히고 싶다는 말을 자주 했다. 그러나 일제의 탄압으로 결국 미국으로 쫓겨나서 캘리포니아주 산타 바바라 카핀테리아 공동묘지에 쓸쓸히 묻혔다. 그러나 2006년 5월 그의 한국 사랑과 공적을 잘 알고 있던 원로 기독교인들은 그가 설립한 장로회신학대학교 교정으로 유해를 이장했다. 마침내 그리던 한국 땅에서 고이 잠들게 된 것이다.

그의 넷째 아들 마포화열은 아버지의 선교 정신을 이어받아 평양 외국인 학교에서 초·중·고교 과정을 마치고 미국 일리노이주 휘튼(Wheaton)대학을 졸업한 뒤 1943년 시카고 노스웨스턴(Northwestern)대학교 의과대학을 졸업했다. 이때 이 대학의 비서로 근무하던 마가렛(Margaret D. Mackenzie, 1915~2010)과 결혼했다.

마포화열 제7대 동산기독병원장 취임

미국 루이지애나주 뉴올리언스의 채리티병원에서 인턴 수련을 마친 마포화열은 미국 해군에 입대해 3년간 서남 태평양 해군 기지에서 의무 장교로 복무했다. 그는 해군 복무 기간 중 1946년과 1947년 사이 일리노이주 해군 병원에서 외과 의사로 1년간 근무하기도 했다. 제대 후 1947년 한국 선교사로 임명받았으나 당시 아버지의 선교 지역으로 아들이 갈 수 없다는 선교부 내부 규정 때문에 임시로 중국 남경대학병원에서 근무했다. 그런데 채 1년이 되지 않아 중국이 공산화되자 추방되어 정착한 곳이 대구였다.

1949년 당시 동산기독병원은 미국인 선교사 심의도(沈宜道, Dr. Roy K. Smith, 1885~1957) 원장이 맡아 운영하고 있었다. 1945년 제2차 세계 대전 종전 전에는 일본 제국주의자들이 미국 선교부로부터 동산기독병원을 강탈해 운영하다가 해방 후 군정청으로부터 관리지명을 받은 문영목 원장이 1945년 8월 15일부터 운영해왔다. 그러다가 정부로부터 원래 소유자인 미국 장로교 한국 선교부로 되돌려 주라는 명령을 받고 1948년 10월 1일부터 미국 선교부로부터 선임된 심의도 원장이 취임해 116명의 직원들과 함께 운영하고 있었던 것이다.

일제 강점 기간 중 병원은 재산과 의료 장비를 일제에 많이 빼앗겼다. 그래서 다시 막대한 예산을 들여 의료 장비를 구입해야 했고, 외래와 입원실에는 관리하기가 어려울 정도로 환자가 많이 붐볐다. 이러한 때 **마포화열이 제7대 원장**으로 부임한 것이다.

동산병원 콜레라 퇴치에 중심 역할

1946년 5월 청도를 시작으로 콜레라가 번지기 시작해 6월 더위와 함께 급격히 확산되었다. 6월 12일 대구에서 4명이 사망했고 전국적으로 사망자가 400명을 넘어섰다. 경주에서는 남편과 아내, 아들 등 일가족이 콜레라로 몰살했다는 보도(『영남일보』, 1946. 6. 15.)가 있었다. 대구에서는 대구역 대합실에 3명, 역 광장에 1명이 콜레라 증세로 쓰러져 승차권 발매가 한때 중단되기도 했다. 6월 24일에는 대구 시내 사망자 수가 어느새 100명을 넘었고 수은주가 올라가면서 콜레라가 더욱 기승을 부렸다. 6월 28일에는 사망자가 250명으로 늘어나 당시 사람들은 여행할 경우 콜레라 예방 접종 증명서, 여행 증명서, 검변증 등을 반드시 지참해야 했다.

검변 능력이 대구의 경우 하루 500명을 넘지 못해서 여름에는 도립 병원과 동산기독병원이 일반 환자들의 진료를 중단하고 콜레라 치료와 여행자 검변에 매달렸지만 사정은 개선되지 않았다. 6월 29일 발표된 자료에서는 경상북도 내 콜레라 환자 603명, 사망자 361명, 사망률 60%, 7월 3일 경상북도 내 환자 1,024명, 사망자 542명에 비해 대구는 환자 700명, 사망자 391명으로 콜레라 환자 발병률이 불명예스럽게도 전국 1위였다. 1946년 12월 24일 전국 콜레라가 거의 잡혔을 때 대구는 발병자 2,578명, 사망자 1,718명이었다.

1946년 1년 동안 소화기 계통의 법정 전염병인 콜레라가 전국적으로 크게 확산되는 가운데 특히 대구는 콜레라 사망률이 제일 높았다. 현대식 병원 시설이 턱없이 부족했던 대구에서 동산기독병원은 소중한 인명을 구하는 막중한 역할을 수행했던 것이다.

6 · 25 한국 전쟁 당시 경찰병원으로 지정, 부상자 치료

마포화열 원장 취임 1년 만인 1950년 6월 25일 한국 전쟁이 발발했다. 당시 주한 미국 선교사들이 대천 해수욕장에서 연례 모임(Annual meeting)을 하고 있었는데 서울에 있던 미국 대사가 내려와 전쟁이 일어나 서울이 함락 중에 있으니 빨리 남쪽으로 피난 가야 한다고 했다. 미국 해군은 한반도 전체가 공산군의 수중에 들어갈 것 같은 심각한 사태로 판단하고 선교사들을 일본으로 이송했다. 일본으로 가는 도중 드루먼 미국 대통령이 북한군의 침략을 물리치기 위해 미군을 파병한다는 뉴스가 나왔다.

일본에 도착한 마포화열은 대구로 돌아가기 위해 백방으로 궁리를 했지만 3주가 지나도록 특별한 대책이 없었다. 그는 과거 2년간 해군 의무 장교(제2차 세계 대전 중) 복무 경력을 이용해 미공군 부대 파견 해군 군의관 수속을 밟아 한 달 만에 대구로 돌아왔다.

한국 전쟁 당시 부상당한 경찰관은 육군 병원에서 치료를 해주지 않아 조병옥 내무부장관이 **1950년 9월 26일 동산기독병원을 경찰병원으로 지정**했다. 이로써 동산기독병원은 부상 경찰관 치료를 주로 담당하면서 일선 전투에서 팔과 다리를 잃어버린 경찰관이 많아지자 인공의수족부를 창설해 많은 의족과 수족을 만들어 제공하기도 했다. 김보은(동산기독병원 직원)의 「나와 평생을 같이 한 동산의료원」이란 글에서는 당시의 상황을 다음과 같이 적고 있다.

> 병원 전 직원이 경찰관(봉급은 본원에서 지급) 임명을 받게 되어 과장급 이상은 모두 경감으로 임명되었다. 옛 진찰실 건물은 경찰 전용 병동으로 지정하고 경찰병원 업무도 겸하게 되어 많은 부상 경찰관을 치료하였다. 이로 인해 전쟁 중 본원 직원이 동래 분원으로 교대 근무차 여행할 때 경찰관 복장에 권총까지 차고 왕래하게 되어 전시 중인데도 누구에게도 검문을 받지 않았다. (신일희 2004, 194~295)

동산기독병원은 1948년과 1949년 연간 8만여 명의 환자들을 진료했는데, 전쟁 중에는 1950년 112,600여명, 1951년 164,000명, 1952년 121,000명, 1953년 115,000명 등 연간 10만 명이 넘는 환자에게 인술을 베풀었다. 한국 전쟁이 끝난 뒤 1957~1958년 마포화열 원장이 직접 작성한 의료 선교 보고서에 의하면, 당시 동산기독병원에는 의사 33명, 간호사 43명, 학생 간호사 80명, 직원 112명이 근무했다.

눈을 다친 아이

한번은 동산기독병원에 이런 환자가 다녀간 일화도 있었다. 피난 나온 과부집 14살 아들이 어느 날 밤 교회에서 예배를 마치고 귀가하던 중에 누군가가 던진 돌에 맞아 회복할 수 없을 정도로 눈을 많이 다쳐 교회를 통해 병원을 찾아왔다. 병원에서 응급치료를 하고 플라스틱 소재의 인조 눈으로 바꿔 낀 뒤 그 아이는 불편 없이 일상생활을 하게 되었다.

눈을 팔아 교회 건축 헌금을 하고자 한 노인

또 하루는 환갑이 된 김진태라는 노인이 동산기독병원을 찾아왔다. 그 노인은 장로로 시무하는 교회의 신축을 위한 기성회 회장직을 맡고 있었다. 먼저 200달러 건축헌금을 했지만, 건축비는 태부족하고 더 헌금할 여력도 없자 **자신의 눈이나 신체의 일부를 팔아 헌금**할 작정으로 찾아왔던 것이다. 마포화열 원장은 눈을 빼거나 신체 일부를 팔 수 없으며 그런 수술을 할 수도 없다고 하자, 울면서 호소하기를 자기 눈은 건강하니 아무나 필요한 사람에게 그냥 주고 싶다고 말했다. 마포화열 원장은 노인의 이러한 태도와 신앙심에 감동을 받고, 한국 교회 교인들의 진정한 희생과 봉사 정신이 참으로 자랑스럽다고 했다.

200만 달러 모금 운동과 고아 무료 치료

마포화열 원장은 한국전쟁 이후 미국과 독일 등에서 많은 기독교 후원자와 후원단체의 원조를 받아 병원 시설을 신축 확장하고 근대식 의료 장비를 도입해 진료했다. 또 이때 의사들을 미국에 유학 보내 선진 의술을 연구하고 배우도록 했고, 행정직 직원들도 미국에 파견해 선진화된 병원의 경영 기법을 연수하고 도입하도록 했다. 1967년에는 병원 발전 5개년 계획을 수립하고, 총 200만 달러 모금 운동을 전개해서 1972년에 성공리에 마무리하기도 했다.

한국 전쟁 후 전쟁고아를 수용하고 있던 대구 20개 고아원과 대구 근교 30개 고아원생들을 위해 아동 병동을 건축하기로 하고, 선명회 피어스(Robert Pierce) 박사의 5만 달러 기부금과 유엔 한국 재건단(United Nations Korea Reconstruction Agency, UNKRA)과 미군 대한 원조(AFAK) 지원과 자체 기부금 등을 모아 1953년 10월 전 면적 306평, 60병상의 규모의 아동 병동을 준공했다. 고아원에 수용중인 아이들은 전원 무료로 치료했다.

이 병동에 영국인 간호사 카운(Cown)과 스트랄렌(Palmela Strallen), 한국인 간호사 이정원이 봉사했다. 1955년 7월 외래진료소, 기숙사, 식당 등 2,655평은 미국 제5공군이 물자를 지원하고 미국 예수교 북장로교회 선교부가 건축비를 지원해 준공했다.

환자의 급증으로 입원실 증축이 불가피해 마포화열 원장이 **시카고 보험회사 사장 스톤(Clement Stone)으로부터 50만 달러를 기증**받고 개인적으로 10만 달러를 추가 모금해 1967년 2,149평의 남병동과 1,807평의 간호 학교를 건축했는데 이로 인해 병원 수용 능력이 300병상으로 늘어나고 간호 학교는 한국 내 최고 시설이라는 칭찬을 받기도 했다.

병동에 당시 최고 신식 시설을 한 까닭에 입원 환자들이 수세식 화장실을 사용하는 방법을 잘 몰라 간호사들이 일일이 설명하기도 했고, 환자들도 최고급 병원이라는 칭찬을 자주 했다. 이 건물은 미국 하버드대학교 대학원 구조공학을 전공한 건축가 대갈 조자용 씨가 설계하고 경일건설이 공사를 했는데, 그때 한국건축협회로부터 잘 지은 건물로 인정받아 우수상을 받기도 했다.

애락보건병원 확장과 나환자 정착촌 마련

1956년 4월 마포화열 원장은 장인차 초대 동산병원장에 의해 1909년 설립된 나환자요양치료소를 확장해 본인을 대표로 하여 보건사회부로부터 특수 의료 기관으로 설립 허가를 받았다. 그는 1948년부터 1976년, 그리고 1984년부터 1989년까지 도합 33년간 애락보건병원장을 역임하면서 모금 운동을 통해 병원 신축을 하고 경북 달성군 구지면 수리동에 약 12.6에이커(52,608㎡, 15,915평)의 **나환자 정착촌**을 마련했다. 또 정부와 협력해 의성군 금성면 도경리에 경지 450에이커(1,821,060㎡, 550,890평)를 확보해 30명의 **음성 나환자 가족**을 정착시켰다.

경주기독병원 설립

또 1960년 1월 미국 메릴랜드주 컴버랜드장로교회를 방문해 불교 도시 한국 경주에 선교 병원을 짓기로 하고, 그 교회 기부금을 받아 1962년 10월 10일 경주기독병원을 개원하고 기부한 교회의 이름을 따서 '경주컴버랜드교회병원(The Cumberland Presbyterian Hospital in Kyoungju, Korea)'이라고 명명했다. 이 병원이 현재 경주시 봉황로에 있는 계명대학교 동산의료원 경주동산병원이다. 경주동산병원에서는 이러

▲ 경주컴버랜드교회병원(The Cumberland Presbyterian Hospital in Kyoungju) 기공식(1962.)

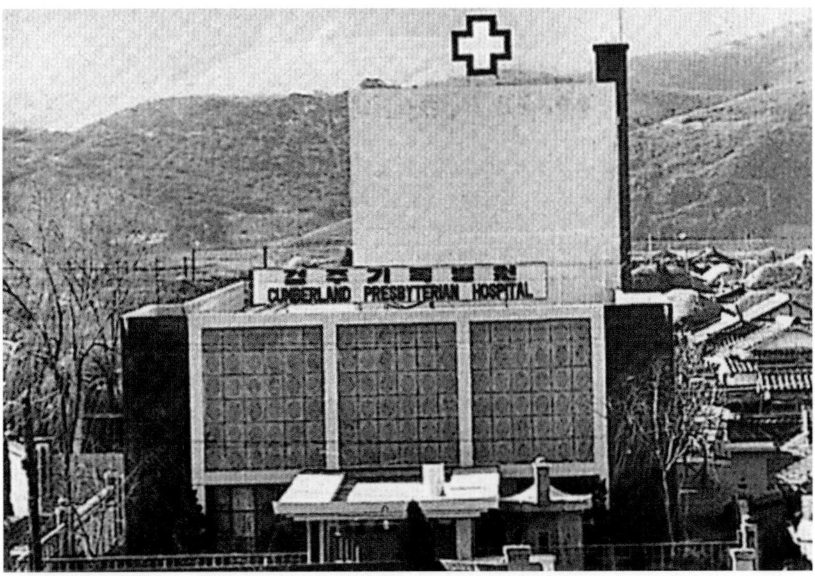

▲ 경주기독병원(1962.)

한 병원 설립 취지를 살려 요즈음 일반 진료 이외에 장례식장과 노인요양병동을 특별히 마련하고 경주 지역민들을 위해 봉사하고 있다.

계명대학교와 동산기독병원 통합의 주역

1978년 계명대학교가 종합대학이 되면서 대구·경북 지역의 많은 기독교인들이 계명대학교 의과대학 설립을 희망하고 있었다. 그런데 의과대학 설립에는 종합병원 소유가 전제 조건이었다. 기독교 정신을 함께 구현하고자 설립한 동산기독병원과 계명대학교가 하나의 기관으로 통합하게 된다면 문제가 해결되고 오랜 전통을 지닌 두 기관은 더욱 도약하는 계기를 마련할 수 있었다.

계명대학교와 동산기독병원은 두 개의 다른 법인으로 운영되고 있었지만, 사실상 안의와 선교사가 치유 사역을 위해 장인차 선교사를 초대 원장으로 하여 세운 병원이 제중원, 즉 동산기독병원이고 안의와의 유지에 따라 그의 아들 안두화가 주축이 되어 설립한 대학이 계명대학교이므로 미국 선교사들과 대구·경북의 뜻있는 인사들은 기독교 정신에 바탕을 두고 개척 정신과 봉사 정신으로 세운 두 기관이 뿌리를 같

▲ 2011년 준공한 현재 동산의료원 경주동산병원

이하고 있었기 때문에 통합에 대한 희망은 자연스러운 귀결이었다고 할 수 있다. 동산기독병원 직원들 사이에서는 일부 반대가 있었으나 마포화열 원장은 계명대학교와의 통합을 추진해 1980년 10월 보건사회부 소속 의료 법인이었던 **동산기독병원 법인을 해산하고 학교 법인 계명대학교로 통합**해 통합 법인의 이사장을 맡았다.

1993년 마포화열은 77세의 고령으로 45년간 한국에서의 의료 선교 활동을 마감하고 미국으로 돌아갔다. 그는 어머니가 태어난 곳인 캘리포니아주 산타 바바라 카펀테리아에서 조용히 여생을 보내다가, 2013년 향년 96세를 일기로 세상을 떠난 뒤에 본인의 유언에 따라 한국 땅으로 돌아와 부인과 함께 계명대학교 동산캠퍼스 내 은혜정원에 안장되었다.

마포화열, 수많은 훈장과 계명대 명예박사 학위 수득

마포화열 의료 선교사는 오랜 기간 동안 동산기독병원장으로서 한국과 계명대학교의 발전과 한국인에게 기여한 봉사 공로로 1962년 대통령 표창, 1965년 대구 명예시민증, 1968년 미국 아이오와주 도북대학 명예과학박사 학위, 1968년 미국 일리노이주 휘튼대학 명예 법학박사 학위, 1975년 대한민국 국민훈장 동백장, 1978년 계명대학교 명예 철학박사 학위, 1979년 대한적십자사 인도장 금장, 1992년 대한민국 국민훈장 모란장 등을 받았다.

마포화열의 45년 의료 선교 활동 회고사: 그리스도와 그 나라를 위하여

다음은 1993년 1월 마포화열이 한국에서의 45년간 의료 선교 활동을 마감한 뒤 미국으로 돌아가면서 남긴 회고사이다.

45년간 대구는 저의 고향이었으며 동산병원에서 그 동안 해온 의료 전도 사업은 저희들의 평생 직업이었습니다. 그 기간은 중요한 시기였으며 비교적 짧은 기간이지만 어느 나라 보다 많은 변화를 가져왔습니다.

제가 1948년에 대구에 도착했을 때 병원은 제2차 세계 대전의 수난으로 비참한 상태에 놓여진 70병상 규모의 작은 병원이었습니다. 이 병원이 오늘과 같은 거대하고 엄청난 규모로 발전하고 훌륭한 의사진과 최신 의료 장비를 갖춘 병원으로 변모하리라고는 미처 생각하지 못했습니다. 1897년 즉, 95년 전 존슨(Woodbridge O. Johnson) 박사가 제중원이라는 작은 병원을 세움으로써 처음 의료 사업이 시작된 과거를 회상해 봅니다.

이 병원은 '예수교리병원'이라 알려졌고 모든 환자들은 약을 받을 때 성경 구절이 적힌 기독 책자를 받았습니다. 그리고 전도사로부터 복음의 말을 들었습니다. 이러한 방법으로 초기 의료 선교를 운영하였으며 이러한 운영은 육체적으로 고통을 당하는 환자를 치료하는 것도 중요하지만 영생의 가치를 전하는 것도 중요하다는 것을 증명하는 데 선교 목적을 두고 있었습니다. 훌륭한 의료 관리도 중요하지만 더욱 더 중요한 것은 전도 사업과 손이 미치지 않는 곳까지 의료 혜택을 주고 복음을 전파하는 일이었습니다.

병원전도대를 통하여 세워진 교회가 149개나 되었습니다. 동산의료원 외에서 전문 의료 연수 교육을 받을 수 있도록 기회를 마련한 것이었습니다. 어떤 면에서 이 교육은 지금도 중요합니다. 이러한 도전도 하나님의 도우심과 강력한 의료 및 기독교적 지도력을 발휘하면 훌륭하고 생산적인 결실을 가져오는 미래가 되리라 믿습니다.

결론적으로 오랫동안 직원 여러분들의 능력과 의지가 중요한 역할을 하였지만 우리가 또한 기억해야 할 것은 해외의 많은 교인들, 교회, 그리고 기관에서 이 땅의 주님의 사업을 위하여 동산기독병원에 자산, 건물 건축, 의료 기구, 그리고 교육을 위해 희생적이면서도 관대한 기부금을 보내주셨다는 것입니다.

위대한 의료 선교사이자 음악가이며 정치가인 앨버트 슈바이처 박사는 학생들에게 이렇게 말했습니다. "나는 학생들의 운명에 대해 잘 모릅니다. 그러나 내가 아는 것은 각 학생이 추구하는 행복은 다른 사람을 위해 희생적으로 봉사하지 않고서는 진정한 행복을 찾을 수 없다는 것입니다." 우리의 생명은 오직 한번뿐이고 또 그 생명은 곧 지나가 버릴 것입니다. 주님을 위하여 하는 일만이 영원히 남을 것입니다. 이것은 계명대학교 이념인 '그리스도와 그 나라를 위하여'에 잘 나타나 있습니다. 저는 이 모든 것이 그 말처럼 우리 생활도 진실하기를 기도합니다. 하나님께서 본 기관이 다른 사람에게 축복이 되도록 계속 역사하시기를 기원합니다.

제2절 | 정순모 이사장: 계명대 종합 대학 승격의 숨은 주역

동천(東泉) 정순모(鄭舜謨) 목사는 1931년 7월 19일 지금의 부산직할시 동구 초량동 268번지 동래 정씨(東萊 鄭氏) 덕용(德用) 장로와 창원 황씨(昌原 黃氏) 재금(在

今) 집사 사이 8남 3녀 중 7남으로 태어났다.

1950년 경남중·고등학교를 졸업하고 1954년 부산대학교 법과대학과 1959년 장로회 신학대학을 졸업한 정순모 목사는 1960년 경남노회에서 목사 안수를 받았다. 1960년 대구 계성중·고등학교 교목으로 부임한 정순모 목사는 1962년 군 복무를 마치고 1963년부터 2001년 동로교회 원로 목사로 추대받기까지 39년간 담임 목사로서 목회 활동을 했다. 그리고 1973년부터 현재까지 학교 법인 신명학원 이사, 이사장을 역임하고 있고 1974년부터 1982년까지 학교 법인 계명대학교 이사와 이사장을 역임했으며 1988년부터 현재까지 학교 법인 계성학원 이사, 1992년부터 2021년 4월까지 학교 법인 계명대학교 이사와 이사장으로 봉사했다.

계명대 종합 대학 승격에 크게 기여

정순모 목사가 학교 법인 계명대학교의 이사와 이사장으로 있었던 1970년대는 계명대학교 역사상 매우 중요한 전환의 시기였다. 이 시기는 박정희 군사 정부에 대한 대학생들의 반대 시위가 한창일 때라 정부에서는 전국의 대학에 대해 증원, 증과를 비롯한 단과 대학의 종합 대학 승격을 일절 허가하지 않을 때였다. 지방의 조그마한 단과 대학에 불과했던 계명대학으로서는 당시 중장기적인 대학의 발전을 위해 종합 대학 승격을 간절히 바랐고 꿈꾸며 백방으로 노력하고 있었다.

마침 이때 정부는 새로운 고등 교육의 개혁을 과감히 모색하고 있었다. 기본 방향은 자율 규제력이 있는 대학에 대해서는 각종 규제를 완화하여 학문의 발전 추세와 국내외의 사회 변동에 대처할 수 있는 기틀을 마련하도록 하여 부실한 대학을 선도하도록 하였다. 반면에 부실한 대학에 대해서는 국가가 통제를 가하는 정책으로 전환하는 것이었다.

우선 문교부는 1972년을 '고등 교육 개혁을 위한 연구의 해'로 설정하고 이를 위해 여러 차례 지역 세미나와 국제 심포지엄을 개최하였다. 그 결과 고등 교육 개혁의 핵심적인 사업으로 실험 대학 운영과 대학의 특성화를 선정하였다.

당시 문교부가 실시한 실험 대학의 주요 내용은 (1) 졸업 학점의 감축, (2) 전공, 학과별 모집이 아닌 계열별 신입생 모집, (3) 부전공제의 실시, (4) 복수 전공 제도의 도입, (5) 능력별 학점 취득, (6) 계절 학기 제도의 운영 등이었다. 위의 (1) ~ (3)은

1973년부터 실험 대학에 실시했고 (4) ~ (6)은 1974년도부터 실험 대학에 추가로 실시했다. 실험 대학이 최초로 시행된 1973년도에는 주로 서울의 10개 대학이 선정되어 실시했고, 1974년도에는 계명대, 서울대, 경북대 등 6개 대학이 선정되었는데 그해 선정된 실험 대학 중 1977년 계명대가 평가 결과 가장 우수한 대학으로 평가받았다.

따라서 당시 단과 대학인 계명대학은 전국의 그 어느 대학보다 종합 대학 승격의 유리한 조건을 갖추고 있었으나 지방에 있는 사립 대학이라는 불리한 여건이 있었다. 예나 지금이나 국가적인 차원에서 대학에 증원, 증과의 혜택이 주어지거나 국가의 재정 지원이 주어지는 것은 국립 대학과 서울을 비롯한 수도권 소재 대학이 우선이다. 이를 몹시 안타깝게 생각한 정순모 학교 법인 이사장은 학교 당국의 공식적인 종합 대학 승격 신청과는 별개로 정치권의 절친한 사람들을 백방으로 찾아다니며 계명대학의 종합 대학 승격에 도움을 요청했다. 당시 정순모 이사장이 이렇게 정치권의 실력자를 찾아다니며 계명대학의 능력과 실력을 홍보하고 다닌 것은 유달리 계명대학이 여타 대학들과는 달리 큰 정치적 배경도 없었고 또 기독교 대학으로서 큰 재벌의 뒷받침도 없어서 이를 몹시 안타깝게 생각했기 때문이었다.

그런데 계명대학은 1977년 9월 22일 정순모 이사장의 간절한 소망과 함께 종합 대학 승격의 꿈을 이루었다.

의과대학 신설에도 큰 역할

1978학년도부터 종합 대학이 된 계명대학교는 또 다른 고민에 봉착하게 되었다. 이웃한 영남대학교가 종합 병원을 가지고 있지도 않는데 의과대학을 설립한다며 학교 법인 이사회가 결의를 했다는 보도가 있었다. 이런 소식이 퍼지자 대구·경북의 원로 기독교인들이 대구시 기독교 연합 당회장 명의로 계명대학교에 의과대학 설립을 하라는 호소문(건의문)을 계명대학교와 동산기독병원에 보내왔다.

의과대학의 설립은 의사 협회와 정치권, 감독 기관의 정책적 판단과 도움이 반드시 필요하므로 정순모 이사장은 의과대 설립을 위해 병원 감독관청인 보건사회부 장관과 대학 감독 관청인 문교부 장관을 찾아다녔다. 두 기관의 장관의 반응은 냉랭했다. 당시 이웃한 영남대학교 법인 이사장은 당시 막강한 힘(?)을 가진 집권 여당의 대표였고 또 국회의장이었다. 집권 여당 대표의 의중을 확인한 보사부 장관은 극구 반대를 했다. 그럼에도 불구하고 정순모 이사장은 계명대학교는 의과대학 설립의 필수요건인 대형 종합 병원(동산기독병원)과 대학을 통합하기로 이미 결의를 하였고 사실 동산기독병원과 계명대학교는 다 같이 설립 이념이 기독교 정신으로 동일하고 그 설립의 주체가 되는 사람도 미국인 선교사 안의와, 안두화 부자(父子)라고 설명을 하였다.

돌다리도 두들겨 가며 건넌다는 속담처럼 열심히 설득과 설명을 하며 의과대학 설치 운동을 했던 정순모 이사장의 꿈은 이루어졌다. 계명대학교는 1978년 10월 의예과 설치 인가를 받아 1979학년도부터 신입생을 받기 시작했고 1980년 10월 2일 의과대학 설치 인가를 받게 되어 오늘에 이르고 있다.

계명의 울타리가 되다

정순모 목사는 1973년 5월 학교 법인 계명대학교 법인 이사로 취임한 후 1976년 9월부터 1980년 5월까지 이사 겸 이사장으로 계명대학교와 법인 산하 기관을 이끌었다. 그러다가 계명대학교와 동산기독병원이 1980년 통합한 뒤 1981년 10월까지 법인 이사로 활동하다가 제5공화국 군사 정권 시절 계명대학교 법인이 임시 관선 이사 체제로 전환되자 이사직을 그만두게 되었다. 그 뒤 대학의 민주화로 계명대학교가 안정이 되자 정순모 목사는 1993년 4월 7일부터 법인 이사로 복귀하였다. 그리고 2008년 7월 6일부터 2021년 4월 6일까지 학교 법인 계명대학교 법인 이사장으로 계명대학교의 큰 울타리가 되어 계명대학교를 비롯한 법인 산하 여러 기관을 이끌었다.

정순모 목사의 계명대 발전에 기여한 업적을 기리는 동천관(東泉館)

정순모 목사의 아호는 하나님의 은혜에 감사하며 깨끗하게 살아가라는 뜻의 동쪽으로 흐르는 내, 즉 동천(東泉)으로 지었다고 한다.

따라서 계명대학교는 오랜 기간 동안 계명대학교 법인 이사와 이사장으로 많은 고충을 겪으면서도 굳건하게 계명대학교의 울타리가 되어 계명대학교를 지켜온 정순모 목사의 계명대학교에 대한 지대한 공적을 오래도록 기리고자 2012년 5월에 준공한 성서캠퍼스 대학원 건물을 그의 아호를 따서 동천관(東泉館)이라 명명했다.

▲ 동천관(東泉館) 남쪽 전경

▲ 동천관(東泉館) 전경

제3절 | 신일희 총장: 계명대 발전의 주춧돌

행소(行素) 신일희 박사는 1939년 4월 15일 대구에서 동산 신태식 박사와 전갑규 여사 사이에 장남으로 태어났다. 1954년 계성중학교를 졸업하고 1966년 미국 프린스턴대학교에서 독일 문학을 전공해 철학박사 학위를 받았다. 그는 1966년 미국 뉴욕 퀸스대학, 1971년 독일 킬대학교와 1974년 연세대학교 독어독문학과 교수를 거쳐 1974년 9월 계명대학교 독어독문학과 교수로 부임했다. 신일희 교수는 1975년 기획실장, 1976년 학감의 보직을 맡으면서 계명대학의 발전에 획기적인 전기가 되는 실험대학 제도의 도입이라는 큰 주춧돌을 놓기 시작했다.

실험 대학 제도 등 획기적인 대학 개혁 단행

1974년 계명대학교는 그때까지 규모는 작지만 인문학 분야의 학부 중심 알찬 단과 대학(Liberal Arts College)을 지향하던 대학의 운영 방침을 세계적인 굴지의 종합대학으로 성장 발전시키는 것으로 바꾸었다. 이때 그 거대한 발전 계획의 중심에 신일희 기획실장이 있었다. 신일희 교수는 우선 역사적으로 성년기에 접어든 우리나라 대학 교육의 개혁을 위해 학생들의 능동적인 선택의 폭을 획기적으로 넓히고 대학의 자율성을 크게 신장하는 방안을 모색하게 되었다. 그 제도가 1973년부터 문교부 주도 하에 몇몇 대학에서만 시범적으로 실시된 실험 대학 제도이다.

실험 대학 제도의 주요 내용은 네 가지로 간추릴 수 있다. 첫째, 대학 입학을 학과 단위로 하지 않고 보다 큰 단위의 계열별로 모집한 뒤 1년 동안 교양 과목과 기초 과목을 이수하고, 2학년 진급 시 본인의 능력과 선택에 따라 전공을 결정하도록 하는 것이다. 둘째, 종전 160학점이던 졸업 학점을 140학점으로 낮추어 필요 이상의 교과목 세분화와 과중한 시간 배정의 모순을 시정하고, 학점 감소에 따른 시간을 학생 스스로 학습하도록 하여 창조력을 길러주고자 하는 것이다. 셋째, 주전공 외에 부전공을 선택하도록 하여 지식의 편중에서 벗어나도록 하는 것이다. 넷째, 학생의 능력과 성취도에 따라 초과 학점 취득을 허용하고, 영어 등 특정 과목에 한해 학점 취득 특별 시험제를 실시하며 복수 전공제를 허락해 능력에 따라 조기 졸업을 하도록 하는 것이다.

계명대학이 주도해 혁신적으로 실시했던 대학의 실험 대학 제도는 부분적으로 변경되고 보완된 내용도 있지만 오늘날 우리나라의 거의 모든 대학들이 그때부터 지금까지 시행해 오고 있는 학사 운영 제도로 당시로서는 획기적인 대학의 개혁 내용이었다.

계명오페라단의 창단과 계명아트센터 건립

1961년 종교음악과로 출발한 계명대학교 음악대학은 대구·경북을 포함한 한강 이남 음악 예술의 본산으로서 1977년 5월 신일희 학감을 단장으로 하는 '계명오페라단'을 창단하고 문화공보부에 사회 예술 단체로 등록했다. 이 오페라단은 음악대학 교수, 강사, 동문을 포함한 단원 12명과 음악대학 학생들로 구성된 65명의 계명오케스트라와 120명의 계명합창단으로 구성되었다.

계명오페라단 창단 당시 외국의 경우에도 국가의 특별한 재정적 뒷받침이 없이 오페라단을 조직하기란 몹시 어려운 일이었다. 특히 우리나라와 같은 여건에서 서울이 아닌 지방 도시에서 오페라단을 창단하는 것은 생각조차 하기 어려운 때였다.

오페라단 창단 이전에도 계명대학교 음악대학에서는 1965년 베르디의 「리골렛

▲ 창립 120주년 기념 베르디 오페라 「나부코」 공연

▲ 2008년 대구광역시 건축 금상을 수상한 계명아트센터

토」, 1967년 마스카니의 「카발레리아 루스티카나」, 1970년 도니제티의 「사랑의 묘약」, 1974년 플로토의 「마르타」를 공연해 대구·경북 주민들의 많은 성원과 박수 갈채를 받아 왔다. 계명오페라단의 창단으로 성악, 관현악, 연극의 종합 예술인 오페라의 발전에 큰 전환점을 마련하게 되었다.

계명오페라단은 창단 기념 공연으로 비제의 「카르멘」을 1977년 10월 대구 시민회관(현 대구 콘서트하우스)과 서울 국립대극장에서 각각 2, 3회 공연했다. 연출은 국립오페라 단원이었던 성악가 김원경 교수가 맡고 동문인 경남대 이근화 교수, 성악과 김진원 교수와 한은재 교수, 전남대 명순자 교수 등이 출연했었는데 지방 오페라단의 오페라가 서울에서 처음 공연된 역사적인 사건이었다. 이후 계명오페라단은 2년 주기로 정기 공연을 계속해왔다. 2008년에는 드디어 계명대학교 성서캠퍼스에 우리나라 지방 음악 예술의 메카인 **계명아트센터**가 건립되기에 이르렀다.

계명아트센터에서는 2008년 10월 푸치니의 「3대 사랑의 오페라」 공연에 이어 11월에 뮤지컬 「맘마미아」가 공연되었다. 2009년에는 뮤지컬 「노트르담 드 파리」 등 10여개 대형 뮤지컬이 공연되고 20여개의 음악회가 열렸으며, 2011년에는 뮤지컬 「모차르트」, 「오페라의 유령」, 「광화문 연가」, 「명성왕후」 등 20여 차례의 뮤지컬과 오페라

「아이다」 등 연간 60차례의 음악 예술 관련 공연이 활발하게 개최되었다. 특히 2009년 11월에는 피아노의 시인 쇼팽(Fryderyk F. Chopin, 1810~1849)의 음악 세계를 기리고 전 세계 젊은 음악 인재의 발굴을 위한 제1회 아시아·태평양 국제 쇼팽 피아노 콩쿠르가 계명아트센터에서 개최되었다. 그리고 3년 뒤인 2012년 10월 제2회 콩쿠르, 2015년 5월에 제3회 콩쿠르가가 계명아트센터에서 개최되었다. 그리고 3년 뒤인 2015년 5월에 제3회 콩쿠르가 같은 장소에서 열려 신예 피아니스트들의 향연으로 성황을 이루었고 2018년에는 제4회 아시아·태평양 국제 쇼팽 피아노 콩쿠르와 뮤지컬 「라이온킹」이 11월부터 12월까지 두 달 동안 공연되어 대성황을 이루었다.

또 2019년에는 뮤지컬 「신흥무관학교」, 「광화문 연가」, 「영웅」, 「그날들」, 「지킬앤하이드」, 「투란토트」, 「맘마미아」, 무용으로 「잠자는 숲속의 공주」, 「백조의 호수」, 특히 계명대학교 창립 120주년을 기념하는 오페라 「나부코」가 공연되었는데 오페라 「나부코」는 대성황을 이루었고 국내외 전문가들로부터 지극히 훌륭한 공연이었다고 칭찬을 받았다.

2020년부터 2021년까지 코로나19로 2년 동안 뮤지컬 「귀환」, 「캣츠」, 「노트르담 드 파리」 등 공연 횟수가 12회로 급격히 줄었으나 2022년에는 뮤지컬 「헤드윅」을 시작으로 연극 「친정엄마와 2박 3일」 등 그 횟수가 21회로 급격히 늘어났다.

그리고 2023년에는 12월 22일 부터 2024년 2월 4일까지 공연된 뮤지컬 「오페라의 유령」을 비롯하여 뮤지컬 7개와 연극 「친정 엄마와 2박 3일」 등. 총 128회 공연에 72,232명의 관객이 다녀갔다.

종합 대학 승격과 획기적인 도약

1954년 철학과와 영어영문학과 118명으로 시작된 계명대학은 1974년부터 시행한 실험 대학 제도의 성공적 시행으로 그 규모가 크게 확대되기 시작해 1978년 종합대학으로 승격될 당시에는 4대 단과 대학 22개 학과에 한 학년 입학 정원이 1,030명이었다. 1982년에는 45개 학과에 입학 정원이 4,043명으로 크게 늘어나고, 2003년에는 20개 단과 대학 92개 학과(전공)에 입학 정원이 5,000명으로 늘어났다. 한 학년 입학 정원 5,000명은 우리나라 대학으로서는 최대 규모로서 국내 10대 대학들의 입학 정원이 대부분 이 수준이었다.

▲ 신일희 박사 초대 총장 취임식

▲ 신일희 박사 초대 총장 취임 선서

학교 법인 계명기독학원은 1978년 종합 대학 승격과 더불어 학교의 성장과 발전에 획기적인 업적을 쌓은 신일희 박사를 초대 총장으로 선임했다. 계명대학교는 학부와 대학원을 포함해 전국 단일 캠퍼스로서는 최대의 대학교가 되었고, 오늘날 14개 단과대학, 23개 학부, 31개 학과, 57개 전공, 2개 계열, 9개 대학원 체제의 세계 굴지의 대형 종합 대학으로 발전했다.

2023학년도 말 현재 계명대학교는 그동안 구조 조정을 하여 14개 단과대학, 23개 학부, 31개 학과, 59개 전공, 2개 계열, 5개 대학원에 학부 입학 정원이 4,619명이다.

'학문의 탁월성 추구와 윤리성 앙양'을 교육 목적으로 삼고

1978년 3월 계명대학교 초대 총장으로 취임한 신일희 박사는 취임사에서 다음과 같이 계명대학교 교육 목적으로서 '학문의 탁월성 추구와 윤리성 앙양'을 제시하고 계명대학교가 대학의 본질적인 사명에 그 어느 대학보다 충실하게 매진할 것을 다짐했다.

> 대학의 힘, 즉 높은 학력 수준과 깊은 윤리성이 있어야 고등 교육 기관으로서의 대학이 존재할 수 있으리라 믿고 있습니다. 결국 대학의 존재 이유가 탁월함에 있다는 것입니다만 이를 두 가지로 나누어 생각해 봅니다.
>
> 그 하나는 학문적 탁월성이고, 둘째는 윤리적 신념입니다. 대학의 생명은 진리 탐구에 의한 학문의 진전과 그로 인해 보다 나은 인류 사회의 건설에 이바지 하는 일입니다. 대학은 지성의 전당입니다. (중략)
>
> 대학은 윤리적인 탁월성의 토대 위에서 사회로 하여금 인간의 과거 생활에 대한 이해와 현실 좌절에 대한 교정과 미래 지향적 희망을 갖게 해 주어야 합니다. 계명대학교는 학문적인 탁월성의 추구와 윤리적인 신념의 함양을 위해 노력할 것입니다. 더 높은 자기 완성을 추구하며 세계를 내 안에서 응시하고 반추해 내 것으로 받아 고뇌할 수 있는 젊은이들을 기르고, 그들로 하여금 학문적으로나 윤리적으로 탁월성을 추구하게 해서 고등 교육의 특권을 누린 자로서 국가와 인류 사회에 보답하도록 노력하게 할 것입니다.

1979년 10월 계명대학교는 문교부의 지원을 받아 한국 고등 교육 개혁의 방향을 재정립하는 '국제 고등 교육 세미나'를 대명캠퍼스에서 개최했다. 전 세계 18개국 73명의 석학들이 참여한 가운데 5일간 개최된 이 국제 세미나에서 계명대학교는 계명대학교가 교육 목적으로 삼고 있는 '학문의 탁월성 추구와 윤리성 앙양'이 고등 교육기관인 대학의 본질적인 사명이고 특권임을 재확인했다.

꿈같이 이룩한 성서캠퍼스 조성

종합 대학 승격 이후 학생 수의 급증과 대학 규모의 확대로 제2캠퍼스의 필요성이 절실해졌다. 신일희 총장은 이때부터 대구 인근 제2캠퍼스 부지를 물색하기 위해 밤낮으로 수많은 들판과 산을 찾아다녔다. 캠퍼스의 지리적 위치, 교통 등의 여러 가지 여건, 부지 매입의 장애 요소, 대구 도시의 균형 발전 등을 심각하게 고려하고 여러 사람들에게 자문하기도 했다. 그 결과 1978년 초에 학교 법인 이사회에서 달성군 성서면 일대 약 60여만 평을 매입하기로 의결해 1978년 상반기부터 성서캠퍼스 조성 사업이 본격적으로 시작되었다.

1978년 처음 20여만 평은 평당 795원에 해룡학숙으로부터 매입했다. 성서캠퍼스

▲ 성서캠퍼스 계명한학촌 계정헌(溪亭軒)

부지 처음 매입 당시 커피 한 잔에 500원하던 시대였다. 학교가 매입하는 땅은 옥토가 아니라 청산 바위 야산과 구릉지여서 농사가 잘 안 되었고 물이 질펵거렸다. 그런데 대학이 캠퍼스 조성을 위해 땅을 매입한다는 소문이 퍼지자 땅 소유주들의 태도가 달라졌다. 그로부터 21년이 지나 성서캠퍼스에서 가장 비싼 땅을 매입할 때 평당 222만 원을 주고 매입했다. 21년 사이에 땅값이 2,800배 가까이 올라간 것이다.

강제하지 않고 주민의 이해를 얻어 부지 매입

신일희 총장은 성서캠퍼스 부지 마련에 있어서 제일 원칙을 땅 소유주와 합의해 매입하는 것으로 정했다. 그 어떤 경우에도 지주와 주민의 원성을 사지 않는 것이 기독교 대학의 창학 이념에도 부합하는 것이었다. 또한 주민과 국민을 위한 대학이 주민과 국민을 어렵게 하는 기관이 되어서는 안 된다는 소신을 가지고 있었던 것이다.

흔히 대학이 캠퍼스를 조성할 때 대상 부지를 국가로부터 학교 부지로 지정받아 다른 용도로 매매하거나 사용하지 못하도록 묶어서 강제 수용하는 경우가 많았다. 그러나 계명대학교는 그렇게 하지 않았다. 이웃 대학이 제3공화국 시절에 공권력으로 주민들로부터 토지를 수용해 캠퍼스를 조성한 탓에 원성을 산 사례를 보았기 때문이다. 그 대학은 주민들을 위해 학과의 일부를 쓰레기 매립장으로 사용토록 하는 등 복지 사업을 하고는 있으나 여전히 문제가 해소되지 않는 경우를 보고, 주민의 이해를 얻는 것이 중요하다고 생각했던 것이다.

성서캠퍼스 조성 대상 부지 내에는 여러 문중의 묘가 많아서 부지 매입과 묘 이장 문제로 큰 난관에 부딪혔다. 부지를 매매하기 위해 문중 회의를 하는 과정에서 강력히 반대하는 사람들이 있었다. 그 사람들을 만나 설득하기란 여간 어려운 일이 아니었다. 한번은 부지를 조성하는 과정에서 제대로 합의가 이루어지지 않은 채 오래된 묘를 잘못 건드려 학교 관계자들이 후손을 찾아가 용서를 비는 해프닝도 있었다.

또 학군단 건물(현 계명문화대학교 동산생활관)을 건축할 때에 토지 측량을 잘못해 미처 매입하지 못한 아주 작은 땅 모서리 일부에 건축을 한 일이 있었다. 소유주에게 간곡히 사정하고 그 부지를 학교에 팔도록 권유했지만 끝까지 합의를 해주지 않아 건물 일부를 부수고 물린 일도 있었다. 그 땅의 소유주는 얼마 후 계명대학교에 그 부지를 아주 고가로 팔았다. 이렇게 우여곡절을 겪었지만 계명대학교는 끝까지 주민들의 이해를 얻어내어 주변과 조화를 이룬 가운데 현재의 위치에 자리를 잡게 된 것이다.

내핍 생활로 캠퍼스 조성비 해결

1981년 9월 성서캠퍼스는 첫 건물인 현 자연과학대학 건물(백은관) 신축 기공식에 이어 1983년 연말에 현 인문국제학대학 건물(영암관) 등이 연차적으로 준공되어 캠퍼스 조성이 순조롭게 진행되었다. 그러나 1982년 제5공화국 군사 정권이 들어서면서 동산기독병원과의 통합 과정에서 생긴 법인 이사회의 갈등으로 당초 성서캠퍼스 조성 마스터플랜을 마련했던 신일희 총장 등 이사 전원이 사임했다. 관선 임시 이사회가 구성된 80년대 초반 이후 6년간 계명대학교는 큰 혼란기를 거쳐야 했다.

그러나 1988년 전국 대학에서 처음으로 실시한 **총장 직선제**로 신일희 교수가 제4대 총장으로 다시 취임하면서 성서캠퍼스 조성은 당초 계획대로 박차를 가하게 된다. 엄격한 재정 운영과 전구 하나, 종이 한 장, 비누 한 토막까지 아끼고 절약하는 내핍 생활로 천문학적인 캠퍼스 조성 경비를 마련, 특별한 부채 없이 캠퍼스 조성이 성공적으로 이루어졌다. 대구 대학가의 많은 사람들은 계명대학교 성서캠퍼스야말로 특별한 재정적 뒷받침이나 대명캠퍼스의 매각 없이도 기적같이 이룩된 아름다운 캠퍼스라고 평가하고 있다. 불과 46여년 사이에 국내는 물론 세계적으로 아름답고 훌륭한 대형 캠퍼스가 조성된 것이다.

의과대학과 간호대학 신설의 산고

1970년대에 계명대학교와 대구 기독교인들은 의과대학 설치를 간절히 희망하고 있었다. 그러기 위해서는 필수적으로 종합 병원이 있어야 했다. 이에 계명대학교와 설립의 뿌리가 같은 동산기독병원과의 통합을 추진하게 되었다. 아들 안두화 박사가 주축이 되어 설립한 계명대학교와 아버지 안의와 박사가 장인차 의료 선교사와 함께 설립한 동산기독병원은 모두 기독교 정신에 따라 대구·경북의 지역민을 위해 설립된 기관이므로 통합을 통해 의과대학을 설립하는 것이 교육이나 지역발전에 큰 도움이 되리라는 것에 모두가 의견을 같이하게 된 것이다.

1978년 4월 대구시 원로 기독교인들은 대구시 연합 당회장 명의로 계명대학교 의과대학 설치 건의문을 계명대학교와 동산기독병원에 제출했다. 건의문을 전달받은 계명대학교와 동산기독병원의 법인은 두 기관을 학교법인 계명대학교로 통합해 의과대학을 설치하기로 했다. 그러나 막상 두 기관의 통합 과정은 예상보다 훨씬 어렵고 복잡했다.

우선 1979년 10월 의료 법인인 동산기독병원 법인을 해산하고 학교 법인 계명대학교로 통합하되, 의무부총장과 의과대학장, 병원장의 임명은 학교 법인 정관의 상위법인 사립학교법과 고등교육법에 따라 총장의 고유 권한이 되어야 했다. 병원 명칭도 '동산기독병원'을 '계명대학교 의과대학 부속 동산병원'으로 변경해야 했다. 다만 병원 운영 기준은 연세대학교 정관과 의료원(연세대학교는 1957년 연희대학교와 세브란스의과대학이 통합된 것임) 운영 방법을 참고해 재정과 인사는 독립적으로 하되 예산 편성, 집행권과 인사권은 총장이 가지게 했다. 그리고 통합된 법인의 이사장은 마포화열 동산기독병원 유지 재단 이사장이 학교 법인 이사장을 맡기로 했다.

1980년 10월 보건사회부의 허가와 **1982년 5월 문교부의 최종 인가로 통합**은 완료되었다. 그런데 이와 같은 과정을 거치는 사이 두 법인간의 갈등으로 1981년 10월 이사 전원이 사퇴하고 관선 임시 이사회가 구성되는 큰 어려움을 겪게 되었다.

대학 민주화의 대전환점 마련

1987년 6월 제5공화국 시절 집권당인 민주정의당의 노태우 대표가 국민들과 학생들의 민주화 운동 과정에서 요구한 대통령 직선제 개헌을 받아들여 6·29민주화선언을 했다. 대학가에서는 교수 협의회와 직원 노동조합 등이 구성되었고, 대학 구성원들이 동창회 및 학생회와 함께 총장 직선제를 줄기차게 요구했다. 계명대학교는 1988년 5월 전국 대학 최초로 교수들의 직접 투표에 의한 총장 선출을 실시했다.

총장 직선제란 교수 투표에 의해 총장 후보를 선출하고 법인 이사회에 그 후보를 추천하면, 총장 임명권을 가진 법인 이사회가 교수들의 의견을 존중해 해당 후보를 의결에 의해 총장으로 임명하는 것이다. 이 절차에 따라 총장을 선출한 계명대학교가 대학 자치와 대학 민주화를 위한 대전환점을 앞장서서 마련했고, 그 이후 많은 국립과 사립 대학들이 연달아 총장 직선제를 채택하게 되었다.

1988년 5월 투표 결과 제5공화국 정권에 의해 초대 총장 역임 이후 평교수로 물러나 있었던 신일희 독어독문학과 교수가 제4대 총장으로 취임했고, 1992년 제5대 총장도 같은 방법에 의해 신일희 교수가 취임하게 되었다. 계명대학교는 이와 같이 시대적 흐름에 발맞추어 국민들과 대학 구성원들이 요구하는 대학의 자치와 민주화에 일대 전환점을 마련했고 우리나라의 많은 대학들이 이를 따라 배우게 되었다.

계명교사상 제정

계명대학교는 1996년부터 '계명교사상'을 제정하여 시행해 오고 있다. 대구·경북 지역 중등 교육의 일선 현장에서 평교사로서 헌신 봉사하며 참스승상의 구현에 귀감이 되는 교사를 포상하는 것이다. 소속 학교 교장의 추천과 대구시와 경상북도 교육청의 협조를 받아 엄격한 심사 과정을 거쳐 선정한다.

교원의 사기와 의욕을 북돋우며 스승을 존경하고 우대하는 사회 풍토를 조성하기 위해 제정한 계명교사상은 교육 경력 5년 이상인 중등 학교 평교사를 대상으로 교육 연구, 학생 및 진로 지도, 종교·사회 봉사 3개 분야에서 4명 이내로 선발한다. 최근 5년간의 업적을 심사 대상으로 하여 매년 5월 15일 스승의 날을 전후해 시상한다.

각 분야별 수상자에게는 계명대학교 교육대학원에 진학할 경우 전 과정 전면장학금이 주어지고 이와는 별도로 소정의 상금과 상패가 주어지며 수상자 재직 학교에도 상당한 상금이 지급된다. 계명교사상은 2023년까지 제26회에 걸쳐 73명의 중등 학교 교사들이 수상했다.

사범대학과 교육대학원이 개설되어 있는 계명대학교는 계명교사상의 제정으로 대구·경북 지역 2만 5천여 중등 교육 기관 교원들의 사기 진작에 크게 기여하고 있다. 또한 스승을 존경하고 우대하는 교육 풍토 조성에도 일익을 담당하고 있다.

동산장학재단 설립: 국내외 학생들에게 장학금 지급

신일희 총장은 1993년 6월 학부 교육 기관 계명의 탄생 40주년을 앞두고 우리나라 교육의 발전에 선구자 역할을 한 동산(童山) 신태식 박사의 교육에 관한 유지를 계승 발전시키고 인류 사회 공영에 이바지하고자 동산 신태식 박사의 아호를 단 (재)동산장학재단을 설립, 기금을 확충하고 국내외 장학 사업을 벌이기 시작했다.

신일희 박사는 동산장학재단 이사장으로 재직하면서 장학 재단 설립 당시 1억원이었던 기금을 2023년 현재 80여억 원으로 기본 재산을 늘렸으며, 2023년 12월 기준 국내외 3,029여 명의 중등·고등 교육 기관의 학생, 특히 경제적으로 어려운 학생, 외국인 유학생 및 교원 등을 대상으로 31억 6천 2백만 원의 장학금과 연구비 및 구호 성금을 지급했다.

현대자동차그룹 정몽구 회장 장학 기금 기증

2004년 7월 동산 신태식 박사 영결식을 찾은 현대자동차그룹 정몽구 회장이 동산 신태식 박사의 유지를 받들기 위해 50억원의 장학 기금을 기증했고 그 전후에 여러 기관과 개인 독지가들이 동산장학재단 기금 조성에 적극 참여했다.

동산장학재단은 이렇게 조성된 장학 기금으로 1993년 이후 줄곧 경제적으로 어려운 환경에 처한 대구·경북 중고등학교, 대학, 대학원생 및 폴란드, 루마니아, 캄보디아, 라오스, 베트남, 중국, 네팔, 우즈베키스탄 등의 중고등학교, 대학, 대학원생들에게 왕성한 장학 사업을 벌이고 있다.

외국에 더 많이 알려진 대학

1979년 국립대만사범대학교(National Taiwan Normal University)와 학술교류협정을 처음 체결한 계명대학교는 1981년 일본 모모야마대학교(St. Andrew's University), 1994년 중국사회과학원, 1995년 일본 학습원대학교를 비롯해 2023년 10월 기준 전 세계 66개국 446개 대학 및 기관과 학술 교류와 자매 협정을 체결했다. 그 결과 2023학년도 12월 1일 기준으로 학부에 외국인 유학생 1,313명, 대학원에 501명, 특히 한국어 어학 연수생 806명 등 모두 2,620명의 외국인 학생들이 계명대학교에 유학하고 있고, 이에 상응하는 수의 계명대학교 재학생들이 교환 학생으로 해외 자매 대학에 파견되어 유학하고 있다.

외국의 대학과 맺은 학술 교류와 자매 협정의 주요 내용은 교수, 직원, 학생의 상호교류 및 각종 학술 세미나, 전시회 등의 개최이다. 특히 학생 교류에 있어서는 소속 대학의 등록금으로 외국의 대학에서 일정 기간 유학을 할 수 있고, 또 상호 학점을 인정받을 수 있기 때문에 재학생들이 원하는 외국의 대학에서 국제적 감각을 익히고 어학 연수와 더불어 국제적 전문인의 실력을 갖추는 아주 좋은 기회가 되고 있다.

국가별로는 베트남에서 온 학생이 1,148명으로 가장 많고 중국 700명, 몽골 159명, 미얀마 126명, 우즈베키스탄 91명 등 모두 2,620명의 외국인 학생들이 계명대학교에 유학 와서 공부하고 있다.

계명쇼팽음악원 개원: 세계적인 명문 음악대학으로 도약

외국의 자매대학 가운데에서도 폴란드 국립쇼팽음악대학교는 세계 3대 명문 음악 대학교로 1993년 계명대학교가 세계화의 상징적인 의미를 두고 학술 교류 협정을 체결한 대학이다. 국내에서 오랜 역사를 갖고 있는 계명대학교 음악대학은 1999년 대학 내에 **계명쇼팽음악원을 부설 기관**으로 설립했다.

폴란드 국립쇼팽음악대학교 재직 교수 가운데 세계적으로 저명한 여러 명(2017년 5명)의 교수를 객원 교수로 초빙해 양교가 공동 개발한 음악 교과목으로 계명대학교 음악공연예술대학 재학생을 대상으로 특별 지도를 하고 있다. 특히 폴란드 국립쇼팽음악대학교가 세계 최초로 학사와 석사 학위를 연계해 취득할 수 있도록 계명대학교와 연계 교육 과정 프로그램을 공동 운영하고 있는 것은 우리에게 매우 자랑스러운 일이다.

학사·석사 학위 연계 과정은 계명대학교에서 7학기를 이수하고 폴란드 국립쇼팽음악대학교에서 3년간 유학하면 학사와 석사 학위를 동시에 받을 수 있는 제도이다. 이 프로그램에 따라 2002년 7월에 처음으로 14명의 계명쇼팽음악원 학생들이 폴란드에 유학 갔다. 이들 중 김경진 학생이 2003년 한·독 브람스콩쿠르에서 성악 부문 1등을 수상하는 등 세계적인 각종 콩쿠르에서 많은 입상자를 배출했다. 그 후 계속해서 계명쇼팽음악원 졸업생들이 폴란드로 유학 가고 있다. 2013학년도 입시에서는 20명 선발에 총 310명이 지원해 경쟁률이 무려 15.5대 1에 달했다.

계명리스트음악원 개원: 코다이음악전문지도자 교육 과정 운영

계명대학교는 2010년 헝가리 리스트음악원과 학술 교류 협정을 맺은 뒤 계명대학교 음악대학 안에 **계명리스트음악원**을 개원하고 2011년 6월부터 제1차 코다이음악전문지도자 교육 과정을 운영했다. 코다이음악전문지도자 교육 과정은 음악 교육에 있어서 세계적으로 유명한 헝가리 음악 교육자 졸탄 코다이(Zoltan Kodaly, 1882~1967)의 음악 전문 지도자 교육 프로그램이다. 이 교육 프로그램에는 헝가리 코다이연구소 라슬로 네메스(Dr. Laszlo Nemes) 원장이 내교해 직접 강의하기도 했다.

계명대학교 공자아카데미 설립: 중국 교류의 창구로

계명대학교는 1994년 중국 **북경어언대학교와 학술 교류 협정**을 체결했다. 그리고 2007년 북경어언대학교와 공동으로 한국에서 중국어 교육과 양국 문화 교류의 창구 역할을 하는 **'계명대학교 공자아카데미'**를 설립했다. 신일희 계명대학교 총장은 2012년부터 중국 공자아카데미 총부 이사, 2017년부터는 공자아카데미 총부 명예 이사로 활동하고 있다.

북경어언대학교(北京語言大學校)는 중국 교육부 직속의 국가 중점 대학으로 중국에서 유일하게 외국인 유학생들의 중국어와 중국 문화 교육을 주된 과업으로 하는 대학인데 해마다 전 세계 120여 개국 8,000여 명의 학생들이 공부하고 있다. 지금까지 183여 개국 20만여 명의 유학생을 배출했고, 이들 졸업생은 대부분 각국의 외교관, 학자, 기자로 활동하고 있다.

계명대학교 공자아카데미는 2007년 설립 당시 영남 지역 유일의 공자아카데미로 중국 교육부가 모든 재정을 마련하고 계명대학교가 하드웨어를 제공해 우리 대학교 재학생과 졸업생뿐만 아니라 대구·경북 지역에 중국어와 중국 문화를 보급하는 비영리 교육 기관이다.

계명대학교 공자아카데미가 설립됨에 따라 여러 가지 중국어 교육 과정과 중국어교사 양성 과정이 개설되었다. 또 중국의 대학(원) 입학과 졸업, 중국 정부 장학생 선발, 각종 기관 채용과 승진 시에 활용되는 중국어 능력을 평가 검증하는 한어 수평고시(漢語水平考試, HSK) 시행 기관으로, 중국 관련 학술, 정책 연수, 문화 교류 프로그램을 계명대학교 내에서 운영함으로써 재학생 및 지역 사회 주민들의 편의를 크게 도모할 수 있게 되었다.

민간 외교의 메카 계명대학교와 신일희 총장

신일희 총장은 1995년 민간 외교 단체로 한국폴란드협회를 조직하고 양국의 우호 증진과 교류에 매진한 결과 2002년 6월 **알렉산데르 크바스니에프스키(Aleksander Kwasniewski) 폴란드 대통령이 계명대학교를 방문**해 '폴란드 변혁'에 대한 특강을 한 바 있다. 그리고 2012년 10월 **안나 코모로프스카(Anna Komorowska) 대통령 영부인이 계명대학교를 방문, 제2회 아시아·태평양 국제쇼팽피아노콩쿠르 시상식**에서 시상하고 한국과 폴란드 양국간 민간 교류 활성화에 앞장서온 한국폴란드협회 환영 만찬에 참석해 관계자들을 격려한 바 있다.

계명대학교가 중심이 되어 대구에 본부를 두고 조직된 민간 외교 단체는 한국폴란드협회 외에 한국이탈리아협회, 한국스웨덴협회, 한국캄보디아협회 등 모두 40개에 달한다. 이들 민간 외교 단체는 공식적이고 규범적인 정부 차원의 국가간 외교 활동의 범위를 넘어서서 우리나라, 특히 대구·경북 지역의 국제 관계를 활성화하고 문화 교류를 촉진하는 데 매우 큰 역할을 담당하고 있다.

또 신일희 총장은 2005년부터 폴란드 명예 영사 및 명예 총영사로 외교 활동을 했다. 2007년부터는 미 육군성 문화 대사로, 2012년부터는 중국 공자아카데미 총부 이사로 활동하고 있으며 2003년 대구하계유니버시아드와 2011년 대구육상선수권대회에서는 각각 선수촌장으로 세계적인 스포츠 축제가 성황리에 마무리되도록 주요한 역할을 수행한 바 있다. 그는 사단 법인 대구·경북국제교류협의회(DGIEA) 공동 의장으로서 대구시 문화시민운동협의회 회장과 대구사랑운동시민회의 공동 의장으로도 활약하고 있다.

민간 외교 활동에 대한 공로로 신일희 총장은 폴란드 정부로부터 2000년 대십자훈장, 2008년 예술훈장을 받았다. 그리고 2011년에는 독일 정부로부터 대십자공로훈장을 받았다. 2007년 5·16민족상, 2012년 대한민국체육훈장맹호장을 받았으며, 2001년에는 미국 프린스턴대학교 대학원 100주년 기념 '동문 100인'에 선정되기도 했고, 2016년에는 이탈리아 공화국 공로훈장을 수훈하기도 했다.

계명대학교 동산병원 성서캠퍼스에 이전 개원

120년 유구한 역사의 계명대학교 동산병원이 지난 2019년 4월 15일 대구시 달서구 계명대학교 성서캠퍼스로 이전, 개원했다. 지하 5층, 지상 20층 1,041병상 규모로 대지 40,228.4㎡(12,169.03평), 연건평 179,218.41㎡(54,213.32평)로 현존 대구광역시 내 최대 건물로 호텔 같은 명품 병원이다. 특히 심뇌혈관센터와 암치유센터를 특성화하고 하이브리드 수술실을 운영하는 등 환자 만족도 1위 상급 종합 병원으로 크게 발전하는 계획을 세웠다. 한편 기존 대구시 중구 달성로 56 대구동산병원은 현 위치에서 존속하며 204병상, 15개 외래 진료 과목으로 운영하고 있고 코로나19 사태가 전국적으로 안정될 것으로 보이는 4~5년 후에는 500~700병상으로 확장하여 상급 종합 병원으로 운영할 계획이다.

▲ 알렉산데르 크바스니에프스키 폴란드 대통령 특별 강연(2002.)

▲ 제2회 아시아·태평양 국제쇼팽피아노콩쿠르 수상자와 함께한 Anna Komorowska 폴란드 대통령 영부인(2012.)

생각 나누기

01 마포화열 의료 선교사가 평생(45년간) 동산병원과 한국인을 위해 헌신하며 봉사한 이유는 무엇인가?

02 마포화열 동산병원장이 기독교 의료 선교사의 사명으로 대구에서 개척과 봉사를 한 사례를 열거해보자.

03 정순모 목사가 계명대학교의 발전에 기여한 업적은 무엇인지 열거해보자.

04 신일희 총장이 계명대학교의 발전을 위해 헌신하며 봉사한 업적 가운데 가장 큰 것 다섯 가지를 열거해보자.

05 계명대학교가 교육 목적으로 삼고 있는 학문의 탁월성 추구와 윤리성 양양이란 무엇을 말하는가?

06 계명대학교 성서캠퍼스의 조성에 어떠한 어려움이 있었는지 생각해보자.

참고 자료

· 계명대학교 동산도서관·행소박물관, 『행소 신일희 박사 교육 희년 기념전』, 대구: 컴엔시, 2016.

· 계명대학교 동산의료원, 『사랑과 봉사의 발자취 동산의료원 100년』, 대구: (주)애드코인&애드코인 퍼블리케이션, 1999.

· 계명대학교 50년사 편찬위원회, 『계명대학교 50년사 1954~2004』, 서울: 다락방, 2004.

· 계명대학교 120년사 편찬위원회, 『계명대학교 120년사 1899~2019』, 대구: 계명대학교출판부, 2019.

· (신일희 박사) 교육 희년 기념사업 준비위원회, 『행소 行素』, 대구: 계명대학교출판부, 2016.

· 신일희, 『초창기의 계명인』, 대구: 계명대학교출판부, 2004.

· ______, 『타불라 라사』, 대구: 계명대학교출판부, 2005.

· 이재원, 『이재원 고희기념 대구기독교역사 논문집』, 2006.

제5장
계명을 도운 사람들

제1절 | 쉐턱 부부: 나눔과 베풂의 실천자

계명대학교 대명캠퍼스와 성서캠퍼스에는 **쉐턱이란 이름을 가진 기념 건물(The Shattuck Memorial Hall)**이 여러 동(棟) 있다. 그것은 계명대학교가 재정적으로 어려움을 겪던 초창기에 수차례에 걸쳐 거금의 발전 기금을 기부한 쉐턱 부부(Ruth and Sidney Shattuck)를 기리기 위해 건물들에 그 이름을 부여했기 때문이다. 미국 위스콘신주 니나의 쉐턱 부부는 1962년 아무런 조건 없이 10만 달러를 기부하고 1965년 가정보육관 건축비 전액과 1975년 5만 달러 등 지속적으로 계명대학교에 많은 기부를 했다.

시드니 쉐턱(Sidney F. Shattuck, 1878~1976)은 1878년 4월 28일 미국 위스콘신주 니나에서 세계적인 제지 회사 킴벌리클락(Kimberly-Clark) 설립자의 한 사람인 프랭클린 쉐턱(Franklyn Shattuck)과 클라라(Clara Shattuck) 부부 사이에 장남으로 태어났다.

1899년 6월 예일대학교를 졸업한 쉐턱은 1908년 12월 루스 하우드(Ruth Harwood)를 만나 결혼하고 두 아들과 두 딸을 두었는데 그가 평생 실천한 것과 같이 저축과 나눔과 베풂의 교육을 자녀들에게도 철저히 시켰다. 제2장에서 언급했듯이 쉐턱은 자녀들이 7살이 되면 1주일에 10센트씩 준 용돈 가운데 2센트는 저축, 3센트는 베풂을 위한 돈, 나머지는 소비를 위한 용돈으로 나누도록 했다. 쉐턱은 자녀들에게 『성경』의 가르침인 '나누어 주고 베풀어 주는 삶'에 대한 교육을 어릴 때부터 지속적으로 철저히 시킨 분이었다.

▲ 1965년 11월 준공한 대명캠퍼스 쉐턱관

킴벌리클락(주) 직원 복지 제도 마련

쉐턱은 대학을 졸업하자 바로 1900년 1월 세계적인 제지 회사 킴벌리클락(주)(크리넥스 회사)에 사원으로 입사해 1945년 퇴직 때까지 45년간 산업 분야를 책임진 부사장으로 충실히 근무했다. 산업 경영자로서 그는 직원들의 복지를 위해 여러 가지 개척자적인 노력을 아끼지 않았다. 예기치 못한 각종 재해로부터 직원들의 안전을 도모할 수 있도록 도와주는 일이 자신의 의무라고 생각했던 것이다.

그는 1910년 당시로는 상상도 못할 여러 가지 복지 제도를 마련했다. 오늘날 노동조합과 보험 제도에 해당하는 '킴벌리클락공제회'를 조직하고 집단 보험 제도를 마련했으며 그와 연관된 복지 사업을 다양하게 벌이기 시작했다. 1913년에는 산업 사고 발생을 줄이기 위해 산재 예방 조직을 만들었고, 직원들의 결속력을 높이고 물품 구매 편의를 위해 『소비조합원』이란 회사 소식지를 창간했다. 이 같은 그의 업적을 높이 평가한 미국 국립안전이사회에서는 그를 공로자로 표창까지 했다.

킴벌리클락(주)은 제지 공장인데 공장의 대형 기계에 의해 직원들의 부상이 자주 일어났다. 쉐턱은 이를 몹시 안타깝게 생각하고 각종 안전 장치를 고안했다. 또한 그는 노동자들을 공장의 소모품으로 여기는 당시 관리자들의 사고를 바꾸기 위해 많은 노력을 기울였다. 쉐턱이 새롭게 창안한 안전 장치와 공제회 제도에 의해 노동자들의 사기가 높아졌고 생산성이 크게 향상되어 회사도 큰 이익을 얻게 되었다. 이 같은 노사 관계 개선 성공 사례는 국가적인 관심의 대상이 되어 미국 정부로 하여금 노동자들의 산재 예방과 복지 증진을 관장하는 '연방산업안전위원회'를 창설하도록 만들었다.

평생 다양한 자선 사업으로 표창 받아

산업 분야에서 인간의 존엄성을 강조했던 쉐턱은 시민 봉사에 있어서도 남다른 면모를 보였다. 고향 위스콘신주 니나시의 시민 복지 위원으로서 그는 사재를 털어 운동장을 건설하고 수많은 공원 시설을 확충했다. 니나시에서는 이 같은 그의 공적을 기리기 위해 체육관, 시립 수영장, 오락 시설 등에 그의 이름을 부여했다. 뿐만 아니라 그는 위스콘신주 웨케샤에 있는 캐롤대학 이사로 50년간 활동했고 시카고의 맥코믹 신학교 이사로도 봉사했다.

쉐턱 부부가 위스콘신주에서 여러 대학에 헌신하고 봉사한 연수를 합하면 115년이나 된다. 이 같은 업적을 기리기 위해 1972년 5월 오스코스대학에서는 그에게 명예로운 공로상을 수여했다. 그 이전인 1959년에는 미국 청년협회로부터 공로상을 받았으며 1971년에는 위스콘신협회로부터 봉사상(Distinguished Service Award)을 받기도 했다.

쉐턱이 평생 힘써 봉사한 자선 사업은 니나메나샤(Neenah-Menasha) 소년소녀단 협회 활동이다. 쉐턱은 1900년 장로 교회 목회자인 죤 샤핑 목사로부터 소년단(Boy's Brigade)을 인계받아 단장이 되어 많은 사재를 털어가며 일생 동안 돌보았다. 거기에 소녀도 포함시켜 여러 가지 봉사 활동을 하면서 미국 내 으뜸가는 소년소녀단으로 키웠다. 그리하여 이 소년소녀단을 거쳐 간 수많은 청소년들에게 개척과 봉사 정신, 건강한 공동체 활동을 배우고 체험하도록 해 훌륭한 청소년 문화를 꽃피우게 만들었다.

1964년 이 소년소녀단은 쉐턱의 업적을 기리기 위해 'S. F. Shattuck상'을 제정했다. 매년 이 단체에 현저한 공을 세운 사람에게 이 상을 수여하는데 물론 최초의 수상자는 쉐턱이었다. 쉐턱은 후에 "직장과 가족을 빼고 가장 소중한 것을 하나 꼽으라면 소년소녀단이다."라고 회고했다.

교육을 위해 계명대학교에 조건 없는 거액 기부

계명대학교 설립 주체자인 안두화 목사의 외가가 미국 위스콘신주 니나인 관계로 안두화 목사 부부는 개교 이전부터 쉐턱 부부와 잘 알고 지냈다. 1953년 6·25한국전쟁 후 대구에 대학을 설립하고자 했던 안두화 목사는 재정 지원자를 찾아 니나에 갔다. 쉐턱 부부에게 재정 지원을 요청하자 이 부부는 아무런 조건 없이 마음의 문을 열고 필요한 자금을 기부했다.

1960년대 초 계명대학교는 재정적 자립은커녕 캠퍼스 부지 확보와 각종 건축, 시설 확충에 필요한 자금을 마련하는 일에 골몰하던 시기였다. 이 같은 재정난을 해결하기 위해 1962년 2월 설립자 **안두화 박사와 제3대 학장 신태식 박사는 대학 발전 기금 20만 달러 모금 운동**을 벌였다. 이때 **쉐턱 부부가 10만 달러를 기부**했는데, 당시 10만 달러는 계명대학교로서는 엄청난 거금이었다. 80명을 수용하는 여학생 기숙사 총 건축비가 3만 5천 달러인 시대였다.

20만 달러 대학 발전 기금 모금 운동에는 쉐턱 부부 외에 세계적인 정신 분석 학자 메닝거 박사를 비롯한 미국인 100여 명이 참여했다. 한국인 60여 명도 동참했는데 그중에 법인 이사장을 역임한 박명교 여사가 3만 1천 달러 중 3만 달러를 기부했다.

모금 운동은 1963년 5월로 마감되었고 이때 확보한 20만 달러는 대학 유지를 위해 비축해야 할 기본 재산 10만 달러, 여학생 기숙사 건축비 3만 5천 달러, 음악관 건축 보조 1만 5천 달러, 대학 사무실 건축비 2만 5천 달러, 캠퍼스 조성비 2만 달러, 도서 구입비 5천 달러로 쓰였다. 1965년 11월 대명캠퍼스 가정보육관을 준공하게 되었는데 이 건물 공사비는 전액 쉐턱 부인이 기부한 것이다.

1967년 5월 설립자 안두화 박사의 부인 안수산 여사와 쉐턱 부부는 계명대학교 개교 기념식에 참석해 대명캠퍼스 바우어기념도서관 현관에 있던 안두화 박사 흉상 제막식에 함께했다. 이때 안수산 여사는 음악종(Chime Bell)과 음악대학 학생들을 위한 스타인웨이(Steinway) 피아노를 기증했다.

일생을 베풂에 충실했던 쉐턱

1930년대 불황기에 쉐턱은 미국 니나시의 지역 은행인 '전국공업은행'을 인수해 달라는 부탁을 받았다. 당시 대부분의 은행들이 경영 실패로 문을 닫고 있었고 이 은행도 마찬가지였다. 그는 "나는 은행가는 아니다."라고 말은 했지만 지역 사회를 위해 기꺼이 맡았다고 했다. 그 이후 그 은행은 한 번도 문을 닫은 적 없이 순조롭게 경영이 이루어졌다. 니나 지역 사회에서는 이 같이 자기 고장 발전에 봉사하고 헌신한 쉐턱의 업적을 기리기 위해 1970년에 설립한 한 고등학교를 '쉐턱고등학교'로 명명했다.

일생동안 나눔과 베풂에 충실했던 쉐턱은 계명대학교 발전에 기여한 공로에 대해서도 "나는 대학 창립자도 아니고 단지 계명대학교를 도운 한 사람에 불과하다."며 겸손하게 대답했다. 멀리 이국땅까지 베풂에 결코 인색하지 않았던 그는 1976년 3월 4일 97세로 소천했다.

계명대학교는 쉐턱 부부의 계명대학교와 계명인들에 대한 사랑을 영원히 기리기 위해 대명캠퍼스의 패션 계통 전공 건물(과거 가정보육관)과 **성서캠퍼스의 Tabula Rasa College 건물을 쉐턱관(The Shattuck Hall)**이라 명명해 부르고 있다.

제2절 | 정재호 박사와 박명교 여사: 계명의 은인

계명대학교의 역사를 아는 사람이면 누구나 의양(義洋) 정재호(鄭載護, 1913~2005) 박사와 부인 박명교(朴明嬌, 1918~2012) 여사가 계명대학교에 큰 도움을 준 사람이라는 것을 잘 알고 있다. 그 만큼 두 사람이 계명대학교와 계명인들에게 쏟은 정성과 공적은 참으로 지대하다. 정재호 박사 부부의 도움은 일시적인 것이 아니라 대학 설립 초기부터 오늘날에 이르기까지 50여 년 동안 꾸준하게 이어져 왔다. 대학과 계명인들에게 절대적인 도움이 필요할 때 그것을 채워 주었고, 또 박명교 여사는 1964년부터 1976년까지 학교 법인의 이사와 이사장으로 헌신했다.

부부뿐만 아니라 2007년 9월에는 정재호 박사 장남인 제주축산개발(주) 정규진 회장이 계명대학교 발전 기금으로 5억 원을 헌납함으로써 양대에 걸쳐 계명대학교와 계명인들에 대한 사랑이 남다름을 보여주고 있다. 계명대학교에서는 해담(海淡) 정규진 회장의 계명대학교에 대한 사랑의 고마움을 기리기 위해, **음악공연예술대학 강당**을 정 회장의 아호를 따서 **'해담콘서트홀'**이라 명명했다. 그리고 정규진 회장의 부인인 예인(禮仁) 장예순(長禮淳) 여사가 계명대학교 발전에 크게 기여해온 공적을 기리기 위해 명교마을(기숙사) **국제동**을 장예순 여사의 아호를 따서 **'예인당(禮仁堂)'**이라 명명했다.

▲ 대명캠퍼스 의양관(당시 교수 연구관)

▲ 2003년 3월 준공한 성서캠퍼스 의양관(경영대학)

양말 공장 경영과 계명대학교와의 인연

정재호 회장은 청주 정씨로 경북 예천의 낙동강 중류의 세 줄기 강이 합류하는 풍양 삼강마을 출신이다. 1913년 한 집안의 장남으로 태어나 엄한 가풍 속에서 자란 정재호 회장은 고향에서 일제 암흑기의 빈곤과 압박 속에 보내다가 조국 광복 후 정든 삼강마을을 떠나 대구로 이주했다. 대구에 온 정재호 회장은 지금 계성고등학교와 접해 있는 서문시장 모퉁이에서 가내공업으로 양말공장을 시작했다.

정 회장의 양말 공장이 계성고등학교 담 옆에 있던 신태식 교장의 사택과 접해 있었다. 자연스레 정재호 회장은 신태식 교장과 이웃사촌으로 가깝게 되었고 두 사람은 서로의 성실하고 근면한 성품과 일에 대한 열정을 존경하며 지냈다. 이렇게 시작된 두 사람의 개인적인 인연은 신태식 박사가 1961년 제3대 학장으로 취임하면서 계명대학교와의 인연으로 발전하게 되었고 아울러 계명대학의 설립자인 안두화 박사와도 개인적인 친분으로 이어졌다.

타고난 근면함과 성실성으로 자신의 사업을 대한민국 굴지의 기업군으로 성장시킨 정재호 회장은 계명대학교의 발전에 없어서는 안 될 든든한 지원군이 되었다. 개인적인 친분 관계를 유지하고 있던 안두화 박사와 신태식 박사는 재정적으로 많은 어려움을 겪고 있던 계명대학교 초창기에 자연스레 정재호 회장에게 도움을 청한 것이다.

일본 유학과 삼호그룹 창설

대구 서문시장에서 사업을 시작하기 전 정재호 회장은 일본으로 유학해 1932년 일본 동경 무사시노고등공고(武藏野高等工高)를 졸업하고, 그해 4월에 일본 오사카 한신메리야스공업(阪神莫大小工業)에 입사해 그 회사 이사까지 역임하면서 사업 경영 능력을 익히고 3년 뒤 귀국과 동시에 대구에서 바로 사업을 시작했다.

처음 가내 공업인 양말 공장에서 1935년 삼호메리야스공장으로, 1946년 철 공장과 제재 공장을 병설해 삼호공업사를 창설함으로써 삼호그룹이라는 기업군으로 발전시켰다. 이것이 1960대와 1970년대 우리나라 대기업군으로 재계 1위의 이름을 떨친 삼호그룹의 시작이다.

삼호그룹은 날로 크게 번창해 10여개 방계 회사를 거느리게 되었다. 1946년 삼호무역(주), 1949년 삼호방직(주), 1969년 경북염색가공(주), 1971년 제주축산개발(주), 1971년 삼양흥업(주) 등이 모두 정재호 회장이 창설한 기업들이다. 그는 1964년에는 의양문화재단을 설립해 우리나라 문화 창달에도 크게 기여했고, 우리나라 무역 업계의 선구자로 삼호방직(주), 삼호무역(주), 대한와사산업(주), 제주축산개발(주), 범진가스(주) 등 대기업을 이끌어 국가 산업 발전과 경제 성장에 크게 기여한 경제계의 큰 별이었다.

학교 법인 계명기독학원 이사, 이사장으로 헌신

정재호 회장 부부는 안두화 박사, 신태식 박사와의 개인적인 친분으로 초창기에 경제적 어려움을 겪고 있던 계명대학교와 인연을 맺게 되었다. 사업 성공으로 재계 1위의 기업군을 이끌고 있던 정재호 회장 부부는 여러 차례 결정적 순간에 거금의 사재를 털어 계명대학교 발전 기금으로 기부했다.

부부가 모두 후덕한 성품의 소유자였고 친화력이 뛰어난 사람들이라 계명대학 법인 이사들은 이 부부를 1964년부터 1978년까지 법인 이사와 이사장으로 추대한 바 있다. 정재호 회장 부부와 장남 정규진 회장이 계명대학교에 기부한 내용은 다음과 같다.

- 1962년 3만 달러(대명캠퍼스 여학생 기숙사 명교기념관)
- 1967년 대명캠퍼스 교수 연구관(의양관) 건축비 전액
- 1967년 후지카석유난로 전 교수 연구실에 구입 기증
- 1992년 부산 문현동 일대 부동산 시가 120여억 원 기증(의양관)
- 2007년 5억 원 기증(음악공연예술대학 해담콘서트홀)
- 2014년 5억 원 기증(명교마을 예인당)
- 2020년 2천만 원(코로나19 성금)

명교생활관과 교수 연구실 후지카 석유난로

박명교 여사의 기부금으로 건축했던 대명캠퍼스 여학생 기숙사는 내부 구조가 특이했다. 전후로 연결된 침실과 공부방이 상하로 반 층 분리되어 있어서 주변에서 오는 잡음을 막아주고 분위기를 아늑하게 만들어 공부하기에 최적의 조건을 갖추고 있었다. 당시 학생들은 이 기숙사 건물을 아주 사랑했다. 이후 계명대학교는 성서캠퍼스에 건축한 학생 기숙사 전체 건물을 **박명교 여사의 고귀한 뜻을 기리고자 '명교생활관'**이라 명명했다.

1967년에 신축한 대명캠퍼스 교수 연구동은 건축비 전액을 기부한 **정재호 회장의 아호를 따서 '의양관'**이라 명명했는데, 이 건물이 준공될 당시인 1967년에는 우리나라의 경제 여건이 어려워 어느 대학이고 교수 연구실을 제대로 마련해줄 수 없었다. 더군다나 겨울에 석유난로를 마련해 주는 것은 생각조차 할 수 없는 일이었다. 그런데 정재호 회장의 희사로 모두가 부러워하는 좋은 시설의 교수 연구관을 건축하고 당시 최고급 후지카 석유난로를 구입, 연구실마다 배치함으로써 교수들은 추운 한겨울에도 따뜻한 연구실에서 밤을 새워가며 학문 탐구에 전념할 수 있었다.

▲ 성서캠퍼스 명교마을

1992년 계명대학교는 성서캠퍼스 부지 매입과 건물 신축 등에 소요되는 캠퍼스 조성 경비로 인해 재정난에 허덕이고 있었다. 심지어 내일모레 지급해야 할 교수와 직원들의 인건비를 걱정해야 할 정도로 어려운 때에 정재호 회장은 본인이 평생 모아 마련했던 부산 문현동 부동산 7천여 평(시가 120억 원 상당)을 기꺼이 계명대학교에 쾌척했다. 정재호 회장 개인명의의 재산으로는 이것이 전부였다. 재정난에 어려움을 겪고 있던 계명대학교로서는 은인을 만난 것이다. 이 같은 훌륭한 독지가들의 도움과 철저한 내핍 경영으로 계명대학교는 오늘의 성서캠퍼스를 조성함에 있어서 아무런 부채도 없이 기존의 대명캠퍼스를 매각하지 않고도 아름다운 캠퍼스를 조성할 수 있었다.

이 같은 고마움을 생각해 계명대학교는 **경영대학 건물과 부대 시설을 '의양관'이라 명명**했는데, 그 의양관과 명교생활관 입구 두 곳에 의양 정재호 회장과 박명교 여사의 계명대학교에 대한 남다른 사랑을 기리는 공덕문(功德文)을 세웠다. 다음은 공덕문에 새겨진 내용이다.

▲ 명교생활관 담쟁이

의양(義洋) 정재호(鄭載護) 박사

의양(義洋) 정재호(鄭載護) 박사는 조선 중기 선조 때 대사성, 좌찬성, 좌의정을 역임한 약포(藥圃) 정탁(鄭琢) 공의 13대손이시다. 1913년 경북 예천에서 태어나신 정재호 박사는 청년 시절 일본에서 수학하고 해방 후 귀국하여 우리나라 방직업계의 대표 기업인 삼호방직을 창립, 성장, 발전시킨 존경받는 원로 경영인이시다.

특히 정재호 박사는 계명대학교의 설립 초기부터 영부인 박명교(朴明嬌) 여사와 더불어 20여 년간 법인 이사로 봉사하시면서 대명캠퍼스에 여학생 기숙사와 교수 연구관을 건립, 기증하셨다. 1992년에는 거액에 달하는 부동산을 계명대학교에 희사하여 성서캠퍼스 조성에 큰 힘이 되어 주신 공로자이시다.

이에 학교 법인 계명기독학원에서는 1992년 정재호 박사를 명예 이사장으로 추대하고, 계명대학교에서는 1996년 2월, 성서캠퍼스 학생 기숙사를 박명교 여사의 명(名)을 따서 명교생활관이라 명명한 바 있으며, 2003년 5월에 신축한 이 건물을 의양관이라 이름하여 정재호 박사 내외분의 은공을 기리고자 한다.

2003년 5월

학교 법인 계명기독학원 계명대학교

명교생활관(明嬌生活館)

이 기숙사는 지난 1964년부터 1978년까지 학교 법인 계명기독대학의 이사와 제9대 이사장을 역임하시면서 우리 대학의 발전에 크게 공헌하셨고 특히 1962년 당시 거액의 발전 기금을 헌납하여 대명캠퍼스에 여학생 기숙사를 건립하여 희사하신 박명교 여사님의 공적을 기념하기 위한 건물이다. 박명교 여사님은 1918년 대구에서 출생하셔서 청주 정씨 문중에 출가하셨고 부군 정재호 박사님과의 슬하에 4남 2녀를 두고 계신다. 의양 정재호 박사님은 퇴계 문인으로 교리, 대사헌, 좌찬성, 좌의정을 역임하고 서원부원군에 보함을 받으신 약포(藥圃) 정탁 공의 13대손으로 경북 풍양에서 1913년에 출생하였다. 정 박사님은 지난 1968년부터 1978년까지 우리 대학 법인 이사로 봉사하시면서 대명캠퍼스에 교수 연구관을 건립, 희사하시어 이를 기념하기 위해 교수 연구관을 의양관으로 명명한 바 있으며 1992년에는 거액의 부동산을 우리 대학교에 기증하시는 등 내외분께서는 계명대학교의 발전에 참으로 크게 기여하시고 큰 업적을 남기셨다.

박명교 여사님께서는 실천하는 신앙인으로 모든 계명인에게 귀감이 되는 생활을 영위하셨으므로 이 기숙사를 명교관으로 명명함으로써 여사님의 크신 공적을 영원토록 기리고자 한다.

1996년 2월 26일

학교 법인 계명기독대학

정재호 회장과 박명교 여사 풍양 삼강마을로 돌아가다

정재호 회장은 우리나라 금탑 산업훈장 제1호 수상자이다. 1990년 계명대학교는 평생 우리나라 산업계 및 언론계의 존경받는 원로의 한 분이었던 정재호 회장에게 국가 기간산업 및 우리나라 섬유 산업의 성장과 발전, 무역을 통한 국위 선양, 언론 문화 창달에 크게 기여한 공로로 명예 경영학 박사 학위를 수여했다. 서울 한남동 자택에서 조용히 여생을 보내던 정재호 회장은 2005년, 그리고 박명교 여사는 2012년에 소천해 고향인 경북 예천 풍양 삼강마을로 돌아갔다.

생각 나누기

01 쉐턱 부부와 정재호 회장 부부가 아무런 조건 없이 계명대학교와 계명인들을 위해 개인의 재산을 헌납한 이유는 무엇인가?

02 쉐턱 부부와 정재호 회장 부부의 기부 행위는 계명 정신과 어떻게 연관되는지 생각해보자.

03 남을 위해 자신의 가장 소중한 것을 내놓을 때 가져야 할 마음가짐과 태도는 무엇인가?

04 쉐턱 부부와 정재호 회장 부부와 같이 본인도 앞으로 헌신해 봉사할 계획을 세워보자.

참고 자료

· 계명대학교 50년사 편찬위원회, 『계명대학교 50년사 1954~2004』, 서울: 다락방, 2004.

· 계명대학교 120년사 편찬위원회, 『계명대학교 120년사 1899~2019』, 대구: 계명대학교출판부, 2019.

· 계명대학교 120년사 편찬위원회, 『계명을 빛낸 사람들 1899~2019』, 대구: 계명대학교출판부, 2019.

· 계명대학 20년사 편찬위원회, 『계명대학 20년사 1954~1974』, 대구: 계명대학출판부, 1974.

· 신일희, 『초창기의 계명인』, 대구: 계명대학교출판부, 2004.

제6장
계명의 대외 봉사

우리나라가 외국의 원조를 받는 국가에서 다른 나라를 돕는 국가로 성장했듯이, 계명대학교도 국내외 선교사나 독지가들로부터 받은 사랑에 감사하는 마음으로 이웃을 돕는 대학의 대열에 들어섰다. '섬김'과 '봉사'를 받아왔던 우리가 '잘 섬기는 대학'으로서 이제 우리를 필요로 하는 이웃과 세계에 봉사하기 위해 나선 것이다.

우리는 자신의 노력과 상관없이 은혜로 받은 것이 너무나 많다. 아름다운 대자연과 공기는 대가를 지불하지 않고 그냥 받은 것이나 마찬가지이다. 특히 기독교인들은 값없이 주신 하나님의 은혜에 빚진 자들이다. 하늘에 빚진 자들인 우리 계명인들은 교수와 직원 및 학생을 가리지 않고 **"무슨 일을 하든지 사람에게 하듯이 하지 말고, 주님께 하듯이 진심으로 하십시오."**(『성경』「골로새서」 3:23)라는 말씀에 따라, 일찍부터 대외 봉사 활동에 동참해왔다. 설립 이후 끊임없이 이어진 대내외 봉사를 통한 이웃 사랑의 실천은 우리가 진 사랑의 빚에 대한 안갚음이자, 설립 때부터 기독교 정신 하에 소중히 간직해온 계명 정신의 실현에 다름 아니다.

제1절 | 의료 선교 및 각종 봉사 활동

계명대학교가 창립 이후 지속적으로 수행해온 각종 봉사 활동은 이루 헤아릴 수 없이 많고 다양하다. 여기서는 그중에서 특히 두드러지는 주요 활동을 중심으로 이야기해 보자.

1. 의료 선교 봉사

125년의 유구한 역사를 가진 계명대학교 동산의료원은 '제중원'이라는 조그만 서구식 진료소를 모태로 하여 출발한 의료, 교육 기관이다. 제중원은 당시 대기실, 수술실, 약품 저장실 등 근대적 의료 시설을 갖추고 일찍부터 전도와 진료 활동에 정성을 쏟았다. 동산의료원이 오랜 역사를 통해 의료 선교 봉사를 가장 빛나는 업적으로 자부하는 이유가 바로 여기에 있다. 초대 동산기독병원 원장인 푸른 눈의 장인차 선교사가 이 땅의 낯선 이방인들을 위해 의료 선교 활동을 편 고귀한 정신을 계승한 것이다.

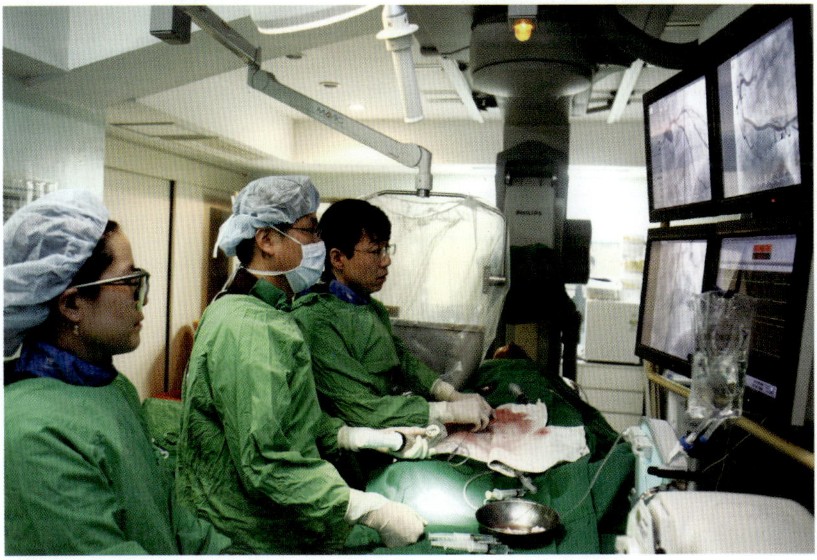

▲ 동산의료원 수술 장면

동산기독병원은 일찍이 1921년 2월에 전 직원 급여 1%로 **'병원전도회(Hospital Preaching Society)'**를 조직해 외래 치료를 기다리던 환자와 입원 환자들에게 복음을 전하기 위해 노력했다. 뿐만 아니라 농촌 지역을 순회하며 병들고 힘든 농민들에게 무료 진료를 하면서 복음을 전했다.

1950년 한국 전쟁이 발발하자 농촌의 의료 상황은 더욱 심각해졌다. 이에 '출촌전도대(出村傳道隊)'라는 것을 별도로 만들어 토요일 오후 시간에 경북 일대의 무의촌과 고아원 등지를 순회했다. 1960년대는 1박 2일 특별 진료 전도를 실시하기도 했다. 1980년 동산기독병원이 계명대학교와 통합된 이후에는 '계명대학교 동산의료원 전도회 무의촌 진료전도봉사대'(1991년에 **'계명대학교 동산의료원 무료진료 선교봉사대'**로 명칭 재변경)로 명칭을 바꾸어 쉬지 않고 무의촌 무료 진료와 선교 활동에 힘썼다. 의료 환경이 열악했던 당시에 지역민의 건강 증진과 지역 사회 발전에 온 정성을 쏟았던 것이다.

국내에서 진료 전도 활동을 실시해오던 동산의료원은 1989년 우리나라에 전 국민을 대상으로 하는 의료 보험이 실시됨에 따라, 무의촌이 점차 줄어들자 국외 의료 선교로 눈을 돌리게 된다. 물론 그 이전 1966년에 이미 태국 치앙마이 메킨라 구라 병원에 고(故) 이승만 대통령의 주치의였던 송예근 박사를 의료 선교사로 파송한 바 있었다. 그리고 1983년에 동산의료원은 대한예수장로회 총회에 속한 산하의 8개 기독병원이 연합해 '한국 기독교 해외 의료 선교회(KOMMS)'를 조직하고 미국 장로교단 선교부(PC-USA)와 연합해서 방글라데시 꼬람똘라 지역에 'CHDP-K 병원'을 설립할 때 일원으로 참여했다.

카자흐스탄에서 펼치고 있는 선진 의료 봉사

그 후 기독교 정신에 바탕을 둔 인술을 펴기 위해 1995년 카자흐스탄 알마티시에 첫 국외 의료 봉사 활동을 나갔다. 이를 계기로 1996년에 '동산의료원전도회'를 **'사단법인 동산의료원선교복지회'**로 개편하고 본격적인 국외 의료 선교 봉사에 나섰다. 즉, 당시 동산의료원 개원 100주년을 앞에 두고 100년 전에 받았던 사랑의 빚을 갚기 위해 1995년 7월 24일 카자흐스탄 알마티시 어린이궁전에 **'알마티동산진료소'**를 개소해 현재까지 다양한 의료 봉사를 하고 있는 것이다. 이 진료소는 1999년 1월 '알마티동산병원'으로 승격되었으며, 10여 년에 걸친 현지 진료 경험을 토대로 2009년에는 대구시와 함께 알마티시에 **'대구시 의료서비스 알마티센터'**를 열어 현지 의료 관광객을 지역으로 유치하는 전진 기지 역할을 담당하며 대구시 의료 산업을 홍보하는 업무도 수행하고 있다. 2011년에는 동산의료원 소속 내과 전문의를 알마티동산병원의 부원장으로 파견해 교류의 수준을 한층 강화했고, 2012년 10월 6일에는 또 대구시와 함께 **알마티동산병원에 '원격의료센터'를 개소**해 시간적, 공간적 제약 없이 진료를 받을 수 있는 원격 의료 시스템을 구축했다.

이로써 동산의료원에서 정밀 검사와 진료 및 수술 등을 받고 돌아간 카자흐스탄 환자는 자국에 있는 알마티동산병원에서 통원 치료는 물론 원격 진료까지 받을 수 있게 되었다. 경과 관찰을 위해 재입국하는 불편을 줄이고 양질의 건강 관리 혜택을 지속적으로 누릴 수 있게 된 것이다. 예컨대 고려인 4세 임 세르게이(당시 37세, 남) 씨는 2012년 6월에 어머니와 함께 동산의료원을 방문해 정신건강의학과에서 2시간에 걸친 상담과 뇌파 등 필요한 검사를 받았다. 동산의료원은 환자 도착부터 숙박과 진료 등의 모든 과정에 통역과 안내를 지원하고 원스톱 진료를 시행함으로써, 카자흐스탄을 비롯해 러시아와 중앙아시아에 우리나라의 높은 의료 수준을 알리는 데 크게 기여했다. 이에 환자의 어머니 임 알라 씨는 감격해 하며 감사의 인사를 이렇게 전했다.

> 알마티동산병원의 소개로 계명대 동산의료원에 오게 되었는데 기대 이상의 친절, 상세한 설명, 신속한 진료에 매우 만족한다. 의료진들의 세심한 관심과 진료에 감사드리며, 오래전부터 와보고 싶었던 조부모님의 고향이라 더더욱 기쁘다.

진료 의사는 환자의 귀국 후에도 이메일로 상황을 주고받으며 지속적인 치료에 관심을 기울였는데, '원격의료센터' 개소일에 알마티동산병원을 다시 찾은 임 세르게이 씨는 그 동안의 상태를 점검하고 약을 처방받으면서 자신의 고마운 마음을 이렇게 밝혔다.

> 한국 계명대 동산의료원에서 경험한 기대 이상의 진료 시스템이 지금도 기억에 남는다. 원격 진료를 통해 현지에서도 지속적으로 건강을 체크할 수 있어 안심이 되고, 선진화된 한국 의술에 놀라울 따름이다.

동산의료원은 알마티동산병원에 '원격의료센터'를 개소하면서 대구시와 함께 '대구 의료 관광 홍보관'도 구축해 '메디시티 대구'를 적극 홍보하는 데 앞장섬으로써, 의료 관광 사업의 가속화를 통해 글로벌 병원의 롤 모델로 자리매김해나가고 있다. 이런 우수한 의료 봉사 활동이 인정되어 동산의료원은 카자흐스탄의 수도인 아스타나시로부터 뜨거운 러브콜을 받기에 이르렀다.

동산의료원은 2012년 10월 8일 아스타나시 제2종합병원과 양해 각서(MOU)를 체결해, 현지 병원과의 본격적 교류를 통해 의료 수준의 국제적인 위상 제고와 의료관광 유치에 박차를 가할 수 있게 되었다. 그 후 그곳 병원에서 두 차례에 걸쳐 어린이 환자 마라또바 다나(당시 2세)에게 구개열(口蓋裂: 선천적으로 입술이 갈라진 병) 수술을 한 것을 비롯해 10여 명의 환자에게 눈 성형, 가슴 성형 등을 시술했다. 초청 수술에 참여한 동산의료원 성형외과 의료진은 카자흐스탄 의사들을 대상으로 '성형외과 의료기술'에 대한 특강도 펼쳐, 성형외과 불모지인 카자흐스탄에 성형외과를 신설하는 조력자 역할을 수행했다. 이에 막사트 잔뚜르가노프 원장은 해당 병원의 어려운 실정을 토로하면서 다음과 같은 간절한 바람을 피력했다.

> 카자흐스탄에는 성형외과가 없어 환자들이 어려움이 많다. 동산의료원의 의술과 의료진에 대한 신뢰와 기대가 크다. 동산의료원이 지속적으로 카자흐스탄 국민을 위한 의술을 제공해주길 원한다.

동산의료원이 지금까지 전 세계를 무대로 '나눔 의료 봉사'를 수없이 펼쳐왔지만, 이는 현지 병원의 실질적인 진료 요청을 받고 나간 첫 번째 사례라는 점에서 더욱 의의가 크다. 앞으로 아스타나시 제2종합병원에도 원격 의료 시스템을 구축해 현지 환자들에게 차별화된 의료 서비스를 제공함으로써, 카자흐스탄을 거점으로 러시아와 중앙아시아에 의료 한류 열풍을 불러일으키고자 기대하고 있다.

중국 선천성 심장병 어린이 무료 시술

또 하나 특기할 만한 것은 2002년에 한·중 수교 10주년을 기념해 **중국 선천성 심장병 어린이 환자 10명을 무료로 수술**해준 일이다. 이는 중국 유학생 유치 및 한·중 학술 교류에 앞장서 온 계명대학교가 중국의 '희망 공정 사업'에 참여한 것이다. 이 사업은 2008년 북경올림픽의 성공적인 개최를 기원하고 어린 꿈나무들의 올림픽 참여를 유도한다는 차원에서 마련된 것이다. 이와 관련해 신일희 총장은 "계명대학교는 그 동안 중국 정부가 추진하는 희망 공정 사업에 도움을 줄 수 있는 부분에 대해 고민

▲ 선천성 심장병 어린이 10명이 동산병원에서 수술(무료)받기 위해 공항에 도착

▲ 선천성 심장병 수술을 받기 위해 동산병원을 찾아온 중국 어린이와 부모

해 왔다."고 전제하면서 "계명대학교가 자랑하는 심장 질환 치료를 통해 우리의 우정을 전하기로 했다."고 설명했다. 이에 대해 이 희망 공정 사업을 주관한 '중국 후대 발전위원회(中國關心下一代工作委員會)'의 선원보(沈文博) 비서장은 협약 조인식에서 이렇게 화답했다.

한·중 수교 10주년째인 올해 이렇게 뜻깊은 프로젝트를 진행하게 되어 매우 영광으로 생각한다. 향후 계명대학교와 다양한 방면에서 지속적인 교류를 맺어나가기를 희망한다.

중국의 어린이날(兒童節)인 6월 1일 첫 시술 대상자로 선정되어 동산의료원을 방문한 류이에(당시 6세)와 짱샤오(당시 7세) 두 어린이는 정밀 진단 후 심장 질환과 관련된 네 가지 수술을 받고 건강한 몸으로 다시 태어났다. 두 어린이는 입원 치료를 마친 후에는 일주일 동안 게스트하우스에 머물면서 통원 치료를 받았으며, 경주 등지를 둘러보고 귀국했다. 류이에의 아버지 류체인칭(당시 43세) 씨는 기쁨을 감추지 못하며 이렇게 감격해 했다.

아이가 감기에 걸려도 낫지 않고 쉽게 숨이 가빠져 다른 아이들과 뛰어놀지도 못해서 늘 마음이 아팠다. 이런 좋은 기회를 얻어 뭐라고 감사해야 할지 모르겠다.

중국 심장병 어린이 수술 치료에는 1인당 4천만원 정도의 비용이 소요되는데, 계명대학교와 동산의료원은 수술비와 체재비, 항공료 등 일체를 모두 부담했다. 계명대학교의 국제적인 의료 봉사 활동에 동참하기 위해 국내 유수 항공사는 수술 방문단에게 항공료를 60% 할인하는 혜택을 제공했다. 우리는 심장병 수술을 받은 중국 어린이가 자라 계명대학교로 유학 와서 한·중 관계를 아름답게 가꾸어가는 친선 대사로 활약할 수 있기를 기대해 본다.

세상의 아름다움을 다시 볼 수 있도록 빛을 열어주다

2016년 11월에 필리핀 발렌시아시 거주 게나라 라스티모소(당시 68세, 여), 마크리나 실룻(당시 62세, 여), 호세 멘닥(당시 75세, 남) 씨 등 3명의 백내장 환자에게 무료 시술을 하여 세상의 밝을 빛을 다시 볼 수 있게 해주었다. 이들이 백내장을 앓은 지는 3~4년 정도이지만 제때 치료를 받지 못해 시력을 거의 잃은 상태였다. 백내장 수술은 우리나라에서는 비교적 간단한 것이지만 현지에서는 열악한 의료 시설 때문뿐만 아니라 수술 비용이 현지 직장인 연봉과 맞먹는 8만 페소(한화 약 190만원) 수준이라 엄두도 못 낸다고 한다.

이들은 수술이 성공적으로 끝나 광명을 되찾은 뒤 아담스채플에서 열린 추수 감사절 예배에 참석하고 대구와 경주 지역의 유명 관광지도 둘러보고 귀국했다. 귀국길에 오르면서 게나라 라스티모소 씨는 "오랫동안 손자 얼굴을 보지 못했는데, 빨리 집으로 돌아가 귀여운 손자의 재롱을 보고 싶다. 세상의 빛을 찾아준 계명대학교와 동산병원에 너무 감사하다."고 소감을 밝혔다. 이에 대해 신일희 총장은 "이번에 필리핀 현지인 3명에게 빛을 되찾아 준 것은 '세계를 향해 빛을 여는 대학'이라는 계명정신을 실천한 것이다."며 "부디 되찾은 시력으로 새롭게 희망찬 삶을 만들어 나가길 바란다."고 화답했다.

필리핀 발렌시아시는 2016년 하계 방학 기간 중 계명대학교, 계명문화대학교, 동산의료원 3개 기관이 연합 봉사를 펼친 곳이기도 하다. 계명대학교가 필리핀 발렌시아시를 2년 연속으로 찾아 봉사 활동을 하게 된 것은 그곳에 간디국제학교를 개교하여 운영 중인 양희규('78학번, 계명대학교 철학과 졸업생) 교장이 가교 역할을 한 덕분이다.

이번 수술 비용과 항공료, 체류비 등의 모든 비용은 계명 1% 사랑 나누기에서 전액 지원했다. 이에 앞서 지난 2014년 계명 1% 사랑 나누기 설립 10주년을 맞아 타지키스탄 시각 장애 청소년 9명에게 무료 개안 수술을 해준 바 있다.

▲ 백내장 무료 시술 받은 필리핀 발렌시아인들과 신일희 총장(왼쪽 두 번째)

네팔·연변·북한·필리핀까지 뻗친 인술과 그리스도의 사랑

2002년 3월에는 네팔에 피부병 환자가 많은 것을 고려해 수도 카트만두시에 피부 전문 클리닉인 **'동산특수진료소'**를 세웠다. 이곳에서는 피부과 진료 의사, 간호사, 약사, 공중 보건 요원, 사무장(관리)을 두고 나병, 피부 전염병, 풍토병 등 다양한 피부 질환자를 치료하고 있다. 또한 의료 봉사단을 구성해 수시로 현지를 찾아가 의료 봉사 활동을 이어가고 있다.

2004년에는 중국과 북한에 주님의 사랑을 전하기 위한 **'동산 Joyful Hand'(구 연변사랑공동체)가 출범**했다. 2002년에 조직된 의과대학과 간호대학 연합 비전 트립(Vision Trip)이 주축이 된 '연변사랑공동체'는 조선족 자치주인 연변(延邊)지역을 중심으로 중국에 그리스도의 사랑을 실천하고, 기아에 빠진 북한 어린이에게 식량 등을 지원하는 활동을 하고 있다. '동산 Joyful Hand'는 현재 연변 지역에서 수술과 진료 봉사 및 음악 봉사를 실시하며, 대학생 교류를 통해 선교를 향한 미래 비전을 공유하고 있다. 또 봉사 영역을 넓혀 2007년부터 매년 자선 음악회를 개최해 5회째 수익금 전액을 연변 동포와 필리핀 어린이 돕기에 사용하고 있다. 이 단체는 활동 영역을 더욱 확대해 필리핀 마닐라 외곽 지역에서 쓰레기를 주우며 살아가는 300여명의 어린이들을 위해 2012년 12월 필리핀 현지에 교회도 헌당했다.

이외에도 몽골, 베트남, 키르키즈스탄, 에티오피아 등 개발 도상국을 대상으로 간호사 및 의료원 관계자와 단기 의료 봉사단을 파견해 국경 없는 사랑의 인술을 펼치고 있다. 정기적인 국외 봉사 외에 긴급 재난 지역 구호에도 앞장섰다. 지진 참사가 일어났던 파키스탄, 필리핀, 중국뿐 아니라 2010년 전 세계를 안타깝게 했던 아이티 대지진 현장에도 동산의료원 의료봉사단은 기꺼이 달려갔다.

국외 한인들을 위한 의료 서비스 활성화

동산의료원은 중앙아시아를 필두로 국외로 찾아가는 의료 협력을 활성화함으로써 글로벌 병원의 위상을 높이는 작업도 의욕적으로 추진하고 있다. 2012년 10월 미국 '메릴랜드한인회', '미동남부한인상공인연합회'와 의료 관광 사업에 관한 상호 협력을 약속하는 양해 각서를 체결했다. 이를 통해 앞으로 국외에 거주하는 한인들을 위해 핫라인 개설, 원스톱 진료 서비스, 관광과 연계한 상품 개발 등 차별화된 맞춤형 의료 관광 프로그램으로 실질적인 의료 서비스를 제공할 방침이다. 미국은 현재 지구상에서 의료 수준이 가장 높은 나라이지만, 의료 보험 체계의 문제점에 따른 고가의 의료 수가, 건강 검진의 불편함, 진료와 시술 속도의 더딤 등으로 말미암아 고비용을 부담해야 하는 사립 보험에 가입하지 못한 환자들은 필요한 진료를 제때에 받기가 어려운 게 사실이다. 동산의료원은 대한민국을 넘어 세계로 향하는 글로벌 의료원이라는 꿈을 품고, 국외 거주 한인들에게 신속하면서도 편리한 건강 검진과 양질의 의료 서비스를 제공하기 위해 노력하고 있다.

장인차 의료 선교사가 미국약방과 제중원을 통해 대구·경북 지역에 뿌린 사랑의 씨앗이 지속적으로 열매를 맺은 지 벌써 한 세기가 훌쩍 지났다. 동산의료원은 고귀한 설립 정신을 기억하고 이어받아, 불우한 이웃을 위해 정성을 다해 행해온 무료 진료와 의료 선교의 봉사를 국외 각지에 있는 환자와 한인 동포들에게까지 날로 확대해 나갈 것이다.

2. 각종 봉사 활동

초창기부터 시작된 학생들의 봉사 활동

계명대학교 학생들이 벌인 최초의 대외 봉사 활동은 1956년 7월까지 거슬러 올라간다. 당시 학생들은 기독교를 전도하고 농어민을 계몽하는 데 목적을 두고 여름과 겨울 방학 기간을 이용해 봉사 활동에 나섰다. 그 후 학생회가 중심이 되어 방학 기간 동안 농활(농촌 봉사 활동)등의 집중적인 봉사 활동을 했을 뿐 아니라, 학기 중에는 불우청소년들의 교육에도 일익을 담당했다. 학생들의 동아리 활동도 설립 초기인 1957년에서 1959년까지는 전도와 성경 공부 및 봉사를 목표로 하는 것만 있었다. 설립된 지 불과 2~3년밖에 되지 않은 시점에서 벌써 대외 봉사 활동을 시작했다는 것은 계명대학교가 초창기부터 설립 정신의 구현을 위해 기독교적 사랑의 나눔을 실천해 왔음을 여실히 보여준다.

1970년대에 들어와 정부가 새마을 운동을 통해 국가 재건에 한창일 때, 우리 학생들은 교내 정화 운동뿐 아니라 각종 교외 활동에도 적극 참여했다. 1972년에는 대구 시민들이 광범하게 참가한 범어천(泛魚川) 정비 공사에 각 학과 학생들이 교대로 나가 일손을 보탰고, 1973년에는 현재 성서캠퍼스가 자리 잡고 있는 달성군 성서면 일대에서 모내기를 도운 일도 있었다. 1970년대에 학생들이 벌인 대외 봉사 활동은 농활이 중심이었다. 이 농촌 봉사 활동은 주로 여름 방학 동안 경북 일원에서 이루어졌는데, 근로 봉사, 의료 봉사, 교육 봉사로 나뉘어 전개되었다.

국내 정치적 격동기인 1980년대 초·중반기에 농활은 다소 열기가 식기는 했지만, 후반기에 들어와 재개되어 1990년대까지 명맥을 이어갔다. 이 시기의 봉사 활동은 소위 '대학 농활'로 불리며 농촌 현장에서 학생과 농민들의 만남과 대화를 통해 이루어졌다. 이 시기 우리나라는 산업 구조 변화로 인해 이농 현상이 급속하게 진행됨에 따라 농촌 지역의 일손 품귀 현상이 매우 심각했다. 이때 학생들은 농촌의 부족한 일손 돕기, 지역민 교육 등을 주로 담당해 현지 농민들의 큰 환영을 받았지만, 일부 지역에서는 소위 '의식화 교육'의 문제로 농민들과 마찰을 빚기도 했다.

1990년대 중반 이후에는 여름 방학 기간의 정례화된 농활 이외에, 재해 지역에 대한 노력 봉사 내지 위문 봉사와 함께 국내외 각종 대형 행사의 자원봉사 활동까지 더해져 다양한 형태로 발전했다. 1988년 서울올림픽을 계기로 우리나라에 점화되기 시작한 자원봉사가 향후 봉사 활동의 주요한 한 축으로 자리매김하게 된 것이다. 이로써 학교 당국과 계명선교단 및 총학생회 등 공식적 조직을 통한 봉사 활동 외에 동아리 차원의 봉사 활동도 매우 다양하게 전개되었다. 게다가 2000년대에 들어와서는 학생들의 대외 봉사 활동에 학점을 부여하는 제도가 신설되어 참여하는 학생 수가 대폭 늘어났다. 이에 학생들은 자신이 선정하거나 학교에서 지정한 기관에서 일정 시간 이상의 봉사 활동을 수행한 뒤, 학점을 취득해 취업과 진학 등 향후 진로에 유용한 자료로 활용할 수 있게 되었다.

교직원들도 학생들의 봉사 활동에 호응해 1990년대 중반에 농촌의 벼 베기 작업, 과수원과 도로 및 소하천 복구 지원 사업, 수해로 유실된 도로 복구 작업 등에 참가한 적이 있다. 이밖에 국가와 지역 사회에 자연 재해 등으로 인해 어려움이 발생할 때마다 교직원들이 성금을 모금해 지원해왔고, 학교 차원에서도 특별 성금을 마련해 필요한 기관에 전달해왔다.

계명부인회의 봉사 활동

계명대학교는 초창기인 1950년대에 교직원의 힘만으로는 각종 대내외 행사를 다 감당하기가 버거워, 학장 부인을 중심으로 한 교직원 부인과 여성 교직원들이 학교 행사를 측면 지원했다. 이런 정신을 계승해 1960년에 '계명부인회'라는 단체로 발족한 뒤 많은 봉사 활동을 전개해왔다. 계명부인회는 개교 기념일, 오월의 여왕 제관식 행사 등을 지원했는데, 이런 봉사 활동을 통해 구성원들의 사회적, 정신적 지평을 넓히는 효과도 거둘 수 있었다. 1980년 대명캠퍼스 동산도서관 준공식 때 회원들이 3일 동안 정성들여 음식을 장만해 대외 손님접대를 위한 대규모 리셉션을 성공적으로 실시한 일은 지금도 미담으로 전해온다.

1978년 종합대학교로 승격되고 동산기독병원이 합병된 이후 회원 수가 급증한데다, 1980년대 후반 이후 우리나라의 경제 상황 향상으로 여성들의 의식 수준도 높아지고 가족 단위 여가 활동이 늘어남에 따라 부인회의 활동에도 큰 변화가 일어났다. 이에 친목을 위한 여가 활동은 피하고 장학금 지급 사업에 주력해, 계명부인장학회를 조직하고 1996년부터 2014년까지 총 33학기에 걸쳐 150명의 계명대학교와 계명문화대학교 학생에게 약 3천 2백만 원의 장학금을 지급한 바 있다. 이 장학회의 기금은 회원들의 회비 외에 근검절약과 물품 공동 구매, 바자회, 기부 등을 통해 조성되었기에 더욱 소중한 값어치가 있다고 하겠다.

이 밖에 계명부인회는 1999년 아담스채플 건립 시에 학교 발전 기금을 헌납하기도 했고, 2002년부터 합창단을 구성해 교수선교회 합창단과 함께 교직원 예배를 지원하기도 했다. 그리고 알뜰 바자회를 열어 그 수익금을 불우 이웃 돕기에 쓰기도 했다. 계명부인회는 이런 다양한 봉사 활동 덕분에 학교 구성원들로부터 이러한 평가를 받았다.

전국 어느 대학에서도 찾아볼 수 없는 계명부인회가 이렇게 특별한 모임으로 존속할 수 있었던 것은 지난 50년 동안 기도와 수고와 땀으로 봉사하신 여러분들의 노고가 컸기 때문이다. 계명부인회는 밖으로 드러나지 않으면서도 확실히 존재하는 어떤 힘으로 지금까지 유지되고 있다. 시대와 학교의 형편에 맞추어 학교를 위해 기도와 성의로 노력해 온 계명부인회는 앞으로도 계명 학원을 사랑하고, 계명 학원을 삶의 터전으로 소중히 여기는 계명의 일부분으로 자리할 것이다. (계명대학교 50년사 편찬위원회 2004, 464)

동산도서관의 사회봉사

계명대학교 동산도서관은 1999년부터 지역 사회에 도서관을 개방해서 지역 주민들의 독서와 문화생활에 크게 기여해왔다. 또한 민(民)·학(學)·관(官)·군(軍)과 산업계에 이르기까지 도서관 관련 업무 전 분야에 걸쳐 활발한 교류와 나눔 봉사를 실천해오고 있다. 그런 노력의 결과 2010년도 교육과학기술부 주관 대학 도서관 시범 평가에서 '지역 사회 연계 및 대외 협력 활성화' 분야에서 전국 2위의 성적을 거두기도 했다.

2011년부터 매년 도서관의 인적 자원을 활용해 지역 도서관을 지원하는 '동산도서관 자원 공유 멘토링' 사업을 펼쳐 왔다. 교수, 직원(전문 사서) 및 학생으로 봉사팀을 구성하여 대구·경북 지역 초·중·고등학교 도서관, 지역 소재 작은 도서관, 복지관 도서관 등을 직접 방문해 다양한 현장 지원활동을 펼쳤다. 멘토링 봉사팀은 독서 교육, 도서관 자료 정리와 배열, 자료 폐기 등 전문적인 도서관 업무뿐만 아니라 서가 이동, 자료실 공간 구성과 재배치, 실내 인테리어 등 도서관 환경 개선 업무까지 도서관 현장에서 필요로 하는 실질적인 도움을 제공했다. 2023년 12월 기준, 이 사업에 참여한 봉사팀은 84개이고 연인원은 929명이며 수혜 도서관은 165개소에 달한다. 한국도서관협회에서는 'UN2030 의제'인 '지속 가능 발전 목표(Sustainable Development Goals, SDGs)'를 지지하면서 2019년 10월에 발간한 『지속 가능 사회를 향한 도서관의 활동』이라는 책자에서 우리 대학교의 '동산도서관 자원 공유 멘토링' 사업을 "지역의 도서관 발전을 위한 재능 기부 봉사 활동"이라는 제목을 붙여 모범 사례로 널리 소개했다.

동산도서관은 2020년 코로나19가 전 세계를 휩씀에 따라 도서관 서비스가 전반적으로 위축됨에도 불구하고 국립장애인도서관의 '2020년 책나래 서비스 우수 운영 도서관'으로 선정되는가 하면, 한국교육학술정보원(KERIS)에서 추진하는 '2021년 고교-대학 연계 인문학 강화 독후감 공모전' 주관 기관으로 선정됨으로써 사회봉사의 활동 영역을 확장한 공적을 인정받았다.

책나래 서비스는 도서관 방문이 어려운 국가 유공 상이자, 장기 요양 대상자 및 장애인 등의 도서관 이용 활성화 및 지식 정보 접근 기회 확대를 위한 도서 대출 무료 택배 서비스로 93개 대학 도서관을 포함하여 전국 1,001개 기관이 참가하고 있는 프로그램이다. 이번에 전국 10개 기관이 우수 기관으로 선정되었는데, 대학 도서관으로는 계명대학교 동산도서관이 처음으로 수상하게 되었다.

동산도서관은 앞으로도 봉사 대상 도서관에 맞춤형 지원 서비스를 제공하고, 멘토 역할을 자임해 멘티를 초청, 다양한 독서 관련 행사에 참여할 수 있도록 추진할 계획이다. 또한 대구·경북의 학교 도서관, 작은 도서관, 복지관 도서관의 현장 지원 봉사 활동 범위를 계속 확대해 지역 사회 도서관 발전을 유도해나감으로써 대학의 사회적 책무를 다하는 데 지속적인 노력을 경주하고자 한다.

황사 방지 나무 심기로 본격화한 국외 봉사 활동

1990년대 중반 이후 계명대학교의 대외 교류가 활발해짐에 따라 봉사 활동도 국외로 향하기 시작했다. 우선 아시아 지역에서 경제적으로 어려운 국가들을 찾아 다양한 봉사 활동을 추진해왔다. 앞의 의료 선교 봉사에서 살펴본 대로 중국의 선천성 심장병 어린이를 초청해서 무료 수술을 해주었고, 베트남 학생들을 계명대학교 대학원에 진학시켜 무료 교육을 실시하기도 했다.

국외 봉사 활동의 본격적인 신호탄은 2002년 7월 한·중 수교 10주년 기념 **황사 방지 조림 활동**이다. 매년 우리나라에 심각한 피해를 주고 있는 황사 문제에 근본적으로 대처하기 위해 계명대학교가 발 벗고 나선 것이다. 황사(黃沙/黃砂, Yellow Sand/Sandy Dust)는 주로 봄철에 중국이나 몽골의 사막에 있는 모래와 먼지가 상승해 편서풍을 타고 멀리 날아가 서서히 가라앉는 현상을 말하는 것으로 토우(土雨) 또는 흙비라고도 한다. 아시아 대륙에서는 중국과 대한민국 및 일본 순으로 피해를 가장 많이 입고 있는데, 그 발생 기간이 길어지고 오염 물질이 포함되는 등 매년 심해지는 추세에 있다.

황사는 태양의 일사량을 감소시키고 폐 호흡기 환자와 그로 인한 조기 사망자를 늘릴 뿐만 아니라 항공, 운수, 정밀 산업 등에도 막대한 손실을 끼치고 있다. 이를 근원적으로 해결하기 위한 유효한 수단의 하나가 바로 나무 심기이다. 나무를 심으면 황사 발생의 빈도와 총량 및 사막화 면적을 줄일 수 있고, 대기 중의 이산화 탄소를 흡수해 지구 온난화 속도도 늦출 수 있다.

이에 **계명대학교 국외 봉사단은 재학생 38명과 인솔 교수 4명으로 구성해 현지로 건너가 중국 임업부 임업과학원 소속 석·박사과정 학생 20명과 공동으로 황사 방지 세미나**를 열고, 북경 인근 황사 방지 대책 구역에서 중국 학생들과 함께 팀을 구성해 **측백나무 1만 여 그루를 직접 심었다**. 10년 세월이 흐른 지금 대부분의 나무들이 튼튼하게 뿌리를 내려 든든한 방풍림으로 조성되었다고 보도되고 있다. 이렇게 계명대학교가 앞장서서 시작한 황사 방지를 위한 나무 심기 사업은 지금 전 세계적으로 확산되어 가고 있기도 하다.

이제 2012년 기준으로 계명대학교의 **국외 봉사 활동이 어느덧 10주년을 맞이**했다. 지난 10년간 49회에 걸쳐 연인원 1,785명의 학생들이 중국, 네팔, 베트남, 몽골, 필리핀, 캄보디아, 카자흐스탄, 우즈베키스탄, 라오스, 미얀마 등 아시아의 개발 도상국 10개국의 낙후 지역에서 다양한 봉사 활동을 펼쳤다. 봉사 활동은 교실, 도서관, 놀이터 신축 및 보수 등의 교육 환경 개선, 화장실 및 목욕탕 신축 및 보수, 공동 상수도 시설 개선 등 해당 국가 국민들의 미래 교육 수준 향상에 직접적으로 도움이 되는 사업이 주축을 이루고 있다.

이밖에 학용품, 생필품, 성금 등을 전달해 국가 차원의 우호 증진에도 기여했을 뿐만 아니라, 틈틈이 태권도, 사물놀이, 전통 무용 등의 교육 봉사를 통해 한국 전통문화 전파에도 앞장섰다. 이러한 공로가 인정되어 계명대학교 국외 봉사단의 다양한 활동이 국내 주요 매스컴의 주목을 받아 여러 차례 보도되기도 했다.

2009년 10월 캄보디아를 방문한 우리나라 대통령 영부인이 캄보디아 총리 부인과 함께 캄보디아 수도 프놈펜 소재 프레아노르돔 초등학교를 방문한 일이 있었다. 이 초등학교는 바로 2008년 계명대학교 국외 봉사단이 봉사 활동을 펼쳤던 곳이어서, 영부인의 방문으로 우리의 활동이 널리 알려져 화제가 되었다. 이는 계명대학교가 펼친 봉사 활동이 현지에서 큰 호응을 얻고 있음을 보여주는 매우 뜻 깊은 일이라 할 수 있다.

3. 국외 코리아센터 운영과 한국어 및 한국 문화 홍보

계명대학교는 근년에 들어와 한국어와 한국 문화 보급에도 앞장서고 있다. 이는 정부가 추진하는 국외 한국어 보급 사업에 적극 참여함으로써 계명대학교의 위상을 높이고, 국외에서 우수한 인재를 직접 발굴함으로써 향후 입학 자원 감소에 대비해 유학생 유치의 발판을 마련하는 데도 크게 기여할 것으로 본다. 더군다나 재능 기부 봉사의 차원에서도 의미가 있는 바, 우리의 봉사 활동 영역을 확대하고 심화할 수 있을 것으로 기대된다.

국외 현지 코리아센터 운영

계명대학교는 2008년부터 국외에 계명코리아센터를 설치 운영하고 있다. 우리나라의 언어와 문화, 사회, 예술 등 한국과 관련된 전반적인 내용을 소개함으로써 우리나라를 제대로 알리는 데 주력하고 있는 것이다. 2022년 12월 기준 계명대학교가 국외 대학과 협정을 맺고 코리아센터를 설치, 운영하고 있는 곳은 5개국 6개소이다. 이를 정리하면 다음 도표와 같다.

센터명	소재국	협력기관	개설연월
계명-타지키스탄 코리아센터 (두샨베 세종학당)	타지키스탄	타지키스탄 국립외국어대학교	2008. 6.
계명-오번 코리아센터 (오번 세종학당)	미국	오번대학교	2012. 9.
계명-마라나타 코리아센터	인도네시아	마라나타기독대학교	2014. 5.
계명-호남 코리아센터	중국	호남문리대학교	2014. 12.
계명-베트남 코리아센터 하노이캠퍼스	베트남	ICC Hanoi, JSC	2019. 7.
계명-베트남 코리아센터 하이즈엉캠퍼스	베트남	New World Education	2019. 7.

이들 각 센터에서는 한국어능력시험(TOPIK)을 위한 한국어 과목 또는 한국 문화 수업을 개설해 수십 명의 학생들에게 필요한 교육을 실시해오고 있다. 지역에 따라 약간의 차이는 있지만 대체로 주임 강사를 파견하고, 수업에 필요한 관련 자료와 용품 및 기자재 제공, 우수 학생 장학금 지급, 현지 코디네이터 수당과 업무 보조원 인건비 및 센터 운영비 지급 등을 지원하고 있다.

특기할 사항은 우즈베키스탄 학술원 산하 동방학연구소에 '한국학센터'를 설립한 일이다. 동방학연구소에는 유네스코 세계 문화유산으로 지정된 고대 아랍어로 표기된 다양한 책들을 소장하고 있는데, 그중에는 한국의 고대사 관련 자료들도 다수 포함되어 국내 대학 및 연구소와의 협력이 필요한 상황이다. 이에 계명대학교에서는 센터 설립과 함께 장학금과 연구 지원금 및 540권에 달하는 한국학 관련 전문 서적을 기증하기도 했다.

이밖에 2012년에는 에티오피아 아다마과학기술대학교(Adama Science & Technology University)와 **학술 교류 협정을 맺고 계명라운지를 설치**해 코리아센터에 버금가는 지원을 하고 있다. 앞으로 경상북도의 새마을 운동과 연계해 아프리카에서 국외 봉사 활동을 실시할 계획을 추진하고 있으며, 아프리카에 진출해 사회 공헌 사업을 하고 있는 대기업과 공동으로 다양한 봉사 활동도 모색 중에 있다. 아프리카와 활발한 교류 사업을 진행하는 것은 6·25 한국 전쟁 때 우리가 에티오피아로부터 받은 도움을 되새기며, 그 대륙 소재 여러 나라에 필요한 도움을 줌으로써 신뢰를 쌓고 상생하자는 의미가 들어 있다. 이를 바탕으로 장차 우리의 기술력과 아프리카의 풍부한 자원이 결합될 수 있다면 상호 교류의 새로운 이정표가 서게 될 것이다.

한국어·한국 문화 프로그램 운영

또한 계명대학교에서는 한국어와 한국 문화를 전파하기 위한 각종 프로그램을 운영하고 있다. 베트남 타이응우옌대학교(Thai Nguyen University)에 **'계명타이응우옌한국어·문화프로그램'**을 개설해 베트남인을 한국어 교사로 임명하고 센터 경영을 위한 제반 비용을 부담하는 등 다른 지역의 코리아센터에 버금가는 지원을 하고 있다. 일본 모모야마학원대학교에도 강사를 파견해 여름방학 기간 동안 초·중·고급 과정의 집중 한국어 강좌를 개설하고 있다.

2008년부터 매년 한글날에 외국인 유학생을 대상으로 **'한글 퀴즈 대회'**를 열어 큰 호응을 얻고 있으며, 2009년에는 몽골과 타지키스탄에서 **'한글 백일장'**을 열어 한글의 우수성을 알리고 한국어를 배우는 현지인들의 의욕과 사기를 진작시킨 바 있다. 2011년에는 제565돌 한글날을 맞아 베트남 타이응우옌대학교에서 현지 학생들을 대상으로 **'한글날 기념 잔치'**를 열어 뜨거운 관심을 불러 일으켰다. '한국어가 베트남에 왔어요'라는 주제로 열린 이 기념 행사에 초급 과정인 1급반부터 중급 과정인 3급반 학생까지 모두 57명의 수강생들이 참가해 그간 닦아온 한국어 실력을 맘껏 뽐냈다.

이날 행사에는 한복, 한식, 한옥에 대한 설명회와 '콩쥐팥쥐' 연극 공연, '이것이 K-Pop이다'를 주제로 한 '한국 가수 따라잡기'와 '한국 동요 부르기' 등의 다양한 공연

▲ 한국어 및 한국 문화 연수 캠프(서화 수업)

▲ 한국어 및 한국 문화 연수 캠프(전통 예절 수업)

까지 곁들어져 재미있는 축제 한마당이 되었다. 이를 주관한 계명대학교 관계자는 행사의 의미와 관련해 이러한 바람을 피력했다.

한국 문화의 중심은 한글이다. 이런 한글이 좀 더 쉽고 재밌게 외국인들에게 다가갈 수 있도록 노력함과 동시에 전 세계에 불고 있는 한류가 바로 정착될 수 있도록 노력할 것이다.

한국 문화 체험기회와 태권도 전지 훈련 장소 제공

계명대학교 국제교육센터는 2010년 여름 방학 기간 동안 3주간의 **'한국어 및 한국 문화 연수 캠프'**를 열어 일본, 프랑스, 영국 등지에서 자발적으로 찾아온 69명의 대학생들에게 알찬 교육과 현장 체험을 실시했다. 참가 학생들은 수준별 한국어 수업을 중심으로 사물놀이, 태권도, 전통 공예, 한국 요리 등의 한국 문화 수업을 받고, 고령, 경주, 서울 등 한국 문화 유적지 탐방을 했다. 이 프로그램에 참가한 르불 엘자(당시 22세, 여, 프랑스 파리7대학 한국학전공)는 참가 소감과 더불어 프랑스에서 고조되고 있는 한국학에 대한 관심을 이렇게 밝혔다.

한국학 전공자로서 한국 문화를 직접 체험해보고 싶어 관련 프로그램을 찾던 중 한국인 지인의 소개로 이 과정에 참가하게 되었다. 한국어와 한국 문화를 단기간에 집중적으로 배우고 직접 체험할 수 있어서 대만족이다. 파리7대학에 얼마 전까지도 한국학 전공 정원이 극소수였으나, 지금은 80명으로 늘어 한국에 대한 관심이 점점 높아지고 있음을 실감하고 있다.

2011년에는 베트남, 벨기에, 중앙아프리카공화국, 세네갈, 아제르바이잔, 프랑스 태권도 국가 대표 선수단이 계명대학교 태권도센터에서 전지 훈련을 실시했다. 이들은 경주에서 개최된 2011세계태권도선수권대회에 앞서 계명대학교가 갖고 있는 전용 시설과 우수한 교수진 및 다양한 훈련 프로그램에 끌려 태권도센터를 찾게 된 것이다. 벨기에 태권도 국가 대표팀 감독 필립(당시 48세) 씨는 계명대학교와의 인연을 강조하며 이렇게 말했다.

계명대학교와는 인연이 깊다. 약 9년전 프랑스 대표팀을 맡고 있을 당시 프랑스태권도협회와 계명대 체육대학이 MOU를 체결해 대표팀 전지 훈련을 매년 계명대에서 실시했다. 현재는 벨기에 대표팀 감독의 자격으로 다시 오게 되었으며 우수한 교수진과 학생 선수진, 태권도 전문 시설이 겸비된 계명대 태권도센터는 선수들이 전지 훈련하기에 최적의 여건을 갖춘 곳이다.

세계를 향한 봉사 활동이 현지에 가서 교육이나 생활 환경 개선을 위한 구조물을 건설하는 단계를 넘어, 이제 세계인들을 계명대학교로 불러들이고 있다. 이는 우리의 봉사 활동이 한국어와 한국 문화를 교육함은 물론 체험과 훈련의 장소를 제공하는 차원으로 승화 발전되었음을 말해준다는 점에서 매우 큰 의의가 있다.

제2절 | 교수와 직원들의 아름다운 봉사 이야기

계명대학교의 많은 교수와 직원들은 **'교수선교회'**와 **'복음선교회'**라는 조직의 이름으로, 때로는 개인적인 차원에서 봉사를 실천해오고 있다. 이는 계명대학교가 가진 값진 무형 자산의 하나이다. 다만 봉사를 한답시고 본연의 직무를 소홀히 한다면 그것은 본말이 전도된 것으로 진정성이나 의미가 반감될 것이다. 계명대학교에 재직하고 있는 교수와 직원들은 각자의 자리에서 맡은 업무를 소명(召命, calling)으로 알고 충실하게 수행하는 한편, 알게 모르게 자발적으로 봉사를 행해오고 있다. 여기서는 교수와 직원들이 펼친 가슴 뭉클하게 아름다운 사랑의 봉사 이야기를 들어보자.

1. 교수들의 제자 사랑 이야기

대학을 구성하는 가장 중요한 두 주체는 교수와 학생이다. 단순한 지식의 전달에 머물지 않고 참된 인간 교육이 되기 위해서는 양자 간의 교감과 신뢰가 중요하다. 양자의 관계를 끌어가는 쪽은 교수이므로, 교수가 어떤 마음가짐을 가지고 학생을 대하느냐에 따라 학생의 태도도 달라지기 마련이다. 달리 말해서 교수의 제자 사랑이 참

교육을 실시하기 위한 가장 기본적 출발선이다. 본연의 직무에 충실하면서 제자들을 끔찍이 아끼고 사랑해서 우리에게 감동을 선사하는 교수들의 일화를 들어보자.

맨살을 꿰매는 고통을 참고

교수는 자신의 지식과 경험을 제자에게 전수하는 것을 가장 중요한 책무의 하나로 여기는 교육자이다. 다음은 신일희 총장이 2004학년도에 입학한 새내기들에게 들려준 어느 교수의 가슴 뭉클한 제자 사랑 이야기이다.

> 우리 학교 교수는 지금 6백 명이 넘습니다. 여러분들 생각은 그저 우리 모두의 교수니까 존경한다는 정도로 그칠 겁니다. 그런데 이런 교수님이 계셨어요. 자동차 사고를 당했어요. 얼굴을 크게 다쳤습니다. 콧대가 내려앉고 피투성이가 되어 응급실에서 알코올로 상처를 닦을 겨를도 없이 바로 수술실로 들어가는 상태였습니다. 수술을 위해 막 마취를 하려는 때, 그 교수가 의식을 찾았습니다. 상황을 파악하고 의사에게 묻습니다. 그게 마취제죠? 예, 그렇습니다. 그 마취약을 맞으면 두뇌에 어떤 나쁜 영향 안 옵니까? 너무나 뜻밖의 질문이죠. 지금 의사는 촌각을 다투고 있는데, 그 환자 교수는 엉뚱한 질문을 합니다. 물론 영향이 있죠, 마취제인데. 사람을 바로 잠재우니 두뇌 상태도 당분간 죽을 테고 완전 소생도 안 될 테고. 의사는 그럴 가능성이 충분히 있다고 얘기했습니다. 그러자 교수는 그렇다면 마취하지 않겠다고 합니다. 내가 교수인데, 머리 써서 연구하고 연구한 결과를 내 사랑하는 제자들한테 가르치는 교수인데, 여기에 나쁜 영향 오는 것을 난 원치 않습니다. 이렇게 엉뚱한 고집을 부리는 바람에 결국 마취를 하지 않고 수술했습니다. 기구를 코에 넣어 가라앉은 코뼈를 뿌드득 소리가 나도록 끌어올리고 수십 군데를 꿰매는 수술을 했습니다. (신일희 2005, 78~79)

손끝에 조그마한 가시가 하나 박혀 있어도 몹시 아픈 법인데, 학문에 대한 열정과 제자 사랑이 지극하지 않고서야 어찌 감히 마취도 하지 않고 안면 수술을 감행할 수 있겠는가! 요사이 우리나라 대학가에 '교수는 많고 학생은 많아도 스승은 없고 제자는 없다'는 우울한 이야기들이 적지 않게 들려온다. 그렇지만 우리 계명대학교에는 제자에게 전수할 학문이 담긴 두뇌가 혹여 잘못될까봐 뼈를 깎는 고통을 참아낸 스승이 있었다. 이런 참 스승이야말로 단순한 지식의 전달자가 아니라, 자신의 혼과 인생이 담긴 학문을 제자들에게 온전히 물려줄 수 있는 분이라고 할 것이다.

이놈들아, 나를 밟고 가라

1980년대에 한국의 대학 사회는 학생 운동이 절정에 달하던 어두운 시대였다. 학생들이 독재 정권에 항거하며 대명캠퍼스 본관을 점거하고 농성을 벌이다가 교문 밖으로 뛰쳐나가는 일이 많았다. 당시는 독재 정권의 서슬이 퍼런 때인지라 학생들이 학교 밖으로 나가 진압대에게 붙잡힐까봐 교수들이 교문을 막아서는 경우가 비일비재했다.

그때 몇몇 교수들은 "이놈들아, 나를 밟고 가라!"고 고함치며 몸을 던져 교문으로 향하는 학생들을 만류했다. 당시 경찰 진압대는 학생들이 시내로 시위행진을 하는 것을 막기 위해 교문 바로 앞에 바리케이드(barricade)를 치고 있었다. 학생들이 교문을 뚫고 밖으로 나오면 바로 연행해가기 위해서였다.

당시 학생 운동에 한창이던 학생들은 수업에 빠지기 일쑤였고, 교수들의 말도 잘 듣지 않았다. 여러모로 험악한 상황에서 학생들을 향해 그런 말을 한다는 것은 상당한 용기가 필요했다. 학생들의 희생을 줄이려는 제자 사랑이 아니고서는 감히 그런 용기를 내기가 쉽지 않았다. 폭력이 난무하는 시기였지만 일신의 안위를 먼저 생각하지 않고 학생들과 학교를 지킨 교수의 제자 사랑이 있었기에 오늘의 계명 공동체가 온전하게 존재할 수 있는 것이다.

제자들의 발을 씻기며

봉사 중에는 지위가 높은 사람이 스스로를 낮추어 자기보다 낮은 위치에 있는 사람을 위해 행하는 '섬김'이 특히 의미 있다. 이런 섬김의 전형적인 본보기는 예수 그리스도가 십자가에 못 박히기 전날 밤, 성만찬(聖晩餐) 곧 '최후의 만찬'을 집행하기 전에 제자들의 발을 씻겨준 일이다.

옛날 유대 지방은 건조한데다 사람들이 오늘날의 샌들과 같은 신발을 신고 다녔기 때문에 모래와 먼지 따위로 발이 쉽게 더러워졌다. 그래서 외출한 뒤 집으로 돌아오면 발을 씻어야 했는데, 손님이 방문하면 주인의 종이 그 사람의 발을 씻겨주는 것이 당시의 풍습이었다. 예수가 제자들의 발을 씻겨준 것은 왕의 신분에서 종과 같은 섬김의 자세로 자신을 낮추었음을 의미한다. 예수는 예루살렘에 입성해서 왕이 되었

▲ 계명대학교 동산병원 1층의 세족례 조각 작품

을 때 제자들이 서로 높은 자리에 앉겠다고 다툰 일을 똑똑히 기억하고 있었다. 때문에 이 땅에 머무를 시간이 얼마 남지 않은 절박한 시점에서 제자들의 발을 손수 씻겨 줌으로써 그들에게 높임을 받기 위해서는 먼저 낮아져야 한다는 진리를 몸소 가르친 것이다.

'세족례(洗足禮, Washing of the Feet)'나 '세족식' 또는 '발씻김 예식'으로 불리는 이 의식은 종교 개혁자 마틴 루터(Martin Luther, 1483~1546)가 위선이라고 배척한 연유로 한때 개신교에서 받아들이지 않은 적도 있었다. 그러나 근래에 본연의 의미를 되살려 세족식이 단지 종교적 차원뿐만 아니라, 사회의 다양한 관계 속에서 높은 지위에 있는 사람이 아랫사람에게 봉사하는 의식의 일환으로 많이 행하는 추세에 있다.

계명대학교에는 수년 전부터 1,000명 내외의 많은 중국 학생들이 유학 와서 공부하고 있다. 이들을 잘 인도해 기독 신앙을 가지게 한다면 많은 비용을 들여 국외에 선교사를 보내는 것보다 훨씬 더 효율적일 것이다. 계명대학교 교수들은 예수의 섬김 정신을 이어받아 중국인 유학생들의 발을 씻겨주는 행사를 여러 해 실시했다. 미국 LA세계로교회 또는 뉴저지초대교회가 주관하고 중국 및 대구 지역의 몇몇 교회가 돌아가며 후원하는 소위 **'견세'(견고한 크리스천 세우기)라는 '중국 유학생 수련회'**에서 계명대학교 교수 선교회 소속 교수들이 해당 행사의 클라이맥스라고 할 수 있는 세족식에 참여했던 것이다. 대상은 계명대학교에 유학 중인 중국 유학생이 대부분이지만,

대구·경북 지역 소재 다른 대학에 재학 중인 수십 명의 중국 유학생들이 참여하기도 했다.

2011년과 2012년에는 대구 근교에 있는 **'나눔의 집'**에서 **견세 행사**가 열렸다. 참가 학생들은 짧은 기간이지만 설교와 기도 및 자원봉사자의 헌신적인 봉사를 통해 기독 신앙의 세계를 경험하게 되고, 행사 마지막 날 밤에 그간 공부한 내용을 담아 찬양이나 연극 등의 장기 자랑을 한 뒤에 세족식에 참여하게 된다. 이때 수십 명의 계명대학교 교수들은 경건한 마음으로 기도하고 인도하는 목사의 자세한 설명을 들은 뒤에, 새 양말과 수건을 들고 어둠이 짙게 깔린 야외 등나무 아래에 몸을 숨기고 학생들을 기다린다. 학생들은 자기들의 발을 씻겨줄 교수들이 어디에 있는지 모른 채 건물 밖으로 나와 촛불이 켜진 선을 따라 세족이 이루어질 장소로 이동한다. 학생들이 남녀를 구분해 원형을 그리며 한 사람씩 따뜻한 물인 담긴 대야 뒤의 의자에 앉으면, 교수들이 대기하던 곳에서 나와 같은 성별의 학생들 앞에 선다. 교수는 담당 학생의 손을 잡고 성명을 물은 뒤 자신을 소개하고 나서, 무릎 꿇고 앉아 한 발씩 발 마사지를 겸해 구석구석 정성껏 씻기고 발을 무릎 위에 올려 수건으로 닦은 뒤 새 양말을 신겨준다. 그러고는 부둥켜안거나 손을 잡고 정성을 다해 기도하며 학생의 앞날을 축복하는 것으로 마무리한다.

이런 세족식은 희미한 촛불 아래서 스승의 손과 제자의 발이 따뜻한 물을 매개로 만나는 엄숙하고 아름다운 순간이다. 때로는 **세족식이 감동의 울음바다**로 변하기도 한다. 타국에서 힘들게 공부하고 있는 중국 유학생들은 여태껏 경험해보지 못한 상황에 놀라며 감격해서 울고, 그 학생의 발을 씻긴 교수는 가슴 뭉클한 깨우침에 감사하며 운다. 행사에 참석한 어느 교수는 "교수 생활 30년 만에 학생의 손을 붙들고 울어보긴 처음이다."고 간증하고, 참석한 교수들은 너 나 할 것 없이 자신이 더 큰 은혜를 받았다고 입을 모은다. 교수들은 이런 감동이 일회성 행사로 끝나지 않기를 바라며, 교단을 떠나는 그날까지 겸손하게 학생을 섬기는 자세로 참교육을 행하겠다고 다짐한다.

2. 직원들의 충직한 근무와 아름다운 동행

직원은 대학에서 교육과 연구가 잘 이루어지도록 행정지원 업무를 주로 담당하는 또 하나의 축이다. 앞 절에서 언급했듯이 학생 운동이 한창이던 1980년대에 학생들이 본관을 점거하고 독재 정권에 항거하며 농성을 벌였을 때, 직원들은 **한 달 동안 집에 가지 않고 학교와 학생들을 지킨 적**도 있었다. 그들이 고유의 업무 외에 교내외에서 자발적으로 행한 봉사 이야기를 들어보자.

나는 못 배웠지만

11년 전에 어떤 학생이 입학을 했는데, 지체 부자유자였습니다. 계명대학교가 기독교 학교이기 때문에 그런 신체 장애가 입학에는 전혀 문제가 되지 않습니다. 입학한 그 학생을 아침에 아버지가 자전거에 태워서 학교의 후문까지 옵니다. 그러면 어디서 나타났는지 한 직원이 나타나 학생을 업고 1교시 교실로 데려다 줍니다. 수업이 끝나면 또 다시 와서 다음 강의실로 업고 갑니다. 이렇게 해서 하루 일과가 끝나면 학생을 업고 후문에 데려다주면 아버지가 오셔서 자전거에 태워 다시 집으로 데려갑니다. 누가 직원에게 그렇게 하라고 한 적이 없고, 그렇게 한다고 해서 특별히 보상해주는 것도 없었습니다. 그러나 그 직원은 자기가 받지 못한 고등 교육, 대학 교육의 혜택을 자기 조카뻘 되고 동생뻘 되는 청년이 받을 수 있게 도와주고 싶었을 겁니다. 그저 자기가 할 수 있는 범위 내에서 최대한의 배려를 해주기 위해서 정성을 쏟은 것입니다. 하루 이틀이 아니고 4년 매일같이 눈이 오나 비가 오나 그 일을 했습니다. (신일희 2005, 78~79)

이 이야기 역시 신일희 총장이 2004학년도 새내기들에게 들려준 일화이다. 지금은 벌써 25년이 넘은 일로, 당시 임시직으로 계명대학교에 입사한 어떤 직원이 대명캠퍼스 수위실에서 근무할 때 있었던 이야기이다. 그 직원은 지체 부자유한 학생을 그냥 안타까운 마음으로 쳐다보기만 하지 않고 기꺼이 행동으로 옮겼다. 한두 번 그렇게 하고 만 것이 아니고, 남이 알아주기 위해 한 것은 더더욱 아니기에 더 고귀하고 아름답다. 체격이 남달리 우람했다니 그나마 다행이지만, 그 직원은 해당 학생이 졸업할 때까지 가슴 뛰는 소리를 등으로 들으며 아름다운 동행을 한 것이다. 때로는 힘들고 귀찮은 생각이 들었을지도 모르지만, "여보게 젊은이, 나는 못 배웠지만 자네는 열심히 공부해서 이 나라의 훌륭한 인재로 성장하게나. 몸이 불편한 것보다 못 배운 것이 더 서러워!" 하고 되뇌면서 말이다.

강산이 세 번 바뀌도록

다음으로 찢어질듯이 가난한 산골 가정에서 태어나 어렵게 자라고 고학으로 공부한 뒤 계명대학교에 일용 잡급직 임시 직원으로 입사해 정식 직원이 된 한 직원의 이야기를 들어보자. 당시 임시직으로 들어온 사람들은 대명캠퍼스 운동장 한 구석에 있었던 온실 근무부터 시작했다. 온실 근무자들은 나무 심기와 옮겨심기 및 전지, 약제 살포, 잔디 깎기 등 온갖 잡일을 담당했는데, 나무와 잔디에 물주는 것이 큰 문제였다. 그리하여 그 직원은 동료 세 사람과 함께 대명캠퍼스 청석 바위를 뚫고 배관 작업을 해서 필요할 때 나무에 쉽게 물을 줄 수 있도록 만들었다. 지금처럼 포클레인과 같은 굴삭기 한두 대 정도만 있었다면 며칠 내에 끝낼 수 있는 일이었지만, 이는 당시로서는 상상하기 어려운 일이라 망치와 정(鉦) 한 자루씩 들고 작업을 해야 했다. 그 고된 과정이 장장 5개월이었다. 그런 노력 봉사 덕분으로 초목이 청석 바위에 뿌리를 내리고 푸르게 자라나서 오늘날과 같은 아름다운 대명캠퍼스가 조성될 수 있었던 것이다.

그 직원은 고향에서 중학교를 겨우 마치고 대구로 올라온 터라 배우지 못한 데 대한 미련을 떨칠 수가 없었다. 그리하여 근무 시간 종일 몸을 쓰는 힘든 일을 하면서도 야간에는 직업 훈련원에 들어가 밤 10시 반까지 하루 4시간씩 공부해서 전자 기기, 전기, 용접, 선반 등 각종 자격증을 취득했다. 뿐만 아니라 당시 일요일에만 운영하던 방송 통신 고등학교를 다니며 고등학교 전 과정을 밟았다. 이렇게 배운 기술과 지식은 고유 업무 수행은 물론 온갖 궂은일로 학교를 위해 봉사하는 데 고스란히 쓰였다.

자수성가해 열심히 살던 그 직원은 30여 년 전 근무 중에 손을 심하게 다쳐 동산의료원에서 치료를 받던 적이 있었다. 그러던 중 우연히 폐결핵 환자 수용 시설에서 병마와 싸우며 살기 위해 몸부림하는 환자들의 사연을 접하고 본격적으로 소외된 이웃에 관심을 갖게 되었다. 그 일이 계기가 되어 그 직원은 봉사 클럽을 창립해서 주말을 이용해 조직적인 봉사 활동을 전개하기 시작했다. 장애가 심하거나 팔다리가 불편한 사람들과 간질환자 및 다운 증후군을 앓고 있는 사람들이 사는 시설에 가서 음식 준비, 청소, 빨래, 목욕이나 미용 봉사를 꾸준히 해오고 있는 것이다.

이렇게 사회봉사를 하다보니 우리 사회에 도움의 손길이 필요한 단체가 많다는 사실을 알게 되었다. 한번은 계명대학교에서 발생한 목재 폐기물 60트럭분을 필요한 단체에 땔감용으로 기증함으로써 일석이조의 효과를 거두기도 했다. 트럭 당 폐기 비용이 30여만 원에 달했으니 우리 대학교는 많은 경비를 절감했고, 해당 시설에서는 비용을 치루지 않고 구한 땔감으로 추운 겨울을 따뜻하게 보낼 수 있었던 것이다.

이 직원은 이와 같은 감동적인 봉사를 실천하면서도 오히려 "귀한 주말 시간을 내어 자원봉사로 나오는 중년의 아주머니들이 고맙지요."라며 자신을 낮춘다. 한평생 주말 시간을 반납하고 봉사 활동을 하는 데 대해 가족들이 어떻게 생각하느냐고 묻자, 통닭을 사들고 부모 없이 어렵게 살아가는 가난한 소년소녀 가장의 집을 방문하러 갈 때 퉁명스럽게 말한 두 아들의 반응을 들려준다. "아버지! 우리한테는 맛있는 통닭을 사주지 않으면서 왜 다른 집 아이들에게는 사주시는 겁니까?"라는 아들들의 푸념에, "너들에게는 어머니가 있어 맛있는 음식을 직접 해주지 않느냐." 하며 달랬다고 한다. 그 직원의 이런 봉사가 벌써 강산이 세 번 바뀌도록 이어지고 있다.

폐품 모아 이웃 사랑

계명대학교에는 캠퍼스 내 청소와 조경 관리 등을 담당하는 현장 직원 40여명으로 구성된 '계명대 관리 직원 봉사단'이 있다. 이들은 업무를 수행하는 틈틈이 폐지, 깡통, 빈병, 플라스틱, 고철 등의 **폐품을 모아 판 수익금으로 불우 이웃을 돕고** 있다. 2000년 11월부터 시작된 이들의 봉사 활동은 학교 인근 지역의 독거노인, 소년 소녀 가장, 장애인들에게 쌀이나 도서 상품권 및 생활 보조금을 전달하거나 집안이 어려운 처지에 있는 대학생들에게 장학금을 쾌척하는 등 우리 사회의 저소득 소외 계층을 대상으로 10년 넘게 이어져오고 있다. 이 봉사 단원들은 학교 홍보팀이나 지역 언론 기관의 관심에 이렇게 이야기한다.

> 주위를 둘러보니 생각보다 어려운 사람들이 너무 많습니다. 버려지는 재활용품들이 어려운 사람들에게 소중하게 사용될 수 있다는 사실에 보람을 느낍니다. 우리가 조금만 더 땀 흘리면 이웃이 행복해질 수 있다는 믿음을 가지고 지속적인 봉사 활동을 펼쳐나갈 계획입니다.

봉사 단원들은 자신들의 활동이 자원 재활용과 환경 미화 및 이웃 사랑의 실천이라는 일석삼조의 효과를 거두고 있으면서도 "도움을 받은 이웃들이 울먹이며 고맙다고 할 땐 가슴이 뭉클해지며 더 열심히 도와야겠다는 생각이 듭니다."라고 말한다. 이들은 날로 각박해져가는 이 세상에 한 줄기 온정의 빛을 선사하고 있다. 이 분들이 대학을 못나왔다고 해서 학생들보다 못 배운 사람들이라고 할 수 있겠는가? 등교할 때 건물 주변에서 폐품을 분리수거하고 있는 분들을 그냥 쳐다보고 지나가지 말자. 큰소리로 인사는 못하더라도 "아저씨 아주머니들 정말 고맙습니다."라는 마음의 인사는 전하자. 캠퍼스 구석구석을 쓸고 강의실과 복도 및 화장실을 청소해서 우리들에게 쾌적한 학습 공간을 제공하는 미화원들께도 고마움과 사랑하는 마음을 담아 환한 얼굴로 눈인사를 하자. 우리의 이런 작은 노력 하나하나가 계명대학교를 밝고 힘차게 가꾸고, 나아가 우리나라를 모든 구성원들이 함께 어울려 조화롭게 살아가는 희망찬 낙원으로 변하게 할 수 있을 것이다.

제3절 | 계명 카리타스(Keimyung Caritas)

카리타스(Caritas)는 '사랑', '애덕(愛德)', '자선' 등의 의미를 지니는 말이다. 이는 그리스어 아가페(Agapē)의 라틴어 역어로 영어로는 채리티(Charity)이다. 본래 카리타스는 예수 그리스도의 십자가에서 계시된 인간에 대한 신의 사랑 및 그에 응답해서 인간이 신과 이웃에 보이는 사랑을 뜻하는 말이다. 이러한 의미가 확대되어 가난하고, 고통 받고, 소외된 사람들을 돕는 구호 활동을 하는 기구나 자선 단체의 명칭으로 사용되기도 한다. 계명 카리타스는 계명대학교, 동산의료원, 계명문화대학교에 각각 설립되어 있는 **'사단 법인 계명 1% 사랑 나누기'** 연합체의 이름이다.

1. 사단 법인 계명 1% 사랑 나누기 발족

기독교 정신을 바탕으로 설립된 **계명대학교는 2004년 학부 교육 기관 계명의 탄생 50주년이라는 뜻깊은 해를 맞이해 계명 1% 사랑 나누기를 발족**했다. 이는 1921년 창립된 '병원 전도회'에서 발전한 '사단 법인 동산 의료 선교 복지회' 회원들이 급여의 1%를 회비로 모아 국외 의료 선교 봉사 활동에 주로 사용한 데에 뿌리를 두고 있다. 이로써 설립 초창기부터 대내외 봉사 활동을 지속적으로 수행해온 계명대학교는 '계명인의 지역 사회와 세계를 위한 봉사와 나눔'을 슬로건으로 내세우고, 이를 조직적으로 수행하기 위한 상시적 봉사 시스템을 구축하기에 이르렀다. **2004년 2월 20일에 작성된 설립 취지서**를 보자.

정체성 회복과 비전 구현

계명대학교는 설립 50주년을 맞이하여, 지난 반세기를 점검하고 미래 발전을 위한 비전을 수립해야 할 매우 중요한 시점에 처해 있습니다. 미국 선교사들의 숭고한 기독교적 희생 정신 아래, 그리고 진리와 정의와 사랑의 나라를 실현하려는 건학 이념에 기초하여 계명대학교는 지금까지 성장해 왔습니다. 이제 가시적이고 양적인 성장에서 한 걸음 더 나아가, 정신적이고 질적인 성장을 추구해야 할 역사적 과제를 안고 있습니다. 나눔과 사회 환원이 강조되는 계명의 희년(禧年, The 50th Anniversary, Jubilee)에 새로운 반세기를 위한 비전 구현의 첫 단계로 기독교 대학의 정체성을 새롭게 인식하며 계명대학교 설립 정신인 사랑을 나누기 위한 운동을 전개하고자 합니다.

교수, 직원 봉급의 1% 기부

나눔 운동을 구체적으로 실천하기 위해 우리의 도움을 필요로 하는 어려운 이웃과 세계화 흐름 속에 뒤쳐진 지역에서 봉사 활동을 펼칠 수 있는 기금을 조성하기로 하였습니다. 우리가 받은 것 가운데서, 상징적으로 적은 수를 의미하는 1%를 떼어 베푸는 것으로부터 시작하고자 합니다. 개인별로 다소 차이가 있겠으나, 기본급을 기준으로 봉급의 1%를 기부하여, 1%사랑나누기 기금을 조성하고자 합니다.

새로운 모금 문화 창출

기금은 구제, 의료, 교육, 환경 등 다양한 형태로 사랑의 손길이 절박하게 필요한 곳에 사용될 것입니다. 우리가 필요할 때마다, 매년 참여하였던 국내의 각종 재해 및 수해 의연금과 불우 이웃 돕기 성금 등 일회성 성금은 계명 1% 사랑 나누기 기금의 형태로 체계화되어, 새로운 모금 문화의 한 전형을 만들어 나갈 것입니다. 일시적이며 산발적인 모금 운동의 한계를 인식하고, 지속적이며 효율적으로 사랑을 베풀기 위해 1% 나눔 운동을 전개하고자 하는 것입니다.

실천하는 지식인

국내적으로는 지난 IMF 경제위기 후, 빈곤층이 2배로 급증하였으며 국외적으로는 21세기에 들어와 경제의 세계화, 시장 경제화가 촉진되면서 빈곤국의 처지가 더욱 악화되고 세계 경제의 분열화가 심화되고 있습니다. 이런 세계화 시대는 지역과 국가를 초월하여 지성인들의 대학이 사회와 세계를 위해 실제적으로 봉사하고 공헌할 것을 요구하고 있습니다. 또한 대학은 학생들에게 바른 지식뿐 아니라 그 지식을 실천할 수 있는 기회와 장(場)을 마련해줄 책임이 있습니다. 우리 계명대학교는 이 시대적인 요구에 대해 일시적인 모금 운동과 기부 문화의 한계를 깊이 인식하고 새로운 시대에 걸맞은 지속적인 기부 문화와 효율적인 봉사 활동의 전형을 창출하기 위해 즐거운 마음으로 1% 나눔 운동을 전개할 기회를 마련하고 진행하고 있습니다.

사랑 실천의 전통

계명대학교 동산의료원 교직원들은 이미 십 수 년 전부터 자신들의 봉급의 1%를 기금으로 조성하여 선교 및 봉사 활동을 하는 아름다운 전통을 이어오고 있습니다. 계명대학교도 2002년부터 수차례에 걸쳐 중국, 네팔, 베트남 등 국외에 환경 봉사 활동을 하였습니다. 그리고 가장 최근인 지난 겨울 방학 기간에는 교직원과 학생 33명으로 구성된 국외 환경 봉사단이 네팔의 고르니카 지역과 베트남의 나트랑 지역에서 초등학교 화장실 신축 작업, 샤워 시설 설치, 공동 상수도 시설 개선 등 봉사 활동의 경험과 실적을 더욱 쌓았습니다. 이처럼 많은 계명인들이 다양한 기회를 통하여 봉사와 나눔 운동에 참여하면서 우리 계명인 모두를 매우 자랑스럽게 만들었습니다. 그러나 그 결과는 항상 보다 더 풍성하고 지속적인 지원과 효율적인 봉사 활동의 필요성을 실감하게 하였습니다. 이제는 과거의 경험과 저력을 한데 모아 우리의 봉사 활동의 목적과 범위를 체계화하며 확대할 때가 되었습니다.

2005년에는 계명 1% 사랑 나누기를 사단 법인으로 등록하고 운동 본부 홈페이지를 개설해 봉사 기금의 조성과 운영을 투명하고 효율적으로 해나갈 뿐만 아니라, 정기적으로 운영 현황을 회원들에게 보고하고 있다. 이를 효율적으로 집행하기 위해 (사) 계명 1% 사랑 나누기는 정관을 마련하고 이사, 감사, 운영 위원회, 사무국 등의 조직 체계를 정비했다. 계명 1% 사랑 나누기를 통한 계명 봉사 기금은 실질적인 봉사 활동과 함께 체계화된 운영을 통해, 중복됨이 없이 열악한 환경 속의 소외된 자들과 그들의 주거, 의료, 교육 환경을 보완하고 개선하는 목적으로만 사용될 것임을 분명히 했다.

설립 14년째인 2021년 12월 기준 의과대학과 간호대학을 제외한 계명대학교 내국인 전임 교원 538명 중 532명과 255명의 전 직원 모두가 회원으로 동참함으로써 전체 교직원 99.2%에 달하는 거교적 참여와 조직화를 통한 상시적 봉사 시스템을 구축하기에 이르렀다. 이밖에 같은 기준으로 외국인 전임 교원 103명 중 52명도 동참하고 있다. 이는 우리나라의 다른 어떤 조직이나 기관에도 없는 독특한 기부문화로, 남들이 하지 않는 새로운 것을 시도하고 나눔과 사회 환원을 일상화하는 계명의 개척과 봉사 정신을 여실히 보여주는 표상이라 할 것이다. 이로써 계명대학교는 정체성을 확립하고 개인에게는 실천하는 섬기는 삶을 살도록 하며, 나아가 사회에 대해서는 책임 있는 리더를 양성하고, 지역사회와 세계를 위한 봉사를 조직적이고 정기적으로 수행할 수 있게 되었다.

2012년 일부 학생들이 1% 사랑 나누기 활동에 동참해 주목을 끈다. 즉, 인문대학 학생회가 주축이 되어 2012년 한 해 동안 1% 기부 활동에 동참해서, 자발적으로 부모님께 받은 용돈, 아르바이트에서 번 수입, 각종 장학금 등에서 1%를 자발적으로 떼어 내었다. 거기에 '책 나누기' 행사를 통해 얻은 수익금을 합쳐 전액을 인근 달구벌 종합 복지관에 기증해 지적 장애인들의 생활비와 난방비 및 지적 장애인들이 운영하는 카페 제빙기 구입비로 쓰도록 했다. 1년 총 기부액이 250만 원 정도에 불과했지만 시작은 미약해도 나중은 크게 창대할 것임을 믿을진대, 계명대학교 전체 학생들에게로 확산될 수 있는 첫 발걸음이라는 점에서 거는 기대가 크다.

2. 조직적이고 정기적인 다양한 봉사 활동 전개와 계명 카리타스 봉사 센터 설립

(사)계명 1% 사랑 나누기에서는 설립 후 현재까지 구제, 의료, 교육, 환경 봉사뿐 아니라, 학생들의 국외 봉사 활동 지원 등 다양한 활동을 수행하고 있다. 매년 11월 추수 감사절 예배 후 김장을 해서 어려운 이웃에게 배달하는 '계명 가족 김장하는 날'은 가장 많은 교직원과 학생들이 자발적으로 참여하는 계명의 대표적인 사랑 나누기 행사의 하나로 자리 잡았다. 이밖에도 저소득층과 장애우 등 불우 이웃 돕기, 외국 유학생 생활 지원, 결손 가정 또는 다문화 가정 돕기, 동·하계 학생 국외 환경 및 교육 봉

사 지원, 태풍이나 홍수 및 화재나 지진 등의 국내외 각종 재해 지역 주민 지원 및 복구 활동 참여, 난치병 학생 돕기 등에 이르기까지 나눔과 사회 환원의 차원에서 실행하고 있는 봉사 활동 내역은 일일이 예를 들기 어렵다.

2011년 이웃 나라 일본이 관측 사상 최악의 강진과 쓰나미로 가족을 잃고 삶의 터전까지 폐허가 되어 실의에 빠져 있을 때 계명대학교는 5천만 원 규모의 지원을 했고, 그해 11월 연평도 폭격 사건이 발생하자 바로 피해자들을 돕기 위해 1천만 원의 성금을 지원하기도 했다. 2015년 3월에는 총장 직속 기구로 '계명 카리타스 봉사 센터'를 설립하여 각종 봉사 활동을 체계적으로 운영하기에 이르렀다. 이제 그 대표적인 활동들을 살펴보자.

계명 1% 사랑 나눔 활동 프로그램 공모 지원

학교 전 구성원들에게 봉사 마인드를 정립하고 봉사 활동에 참여할 수 있는 기회를 확대하기 위해, 2006년부터 지금까지 매년 '계명 1% 사랑 나눔 활동 프로그램 공모'를 실시해 큰 호응을 얻고 있다. 시작 단계에서는 10개 단체 내외를 선정해 지원했는데, 최근에는 매년 30개 내외의 단체로 지원 대상이 확대되었다. 이를테면 교수선교회의 '외국인 근로자 친선 체육대회' 후원, 복음선교회의 '불우 이웃 돕기', 여직원협의회의 '방문 불우 이웃 돕기' 등과, 학과나 동아리 단위의 학생들이 중심이 되어 구성된 단체의 '대구 지역 탈북자 정착을 위한 만남' 주선, '조선족 편부모 가족 기능 강화 프로그램' 운영, '야간 학교 수업' 등등이 대표적인 것들이다. 이런 프로그램의 운영을 통해 교수와 직원 및 학생 등 계명의 전 구성원들이 모두 참여할 수 있도록 유도함으로써, 교내는 물론 지역 사회에 봉사 바이러스를 널리 전파하는 데 크게 기여하고 있다.

KISS 장학 프로그램 운영 경비 지원

KISS(Keimyung International Sarang Scholarship) 장학 프로그램은 계명대학교가 1994년부터 저개발 또는 개발 도상국의 우수 인재를 발굴, 초청해 계명대학교 학위 과정에 유학하게 하는 프로그램으로 일명 '우수 외국인 장학 프로그램'으로도 불린

▲ 불우 이웃 돕기를 위해 계명 가족 김장하는 날

다. 계명대학교는 일찍부터 친한파 육성의 필요성을 인식하고 경제 사정이 어려운 개도국 우수 인재들에게 장학금을 지원해 창학 이념을 실천함은 물론 우리나라와 긴밀한 외교 및 교류 기반을 조성함으로써 각 국가별 교두보 역할을 담당할 인재를 양성해왔다. 아시아, 아프리카, 남미, 동유럽 지역에서 연간 10명 이내의 인원을 선발하는데, 선정된 우수 외국인들에게는 한국어 교육 기간 1년을 포함해 재학 기간 동안 등록금 전액 면제 혜택은 물론 기숙사 경비 및 생활비까지 지원한다.

이런 노력이 국가의 인정을 받아 2008학년도에 계명대학교는 국제교육진흥원에서 주관하는 '대한민국 정부 초청 외국인 학부 장학생 프로그램' 위탁 대학으로 선정되어 해마다 9명의 국비 지원 외국인 유학생을 유치할 수 있게 되었다. (사)계명 1% 사랑 나누기에서는 2009년부터 KISS 장학 프로그램 운영 경비를 지원하고 있다. 이로써 사랑나누기 효과를 국외의 가난한 이웃에까지 확대할 수 있게 되었다. 이밖에도 앞에서 언급한 국외 코리아센터에 노트북, 빔 프로젝트, 카메라, 복합기 등의 교육 기자재 지원과 교육 환경 개선 사업을 위한 기부금도 전달해오고 있다.

계명 카리타스 멘토링 프로그램 지원

2009년부터 계명대학교와 동산의료원 및 계명문화대학교에 각각 설립되어 있는 (사)계명 1% 사랑 나누기 연합체인 '계명 카리타스'가 지역 청소년을 대상으로 멘토링 프로그램을 실시하기 시작했다. 이른바 '계명 카리타스 멘토링(Keimyung Caritas Mentoring)' 프로그램은 지역 청소년 교육 봉사 활동으로, 대학생들이 멘토(Mentor)로 봉사하고 대구 지역 3개 중학교 학생들이 멘티(Mentee)가 되어 학습 도움, 생활 및 인성 지도, 문화 체험 등을 수행했다. 각 기관의 특성에 맞춰 진학과 기초 학문 등 교육 멘토링은 계명대학교가 담당하고, 직업 선택과 취업 지원 멘토링은 계명문화대학교가, 의료 지원 등 보다 나은 삶을 위한 영역은 동산의료원이 각각 담당해 체계적이고 전문적인 멘토링 프로그램을 실시했다.

시행 첫해에 계명대학교 홈페이지 공고를 보고 자원한 재학생 151명 중 40명이 교육 과정 이수 후 멘토로 선발되어 송현여중과 성명여중 및 계성중학교에 재학 중인 저소득층 자녀 108명에게 학습 교재를 세공하고 15주간 방과 후 수업을 무료로 지도했다. 중학생과 멘토들이 써낸 후기 중 "앞으로 100년 동안 계속되었으면 좋겠어요.",

"휴학 후 올 한 해 가장 보람 있는 활동"이라는 부분이 특히 눈에 띈다. "이력서에 한 줄 더 쓰기 위해 시작한 일이었는데, 기대하지 않았던 보람을 느끼고 깊이 반성하게 되었다."라고 밝힌 멘토도 있었다. 계명 카리타스 관계자는 출범 당시 다음과 같은 바람을 밝혔다.

기존 교육 멘토링의 한계에게 벗어나 3개 기관이 공동으로 수행하는 교육, 의료, 취업지원, 상담 등 '전인적 멘토링 프로그램'이라는 점이 특징이다. 멘토 대 멘티 1대3 비율로 멘토링이 진행되어 취약 계층 학생들에게 실질적인 도움을 줄 수 있을 것으로 기대된다.

계명 카리타스 힐링 프로그램 지원

2010년 연말에 (사)계명 1% 사랑 나누기에서는 '계명 카리타스 힐링(Keimyung Caritas Healing)'이란 색다른 프로그램을 또 하나 도입했다. 이는 계명대학교 구성원 중 건강이 악화되어 시급히 수술을 받아야 하지만 가정 형편이 어려워 수술 시기를 놓치고 있는 대상자들을 추천 받아 수술비를 지원해주는 프로그램이다. 특기할 점은 프로그램의 명칭을 전 계명 가족을 대상으로 공모해 결정한 것인데 선정 사유를 보자.

계명 1% 사랑 나누기는 "네 이웃을 네몸과 같이 사랑하라."는 예수님의 사랑을 실천하는 계명대학교만의 독특한 운동이라 생각됩니다. 예수님이 이 땅에 오셔서 행하신 일을 크게 3대 사역으로 나눌 수 있는데 이 3대 사역은 가르치시고(teaching), 선포하시고(preaching), 치유하시는(healing) 사역입니다. 그중 치유(healing) 사역은 예수님이 이 땅에서 감당하셨던 사역 중에서 가장 중요한 의미를 가진 사역으로써 계명대학교 교직원의 봉급 1%기부로 운영되는 계명 1% 사랑 나누기의 수술비 지원 사업의 뜻과 정신에 맞는 이름으로 계명 카리타스(Keimyung Caritas)에 힐링(healing)을 더하여 계명 카리타스 힐링(Keimyung Caritas Healing)으로 짓게 되었습니다.

이로써 계명대학교 재학생이나 교내에서 근무하는 일용직 성격의 근로자 및 기타 구성원 중에서 대상자로 선정된 사람은 1인 최대 1천만원 이내의 입원과 수술비를 지원받을 수 있게 되었다. 계명대학교와 동산의료원 및 계명문화대학교 관계자들로 구성된 심사 위원회에서 피추천인의 수술 시급성, 가정 환경, 수술 후 기대 효과 등을 고려해 예산 범위 내에서 매년 적정 인원의 지원 대상자를 선발한다.

2012 대한민국 나눔 국민 대상 수상, 2019 사회적 책무 부문 우수 사례 선정

(사)계명 1% 사랑 나누기는 그간에 행한 봉사 활동이 대외적인 인정을 받아 **2007년에 '공익성 기부금 대상 단체'**에 선정되었고, **2012년에는 '대한민국 나눔 국민 대상 수상자'**로 선정되었으며, 2019년에는 대학 기관 평가 인증과 함께 사회적 책무 부문 우수 사례로 선정되기에 이르렀다. 그중에서 '대한민국 나눔 국민 대상 위원회'의 선정 사유를 보자.

> 사랑과 희생 정신으로 평소 이웃을 위해 나눔을 실천함으로써 대한민국의 나눔 문화를 널리 확산하고 건강하고 행복한 사회 실현에 이바지한 공로로 2012 대한민국 나눔 국민 대상 수상자로 선정되셨습니다.

이는 우리가 국내외 소외 계층과 불우 이웃을 위해 소리 없이 꾸준히 봉사해온 활동을 국가 기관에서 공식적으로 인정한 것이다. 계명만의 독특한 기부 문화와 거기에 뿌리를 두고 행한 각종 지원 사업이 외부의 주목을 받으며 바야흐로 이 사회에 '뜨거운 이웃 사랑'의 파장을 불러일으키고 있는 것이다.

2019 제8회, 2022 제11회 대한민국 교육 기부 대상 연거푸 수상

계명대학교는 또 교육 기부 참여 활동을 통해 교육 기부 문화 확산에 기여한 공로로 2019년과 2022년에 한국과학창의재단 주관 '제8회, 제11회 대한민국 교육 기부 대상'을 연거푸 수상하였다. 그간 계명대학교는 다문화·탈북학생 멘토링 지원 사업, 대학생 청소년 교육 지원 사업, 멘토와 꼬마 친구, 숨어있는 봉사 동아리 발굴 지원 사업, 계명 1% 사랑 나눔 활동 봉사 프로그램, 국외 봉사 활동(교육 봉사), 고교 대학 연계 프로그램, 중학교 자유학기제 지원 프로그램 등 다양한 교육 기부 봉사 활동을 수행해왔다. 부총리 겸 교육부장관 명의의 상패와 표창장에 새겨진 글귀는 다음과 같다.

> 위 대학은 교육 기부를 통해 포용과 나눔을 실천하고 학생들의 전인적 성장과 교육 빌전에 크게 기여한 공이 인정되어 이에 '교육 기부 대상'을 수여합니다.

이는 교육 당국에서 계명대학교가 수행한 교육 기부 방면의 봉사 활동 실적을 높이 평가한 것으로, 특히 인성 교육의 중요성이 날로 커져가고 있는 시점에서 상패에 적힌 대로 "학생들의 전인적 성장에 기여한 공"을 지속적으로 인정받고 있다는 점에서 더 큰 의의가 있다고 할 것이다.

생각 나누기

01 계명이 해온 봉사 활동의 의미에 대해 생각하면서 자신이 계명을 위해 할 수 있는 봉사는 어떤 것이 있는지 나누어보자.

02 지난 해 계명대학교가 한 대외 봉사 활동에 대해 조사해보자.

03 과거에 자신이 수행했거나 현재 하고 있는 봉사 활동을 소개해보자.

04 계명대학교가 제공하는 여러 가지 봉사 활동에 참가하기 위한 계획서를 작성해보자.

05 교외 각종 사회 단체에서 하는 주요 국내외 봉사 활동에 대해 조사하고, 자신이 함께하고 싶은 봉사 활동에 참가하기 위한 계획서를 작성해보자.

참고 자료

· 계명대학교 동산의료원, 『사랑과 봉사의 발자취 동산의료원 100년』, 대구: (주)애드코인&애드코인 퍼블리케이션, 1999.

· 서영남, 『사랑이 꽃피는 민들레국수집』, 서울: 더북 컴퍼니, 2005.

· 서정민, 『언더우드가 이야기』, 서울: 살림, 2005.

· 유준석, 『제3세계에서 나를 깨트리다』, 서울: 윙크퍼블리싱, 2008.

· 이윤우, 『제중원 박서양』, 서울: 가람기획, 2010.

· 전대식, 『그래도 사랑하라』, 서울: 위즈앤비즈, 2012.

· 차동엽, 『김수환 추기경의 친전』, 서울: 공감, 2012.

· 최혁준, 『존경받는 사회공헌, 비난받는 사회공헌』, 서울: 디프넷, 2010.

· 「계명대학교 동산의료원 카자흐스탄 알마티 의료선교봉사활동」(유튜브), 2011.

· 「나눔 그리고 배움(계명대 국외봉사활동)」(TBC 스페셜다큐), 2013.

· 「마더 테레사(Mother Teresa)」(영화), 파브리지오 코스타(Costa, Fabrizio) 감독, 2005.

· 「세상을 바꾸는 시간 15분 가수 박혜경편」(CBS), 2011.

· 「식코(Sicko)」(영화), 마이클 무어(Moore, Michael) 감독, 2008.

· 「울지 마 톤즈」(다큐멘터리), 구수환 감독, 2010.

· 「작은 힘 2부 우리」(EBS 지식채널 e), 2011. 12. 5.

· 「창의 끝(End Of The Spear)」(영화), 짐 핸논(Hanon, Jim) 감독, 2008.

DEI PRO REGNO
VERITA
TIS IUS TITIAE

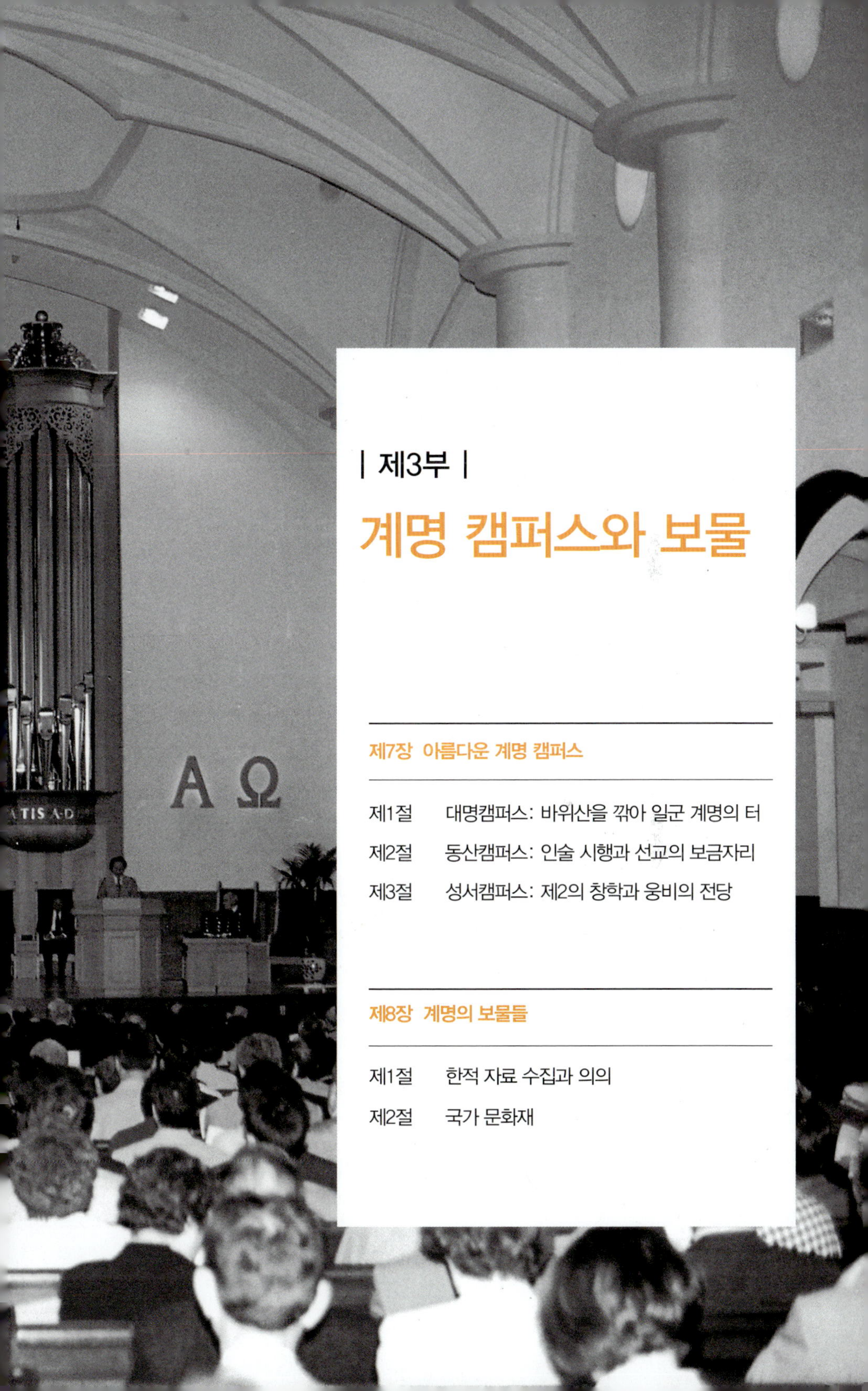

| 제3부 |

계명 캠퍼스와 보물

제7장
아름다운 계명 캠퍼스

계명대학교에는 다섯 곳의 캠퍼스가 있다. 그중에서 계명의 선구자들이 청석 바위산을 깎아 일군 대명캠퍼스, 기독교적 사랑으로 인술을 시행하고 선교의 싹을 키운 동산캠퍼스, 제2의 창학을 기획하고 웅비의 나래를 펼친 성서캠퍼스가 역사와 전통을 자랑하며 아름다움을 뽐낸다. 계명 가족들은 이 아름다운 캠퍼스에서 진리를 탐구하고 대학인의 낭만과 꿈을 가꿔왔다. 대학 밖에서도 계명의 세 캠퍼스를 아름답게 여겨서 수많은 영화와 드라마의 배경으로 삼았을 뿐 아니라, 대구 시티 투어 코스의 하나에 넣고 있다. 즉, 이 세 캠퍼스는 1993년 MBC 드라마 「억새바람」부터 2021년 영화 「서울 대작전」까지 모두 99개의 영화, 드라마, CF 등의 촬영지로서 각광을 받아, 일부 언론 기관에서는 이 세 캠퍼스를 한류(韓流)의 주축인 한국 영화, 드라마 '로케이션(Location) 1번지'라며 그 아름다움을 칭송하고 있다. 이밖에 수년 전부터 인근 지역에 모빌리티캠퍼스(구 달성캠퍼스)와 칠곡동영부지를 새롭게 조성하여 그 활동 영역과 무대를 확장해가고 있는 중이다.

계명인들은 왜 캠퍼스를 이렇게 아름답게 가꾸었는가? 미국의 케네디(John F. Kennedy, 1917~1963) 대통령은 1963년 워싱턴 D.C. 소재 아메리칸대학교(The American University)에서 '평화의 전략(The Strategy of Peace)'이라는 제목으로 졸업식 축하 연설을 하면서 영국의 계관 시인 존 메이스필드(John Masefield, 1878~1967)

의 시를 인용하는 것으로 시작했다.

"이 세상에 대학만큼 아름다운 것은 없습니다." 존 메이스필드는 영국의 대학에 대한 찬사에서 이렇게 말했습니다. 그의 말은 여기서도 옳습니다. 그는 첨탑이나 타워, 캠퍼스의 정원이나 담쟁이로 덮인 벽을 말한 것이 아닙니다. 그가 대학의 지극한 아름다움을 칭송한 것은 "그곳은 무지를 증오하는 자가 알려고 노력하는 곳이며, 진리를 아는 자가 다른 사람을 계몽하려는 곳이기 때문"입니다.

"There are few earthly things more beautiful than a university," wrote John Masefield in his tribute to the English universities_and his words are equally true here. He did not refer to spires and towers, to campus greens and ivied walls. He admired the splendid beauty of the university, he said, because it was "a place where those who hate ignorance may strive to know, where those who perceive truth may strive to make others see."

도쿄대학교 공학부를 졸업하고 일본 대장성(현 재무성) 관료를 지내다가 미국 예일대학교에서 경제학 박사 학위를 취득한 뒤 도쿄대학교 등의 교수를 거쳐 히토쓰바시대학교 명예 교수로 재직 중인 노구치 유키오(野口悠紀雄, 1940~)는 '대학 건물은 왜 매력적이어야 하는가?'라는 메모에서 케네디의 연설에 보이는 존 메이스필드의 시를 대학 건물의 아름다움을 칭송한 것으로 보고 싶다며 이렇게 말하고 있다.

나는 평소에 대학 건물은 매력적이어야 한다고 생각해 왔다. 왜냐하면 대부분의 사람들에게 대학의 정신은 대학 건물에 의해서만 감지될 수 있기 때문이다. 즉, 대학 건물이란 대학 그 자체이다. 내 경험으로는 도쿄대학 고마바(駒場) 캠퍼스에 대해서는 아무런 느낌도 남아 있지 않은 것에 비해서, 그와 똑같은 세월을 보낸 예일대학의 캠퍼스에 대해서는 한없는 추억이 있다. 그것은 고마바의 건물이 '보통'의, 즉 학생을 수용하기 위한 사각의 용기밖에 되지 않은 것에 비해서, 예일대학의 건물은 가령 그것이 옥스퍼드대학을 복제한 것이라고 해도 보통의 건물이 아니었기 때문이다. (중략) '보통'의 건물에서 일하는 사람은 결국 '보통'의 발상에서 빠져 나올 수 없다는 생각에 이르면, 현재 일본의 대학 건물은 일본의 장래에 매우 중대한 문제가 되지 않을까? (노구치 유키오 1996, 47)

계명대학교가 캠퍼스 조성에 이처럼 공들인 이유도 바로 여기에 있다. 계명을 거쳐 가는 학생들이 이 '보통'이 아닌 아름다운 공간에서 '보통'의 발상을 뛰어넘는 상상과 창의의 나래를 마음껏 펼치도록 기대하기 때문에, 건물 하나, 길 하나, 풀 한 포기, 나무 한 그루도 정성을 다해 짓고 닦고 심어 가꾸어온 것이다. 이제 이 아름다운 세 주요 캠퍼스를 찾아 여행을 떠나보자.

빌라도광장: 진리를 물으며

계명대학교에는 세 곳의 주요 캠퍼스가 있지만 **학부 교육 기관으로서의 계명의 산실(產室)은 대명캠퍼스**이다. 대명캠퍼스의 정문으로 들어가는 길은 경사진 오르막길이다. 이 길을 따라 정문으로 들어서면 둥근 광장이 나오고 부챗살처럼 여러 방향으로 길이 나 있다. 군자 대로행(君子大路行)이라고 가장 넓은 길로 들어서면 바로 본관으로 가는 길이다. 걷기에 힘든 정도는 아니지만 역시 오르막길이다. 학교 전체가 그러하지만 본관이 시선을 위로 지향하고 가야 하는 오르막길 끝에 있다는 사실이 예사롭지 않다. "저 높은 곳을 향하여 날마다 나아갑니다."(『찬송가』 491장) 예나 지금이나 계명인이라면 즐겨 부르는 찬송가의 한 구절이다. 그러니까 계명대학교의 머리로서 본관은 가장 높은 곳에 있어 어느 쪽에서든 머리를 들고 올라가도록 되어 있다.

빨간 벽돌에 하얀 도리스식(Doric Order) 기둥이 있는 본관은 고풍스러운 품격

▲ 대명캠퍼스 본관 앞 빌라도광장 오늘의 모습(본관 둥근 지붕 돔(cupola)은 본관 건물의 문화재 지정과 관련하여 내려서 별도 보관하고 있다.)

을 지녔다. 본관이 위치한 곳이 바로 빌라도광장이다. 왜 하필이면 빌라도광장인가? 빌라도라면 예수를 심문하고 십자가에 못 박혀 죽게 한 로마의 총독 아니던가. 그런 인물이 어떻게 기독교 정신을 표방하는 대학의 광장 이름이 될 수가 있는가?

『성경』을 좀 자세히 읽어 본 사람이라면 금방 의문이 풀릴 것이다. 빌라도(Pilatos)의 도전적인 질문 하나에 그 답이 있다. **"진리가 무엇이오?"**(『성경』「요한복음」 18:38) 진리를 증거하기 위해 이 땅에 왔다는 예수에게 빌라도가 즉각 던진 물음이다. 바로 인류 사상사를 관통하는 핵심 화두이다. 그렇다. 진리를 묻는 데 유대인이 어디 있으며 로마인이 어디 있는가. 진리를 구하는 데 동양이 어디 있고 서양이 어디에 있겠는가.

이렇듯 계명의 토대에는 진리에 대한 보편적인 질문 혹은 보편적인 진리에 대한 탐구라는 대명제가 깔려 있다. **'진리와 정의와 사랑의 나라를 위하여(DEI PRO REGNO VERITATIS JUSTITIAE ET CARITATIS)'**, 이것이 바로 계명대학교의 존재 이유를 압축한 표어이다. 이 글귀는 아담스채플에 있는 중세 악기 파이프 오르간 하단에 중세 언어인 라틴어로 새겨져 있다.

노천강당: 역사와 문화가 생동하는 무대

본관을 등지고 빌라도광장에서 왼쪽으로 내려가면 동서문화관이 나오고, 오른쪽으로 내려가면 노천강당이 나온다. 이 두 건축물은 뛰어난 조형미는 말할 것도 없지만 공간 배치도 범상치 않다. 진리를 표방하는 광장 왼쪽에 동서양의 문화를 탐색하는 연구관이 있고, 그 오른쪽에 문화를 실험하고 형상화해보는 무대가 있다는 것이 무엇을 말하겠는가. 동서문화관이 동양과 서양의 문화를 연구하고 양 세계의 상호 소통을 도모하는 두뇌의 집합소라면, 노천강당은 그러한 문화를 구현하는 살아 있는 장이라는데 의미가 있다. 이 웅장하고도 고풍스러운 노천강당의 역사는 1962년으로 거슬러 올라간다.

당시 학장이었던 안두화 목사는 노천강당의 모델을 고대 로마의 원형극장에서 찾았다. 두루 알다시피 로마 원형극장은 당대 학문과 예술이 어우러지는 장으로 기능했다. 전후의 폐허가 채 정리되지도 않은 열악한 한국 상황도 상황이지만, 거친 바위산을 다듬어 건축물을 세워야 하는 상황에서 인류 문화의 한 축을 상징하는 원형극

▲ 대명캠퍼스 노천강당에서의 부활절 새벽 예배(1963.)

▲ 1989년 준공한 성서캠퍼스 노천강당(2019학년도 입학식 모습)

장식 무대를 기획했다는 것은 놀라운 개척 정신이라 하지 않을 수 없다. 당시 학교 안에서는 전기를 끌어올 곳도 없어 인근 화장터의 전선을 연결해야 했고, 물은 학교에서 꽤 멀리 떨어진 성당못에서 길러 와야 했다. 실제 공사는 대부분 교수와 직원 및 학생들의 자원봉사로 이루어졌으며, 교수 사모님들은 밥을 하고 중참을 해 날랐다. 안두화 학장이 이 노천강당의 미래적 가능성에 얼마나 큰 기대를 걸었는지 당시 공사를 맡았던 추성엽(1921~2015) 장로에게 이렇게 말했다고 한다.

만일 여기에 조금이라도 부실 공사가 있으면 죽어서도 내 영혼이 당신을 괴롭힐 것이오.

1962년에 완공된 노천강당은 그 동안 계명인들에게는 물론 대구 시민들에게도 추억과 문화의 아이콘으로 자리매김해오고 있다. 그 열린 건축학적 구조만큼이나 모두에게 열린 공간이기에 더욱 사랑을 받고 있는 것이다. 2006년에 나온 「그해 여름」이란 영화가 1960, 70년대에 태어난 대학생들의 민주화 운동을 재현하면서 이 노천강당을 무대로 삼은 것은 우연이 아니다. 돌 의자 앞에 선명히 새겨진 '진리와 정의와 사랑의 나라'라는 문구를 본 관객들은 계명의 미션(Mission)이 곧 한국의 미션이었다는 사실을 느꼈을 것이다.

바위산에 새긴 비사(飛獅) 정신: 바위산을 깎아 일구는 불굴의 의지와 정성

바위산 위에서 시작한 계명대학교의 의지와 기상을 회화적으로 압축해 놓은 것이 **비사(飛獅)라는 엠블럼(emblem)**이다. **'비사'란 '대지를 박차고 창공을 나는 날개 돋친 사자'**를 말한다. **백수의 제왕**으로서 **용맹과 승리**를 상징할 뿐 아니라 **국가에 희망**을 주는 **조국 수호의 상징**이다. 비사의 날개는 **빛의 원천을 찾아 솟구치는 자유의 깃발**이며, 우렁찬 포효는 **거룩한 진리의 처소에서 만인을 부르는 여호와의 음성**을 나타낸다. 이러한 고귀한 목표를 대대손손에 걸쳐서라도 달성하기 위해 1954년 청석 바위로 뒤덮인 야산을 깎아 주춧돌을 세운 것이 현재의 대명캠퍼스이다.

이 사실을 기념해 대명캠퍼스에는 그 바위 한 덩어리가 보관되어 있다. 학교 정문에서 미술대학으로 가는 길목에 그 눈물겨운 바위를 볼 수 있는데, 그 밑에는 극재(克哉) 정점식(1917~2009) 교수의 글씨로 이렇게 쓰여 있다.

이런 바위산을 깎아 오늘을 마련했다.

▲ "이런 바위산을 깎아 오늘을 마련했다"(대명캠퍼스)

이 기념석은 대학 설립 초창기 대명캠퍼스가 이런 쓸모없는 청석 바위산을 깎아 나무를 심고 건축물을 세워 오늘의 아름다운 캠퍼스를 조성하였음을 보여주는 역사적인 상징물이다.

본래 1954년 계명대학교가 고등 교육 캠퍼스를 처음 조성할 당시 대명캠퍼스는 대구 시민들의 거주지로부터 멀리 떨어진 바위 언덕이었다. 이 언덕을 당시에는 '청석 바위산'이라 불렀다. 바위산에는 어떤 나무나 가시덤불도 자랄 수가 없었고 생존력이 강인한 잡초만이 여기저기 간단하게 뿌리를 내리고 있었다. 이제는 청석 바위 옛 언덕을 찾아 볼 수 없지만, 그 옛날 계명 교정의 한 모습을 보존해 놓고 이 글귀를 새겨 계명인이라면 꼭 한번 가서 봐야 할 역사의 증거물로 남겨 놓은 것이다. 그 바위산이 오늘날 각종 영화나 드라마의 배경으로 각광받는 아름다운 동산으로 변신한 것은 기적에 다름 아니다. 그러나 이유 있는 기적이고 사연 많은 기적이다. 그러기에 이 '오늘'은 완결된 오늘이 아니라 영원히 내일로 열려 있는 미래적 현재이다.

한국 전쟁의 상처가 채 아물지 않은 1950년대 초에 바위산을 깎아 대명캠퍼스를

▲ 붉은 벽돌에 담쟁이덩굴

조성하면서 겪은 고난은 이루 말할 수 없다. 부족한 건축 물자와 장비를 미군부대에서 얻어오기 위해 학장도 처장도 발 벗고 뛰어다녔고, 지형을 측정하고 설계도를 그리는데 도구가 없어 깨진 거울과 삼각대 위의 화판을 이용했다. 의자는 문 닫은 공군교회에서 얻어왔고 나무는 산에 올라가 캐왔다. 운동장을 만들 때는, 졸업생이 장교로 근무하는 군부대에서 포클레인 같은 장비를 지원받아 썼는데 땅바닥에 바위가 너무 많이 박혀 있어 쇠가 다 마모될 지경이었다. 초대 학장 감부열 박사는 자전거로 통근했다. 이런 정황에서 초창기 계명인들의 절약은 불가피한 것이었지만, 그것이 하나의 전통으로 뿌리 내린 것은 다행한 일이 아닐 수 없다.

붉은 벽돌에 담쟁이덩굴: 계명 캠퍼스의 원형적 미학

외부 사람들도 계명대학교 하면 금세 떠올리는 이미지가 하나 있다. **붉은 벽돌에 담쟁이덩굴, 그리고 흰 기둥.** 가을이 되면 붉게 물드는 담쟁이덩굴은 건물과 그야말로 혼연일체가 된다. 이 이국적이고 고풍스러운 정경이 오래전부터 우리 영화인들을 유혹해온 것은 잘 알려진 사실이다. 그러나 단순히 아름다운 풍경이라는 것만으로 그 의미가 다해버리는 것은 아니다. 낭만적인 운치 너머에 계명의 창조 의지와 자연의 질긴 생명력이 하나로 만나고 있음을 읽어내야 한다. 이는 계명의 미덕이자 계명이 추구하는 가치의 하나이다. "대학은 나의 밖에 있는 자연이나 그 속에 있는 생명을 아끼고 사랑할 줄 아는 도덕 정신을 추구해야 합니다." 초대 총장의 취임사에 나오는 말이다.

계명 캠퍼스의 원형적 이미지를 형성하고 있는 붉은 벽돌과 담쟁이덩굴의 역사는 1959년으로 거슬러 올라간다. 오랫동안 계명대학교의 **건축을 담당해온 추성엽 장로가 안두화 학장**을 처음 만났을 때, 안두화 박사는 엽서 한 장을 내 놓았다. 거기에는 단풍나무와 붉은 벽돌의 건물이 아름답게 어우러진 어느 교정의 모습이 담겨 있었다. 그때까지 한국에서는 볼 수 없던 정경으로 미국에 있는 안두화 학장의 모교였다. 그림을 보며 안두화 학장은 이렇게 말했다.

> 계명대학교도 이처럼 붉은 벽돌의 건물과 수목이 어우러진 캠퍼스가 되어야 합니다. 그러나 이보다 훨씬 더 훌륭한 동산이 되어야 합니다. (신일희 2004, 199)

계명대학교 캠퍼스의 조형 미학적 원형(Archetype)이 탄생하는 순간이었다. 이때부터 계명대학교는 오늘날까지 붉은 벽돌에 흰 기둥 그리고 담쟁이덩굴이라는 계명대학교만의 건축미를 이어오고 있다. 여기에 나오는 색채는 계명의 열정과 순수를 말하고 창조와 평화에 대한 의지를 표현한다. 이러한 계명대학교 캠퍼스의 모델이 꽃을 피우기 시작한 것은 제3대 신태식 학장에 와서부터이다.

계명 동산: 자연과 문화의 창조적인 만남

척박한 바위산에 나무를 심고 잔디를 심어 키우는 일은 참으로 지난(至難)한 미션이었다. 비가 오면 물이 빠지지 않아 나무뿌리가 썩는가하면 구멍을 뚫어 물꼬를 내면 수분 부족으로 여름에도 낙엽이 흩날렸다. 온갖 대책이 강구되었고, 조경 업무를 책임 맡은 보직자는 일 년을 통틀어 양복 입는 날이 손가락으로 꼽을 정도로 정성을 기울였다. 무엇보다 나무 한 그루 풀 한 포기에도 애정을 쏟았다.

대명캠퍼스는 1970년대가 지나면서 아름다운 캠퍼스로 전국에 명성을 날리기 시작했다. 이 과정에서 누구보다 애를 쓴 사람이 **신태식 학장인데, 그의 아호가 '동산(童山)'**이라는 사실이 예사롭지 않다. 에덴동산이나 놀이동산의 동산이 아니라 '민둥산'이란 뜻이다. 그러니까 신태식 학장 자신은 민둥산으로 헐벗더라도 캠퍼스는 수목 우거진 동산으로 만들겠다는 의지를 실현한 것이다.

계명대학교에는 많은 나무가 있지만 유난히 은행나무가 돋보인다. 우연이 아니다. 대명캠퍼스는 2003년에 태풍으로 은행나무가 많이 손상되었지만, 성서캠퍼스는 가을이 되면 노란 가로수길이 동화의 세계를 펼친다. 이 범상치 않은 은행나무가 바로 계명대학교의 교목이다. 물론 단풍이 고운 조경목이라는 사실만으로 교목으로서의 의미가 다해버리는 것은 아니다. **은행나무는 2억년 이상 생존**해온 생명력이 탁월한 나무이다. 그래서 오래전부터 은행잎과 열매는 식용으로나 약재로 선호되었으며 오늘날 과학에 의해 그 효능이 실제로 규명되었다. 은행은 또 하트 모양으로 갈라진 잎이 특이해 사람들의 주목을 받는다.

▲ 계명대학교 교목 은행나무

일찍이 괴테(Johann W. von Goethe, 1749~1832)는 은행잎의 신비한 구조에 영감을 받아 「은행잎(Ginkgo Biloba)」이라는 시를 지었다.

동방에서 건너와 내 정원에 자리 잡은
이 나뭇잎은
지자(智者)를 고무하노니
신비한 의미를 맛보게 한다.

이 잎은 자체 내부가 분리된
하나의 생명체인가?
아니면 사람들이 하나라고 알 만큼
서로를 선별하여 품은 둘인가?

이러한 질문에 답을 찾던 중
나는 올바른 의미를 발견했다.
당신은 내 노래에서 내가 하나이자
둘이라는 것을 느끼지 못하느뇨?

Dieses Baumes Blatt, der von Osten
Meinem Garten anvertraut,
Gibt geheimen Sinn zu kosten,
Wie's den Wissenden erbaut.

Ist es ein lebendig Wesen,
Das sich in sich selbst getrennt?
Sind es zwei, die sich erlesen,
Dass man sie als eines kennt?

Solche Frage zu erwidern,
Fand ich wohl den rechten Sinn:
Fuhlst du nicht an mienen Liedern,
Dasz ich Eins und doppelt bin?

괴테는 은행잎에서 이상적인 사랑의 방식을 보았는가 하면 동서양을 아우르는 신비한 조화를 읽어냈다. 즉, 괴테는 둘로 하나를 이루는 은행잎에서 대립과 갈등을 넘어 조화를 이루는 자연의 지혜를 통찰했다. 바로 계명의 정신과 일맥상통한다.

계명대학교가 얼마나 자연친화적 가치를 지향하는지, 또한 수목에 대한 애착이 얼마나 강한지는 **'모과나무 에피소드'**에서도 잘 알 수 있다. 대명캠퍼스에는 200살이 넘는 모과나무 한 그루가 있다. 동산관 앞 언덕에 자라잡고 있는 것으로, 음악대학에 재직했던 고(故) 우종억 교수가 주동이 되어 버려진 땅에서 죽어가던 것을 캐어와 심은 것이다. 이 죽어가는 나무를 살리기 위해 온 교직원들이 합심해 기울인 노력은 이루 다 말할 수 없다. 늙은 모과나무지만 봄에는 연초록 잎과 분홍색 꽃을 피운다. 그리고 가을에는 샛노란 열매를 굵게 맺어 교정에 은은한 향기를 선사한다.

이렇게 아름답고 생명력 강한 수목의 함의(含意)를 이어받는 **인공 조형물**이 계명대학교 캠퍼스 안에는 많이 배치되어 있다. 무엇보다 시선을 끄는 것은 돌을 다듬어

▲ 성서캠퍼스 본관 앞 우물 정(井)자

▲ 대명캠퍼스 동산관 앞 맷돌

만든 우물 정(井)자의 석조물이다. 이것은 정겨운 옛 멋을 재현하기도 하지만 우리를 삶의 원천에 대한 사유로 인도한다. 동서양을 막론하고 샘은 인류 문화의 발전과 자연의 생육 번성에 필수불가결한 역할을 했다. 이 우물 정(井)자의 조형물이 학교 잔디밭에 두 개 배치되어 있는데, 두 가지 문화사적 맥락에 그 끈을 대고 있다.

하나는『성경』에 연원하는 것으로 **진리와 구원의 샘**을 말한다. 계명의 정체성이자 역사적 소명에 다름 아니다. 다른 하나는『용비어천가』에 나오는 **'샘이 깊은 물'**에 연유한 것으로 계명이 한국의 역사와 문화를 지키고 계승해 나가겠다는 의지의 표현이다. 유사한 의미 차원에서 캠퍼스의 여러 곳에 배치되어 있는 맷돌을 이해할 수 있다. 오래전부터 **맷돌**은 음식을 만들기 위해 곡물을 갈아 부드러운 가루로 만드는 삶의 필수 도구였다. 이것이 던지는 메시지는 계명의 지성인들도 각종 **정보와 지식의 곡물을 갈아 분말로 만들어** 흡수 소화해 전인적인 인격을 형성해야 한다는 것이다.

마찬가지로 캠퍼스 곳곳에 고풍스런 풍경을 조성하고 있는 단지나 독 같은 각종 옹기는 보기에도 좋지만 시각적 아름다움 이상의 의미를 담고 있다. 독은 이미 고구려 고분 벽화에 나올 만큼 오랜 역사를 자랑하는데 그 안에는 우리 조상들의 지혜가 담겨 있다. 크기, 모양, 용도에 따라 천차만별의 종류가 있지만 특히 장독과 김칫독은 채소나 곡물이 나지 않는 겨울에도 필요한 영양분을 제공한다. 이처럼 계명인들도 열심히 **탐구하고 개발한 지식을 발효**시켜 유용한 작품으로 형상화하고, 그것을 더욱 **숙성시켜 인류에게 유익한 지혜**로 만들어내는 그릇이 되어야 할 것이다.

제2절 | 동산캠퍼스: 인술 시행과 선교의 보금자리

동산캠퍼스는 일반인들에게 동산병원으로 더 잘 알려져 있다. 동산(東山)이란 이름은 달성토성(현 달성공원)과 서문시장 동쪽에 있다고 해서 붙여진 것이다. 1899년 안의와 선교사가 달성 서씨 문중으로부터 사들인 자그마한 산으로, 지저귀는 새소리를 들으며 자연 그대로의 바람과 햇빛을 느낄 수 있는 공기 좋고 아늑한 곳이었다.

이 동산에 병원과 교회뿐만 아니라 선교사들이 거주하는 주택도 들어서서, 계명대학교의 역사뿐만 아니라 대구 근대사의 역사적 유물과 유적이 많이 보존되어 있다. 2010년 1월 동아시아학으로 저명한 영국 셰필드대학교의 제임스 그레이슨 (James H. Grayson, 1944~) 교수가 대구시장에게 편지 한 통을 보내 와서 화제가 된 적이 있다. 편지는 대구를 몹시 사랑하는 사람이라는 전제 하에, 약령시의 주변 골목길과 종로 주변의 한옥들을 어떤 일이 있어도 보존해줬으면 좋겠다는 내용이었다. 옛것을 보존하고 가꾸는 데 취약한 한국인들에게는 꽤 충격적인 편지였다. 이런 의미에서 동산캠퍼스는 대구 근대사의 한 모습을 잘 보존하고 있어 귀감이 되고 있다.

의료 선교 박물관과 종(鐘) 및 은혜정원: 대구 선교 역사의 증거

20세기 초엽에 선교사들에 의해 기독교와 함께 서양 의술이 대구에 도입되었다. 이들 선교사들이 거주하며 활동하던 집이 지금의 동산캠퍼스 언덕 위에 예쁘게 보존되어 있다. 붉은 벽돌의 기와집 세 채가 모두 100년의 역사를 담고 있는데, 1999년부터는 대구시 유형 문화재로 지정되어 박물관으로 변신했다.

▲ 동산캠퍼스 의료 선교 박물관

▲ 선교사들의 무덤이 있는 동산캠퍼스 은혜정원

▲ 은혜정원에 있는 안의와 선교사 부인 넬리 딕의 묘비

'의료 선교 박물관'이란 이름 아래 세 채의 주택은 각각 주제별 박물관으로 꾸며져 있다. 선교 박물관인 스윗즈주택은 스윗즈(Switzer) 선교사와 현거선 계성학교 교장 및 감부열 계명대학 초대 학장 등이 살았던 집으로 대구 읍성돌(城石)을 주춧돌로 사용해 문화재로서 큰 의미가 있기도 하다. 여기에는 개신교 교회사에 관한 사진 자료와 여러 종류의 『성경』과 선교 유물들이 전시되어 있다. 교육·역사 박물관인 블레어 주택은 블레어(Blair) 목사가 살았던 집으로 여기에는 조선 시대 서당과 1960~70년대 초등학교 교실이 재현되어 있을 뿐 아니라 시대별 교과서와 민속 자료 및 대구 지역 3·1운동의 모습을 생생히 담은 사진 자료도 풍부하게 전시되어 있다. 의료 박물관인 챔니스주택은 챔니스(Chamness) 목사와 마포화열 동산병원장 등이 살았던 집으로 1900년대 전후의 동서양 의료 기기를 많이 소장하고 있어 근대 의학의 발전상을 한눈에 볼 수 있다. 이곳은 아름다운 주변 정경으로 인해 각종 영화의 배경으로 인기가 높으며, 2012년 '한국 관광의 별'에 선정된 대구 근대 골목 투어의 핵심적 장소로 기능하고 있다.

의료 선교 박물관 옆에는 어디선가 떼어 온 담장이 세워져 있고 그 사이에 종(鐘) 하나가 걸려 있다. 동산의료원은 1999년 개원 100주년을 맞아 대구에서는 최초로 병원의 담장을 허물어 사회와 수평적인 만남을 시도했다. 이것을 기념해 정문 쪽의 빨간 담장을 활용해 기념물로 세우고 그 위에 종을 걸어 놓았다. **이 종은 동산의료원이 개척한 147개 교회 중의 하나가 기증**한 것이다.

의료 선교 박물관 남편 아래쪽에는 선교사가 묻힌 무덤이 있다. 머나먼 이국땅에 와서 배척과 박해를 무릅쓰고 혼신을 다해 복음을 전파하며 인술을 베풀다가 삶을 마감한 선교사와 그 가족들의 바람과 꿈이 깃들어 있는 곳이기에 은혜정원(Garden of Mercy)이라고 했다. 여기에는 "그녀는 죽은 것이 아니라 잠들어 있을 뿐이다.(She is not dead but sleepeth.)"라고 새겨진 안의와 선교사 부인 넬리 딕 여사의 묘비를 비롯해 13개의 묘석이 있다.

한국 최초의 사과나무: 이유 있는 대구 능금 미인

대구하면 미인의 도시로 통하는데 거기에는 늘 '능금 미인'이라는 수식어가 따라붙는다. 곧 대구가 사과의 고장이라는 사실을 방증하는 말이다. 이 대구 사과의 역사가 동산캠퍼스에 생생히 살아 있다. 의료 선교 박물관에 가보면 뜰 한가운데 80여 년 묵은 사과나무가 '보호수'라는 팻말을 붙이고 서 있다. 이것이 한국에 들어온 현대 사과나무의 후손목이다. 1899년 장인차 선교사가 미국을 방문하고 오는 길에 3개 품종의 사과나무 72그루를 가지고 와서 사택 뜰에 심어 키우기 시작했다. 그렇지만 이 미주리주 품종은 잘 자라지 못했다. 이에 안의와 선교사가 캔자스주 사과 묘목을 들여와 신맛이 나는 토종 능금나무 줄기에 접을 붙여 잘 자라게 하는 데 성공했다. 이를 동산의료원 주변으로 보급한 것이 대구 사과나무의 효시로 알려져 있으며, 그 후 이 사과묘목이 대구의 여러 지역으로 퍼져 나가 대구를 '사과의 도시'로 만들게 했다.

2000년 10월 19일 대구시 보호수 제1호로 지정된 72그루 2세목은 수령이 85년이 넘어 지난 2018년 6월 고사하고 말았다. 따라서 최근 사과나무의 형질을 보존하고 대구 사과의 옛 명성을 이어가기 위해 고사한 2세목 옆자리에 3세목 세 그루를 심어 관리하고 있다. 3세목은 2세목의 형질 보존을 위해 2007년 3월부터 대구수목원에서 접목으로 육성한 후계목으로 사과나무의 전통과 명맥을 잇기 위해 2013년 5월 이곳으로 옮겨 심었다.

▲ 동산캠퍼스 청라언덕, 「동무생각(思友)」 기념비

동무생각: 청라언덕의 순정

박태준(朴泰俊, 1900~1986)의 **「동무생각(思友)」**은 한국 가곡사의 첫 페이지를 장식하는 기념비적 작품이다. 이 노래의 기념비가 동산캠퍼스 안에 아담하게 세워져 있는데, 마산 출신의 유명 시인 이은상(李殷相, 1903~1982)이 가사를 썼다.

봄의 교향악이 울려 퍼지는 청라언덕 위에 백합 필 적에
나는 흰 나리 꽃 향내 맡으며 너를 위해 노래 노래 부른다.
청라언덕과 같은 내 맘에 백합 같은 내 동무야
네가 내게서 피어날 적에 모든 슬픔이 사라진다.

더운 백사장에 밀려드는 저녁 조수 위에 흰 새 뛸 적에
나는 멀리 산천 바라보면서 너를 위해 노래 노래 부른다.
저녁 조수와 같은 내 맘에 흰 새 같은 내 동무야
네가 내게서 떠돌 때에는 모든 슬픔이 사라진다.

여기 나오는 **'청라언덕'은 바로 동산캠퍼스의 담쟁이덩굴 언덕**을 말한다. 계성학교 출신의 박태준은 학창 시절에 신명여학교에 다니는 한 소녀(유인경)를 사모했다. 노래 가사에 나오듯이 백합처럼 맑고 고운 여학생이었다. 그러나 워낙 내성적이었던 박태준은 말 한마디 건네지 못했다. 나중에 이 이야기를 들은 친구 이은상이 지은 시가 「동무생각」이다. '푸른 담쟁이덩굴'을 뜻하는 청라(靑蘿)는 흰 백합과 어우러져 아름다운 시각적 이미지를 이룬다. 앞에서 말한 바 있듯이 청라는 계명대학교 캠퍼스 미학에 핵심적인 요소이다.

이 청라언덕은 우리 민족의 독립운동사에 길이 빛나는 대구 지역 3·1 만세 운동의 발상지이기도 하다. 1919년 3월 1일을 기점으로 전국에서 만세 운동이 일어났을 때, 동산기독병원 청라언덕의 오솔길이 학생들이 일본 경찰의 눈을 피하기 위해 상인으로 위장을 한 채 가슴에 독립 선언서를 품고 약속 장소로 가던 비밀 통로로 쓰였다. 당시 대구에서는 3월 8일 학생, 상인, 시민 등 많은 군중이 '큰장'(일명 '서문밖 시장', 지금 섬유회관 자리에서 달성공원 인근까지 지역)에 모여 시가 행진을 하면서 "대한

▲ 동산캠퍼스 대구 3·1 운동길(90계단)

독립 만세"를 외쳤다. 90계단으로 된 이 길은 3·1 운동 84주년이던 2003년 3·1 정신을 후세에 길이 전하기 위해 '대구 3·1 운동길'로 명명되었는데, 그 후 대구 근대 골목 투어에 포함되어 대구의 관광 명소로 널리 알려져 있다. 이 길의 좌우 벽에는 1900년대 초에 촬영된 3·1 운동과 대구의 당시 모습을 담은 사진들이 설명과 함께 걸려 있다.

제3절 | 성서캠퍼스: 제2의 창학과 웅비의 전당

정문: 진리와 정의와 사랑의 나라로

성서캠퍼스 정문 앞에 서면 일단 그 웅장한 숭고미에 압도당한다. **맨 앞에는 돌로 된 두 권의 책**이 있고 그 뒤로 **세 개의 거대한 석조물**이 서 있다. 이 세 개는 기독교의 핵심 교리인 삼위일체를 상징하면서 동시에 계명대학교 교육 이념의 핵심 개념인

▲ 성서캠퍼스 정문의 교명석

'진리와 정의와 사랑'을 함의한다. 가운데 있는 것이 성부와 사랑을 가리킨다. 이 세 개의 구조물을 다시 백색의 이오니아식(Ionic Order) 기둥이 두 줄로 받치고 있는데, 앞줄의 12개는 예수님의 제자를 뜻하고 뒷줄의 12개는 그 정신을 이어받는 계명의 구성원을 뜻한다. 중앙의 건물 정면에는 한글로 '계명대학교'라고 새겨져 있다.

잔디 위의 책은 오석(烏石: 까마귀처럼 검고 빛나는 돌)으로 만든 것으로 각각 '계명대학교'와 'KEIMYUNG UNIVERSITY'라고 쓰여 있다. 한 권은 동양 학문의 총체로, 또 다른 한 권은 서양 학문의 총체로 이해할 수 있는데 이것은 계명의 보편적 학문 정신을 강조한다.

계명인 상(像): 계명인이 꿈꾸는 모습

정문을 지나 곧바로 가면 동산도서관으로 가는 광장이 나온다. 이 광장 입구에 **커다란 돌 두 개**가 놓여 있다. 하나는 사람처럼 서 있고 하나는 널따랗게 펼쳐져 있는 모양새이다. 다듬어지지 않은 이 야석(野石)이 이름 하여 **'계명인 상'**이다. 가로로 놓여 있는 넓적한 돌에는 석판인 듯 많은 단어가 새겨져 있다. 그것은 계명대학교가 추구하는 10개의 실체와 10개의 가치를 나타낸다. 10개의 실체란 '나, 너, 계명, 이웃, 한국, 인류, 자연, 과학, 예수, 하나님'이고, 10개의 가치는 '진리, 정의, 사랑, 나라, 학문, 탁월, 윤리, 봉사, 은혜, 구원'이다. 이 단어들을 계명대학교에서 가르치는 10개 언어로 새겼으니, '한국어, 중국어, 일본어, 영어, 독일어, 불어, 노어, 나전어, 희랍어, 히브리어'가 그것들이다. 돌의 윗부분에는 『구약 성경』의 첫 구절이, 아랫부분에는 『신약 성경』의 마지막 구절이 원어로 새겨져 있다. 이 모든 것은 물론 계명대학교의 창학 정신과 교육 이념 및 교육 목적을 명시한다.

동산도서관 앞 광장에는 여러 가지 중요한 기념물이나 조각 작품이 설치되어 있다. 이중에 무엇보다 **신태식 학장을 기리는 시비(詩碑)**가 눈길을 끈다. 제3대 신태식 학장에 대해서는 여러 권의 책이 나와 있을 정도로 그 업적이 대단하다. 그러나 그 누구의 상찬보다 뜻 깊은 시 한 편이 있으니 바로 목월(木月) 박영종(朴泳鍾, 1916~1978)의 헌시이다. **박목월이 신태식 학장의 회갑 때 바친 시**로 「나의 노래」란 제목을 달고 있다. 여기에 이런 구절이 있다.

▲ 성서캠퍼스 정문에 들어서면 마주 보이는 계명인 상(像)

▲ 계명인 상(像), 10개의 언어가 새겨진 비석

의로운 일을 위해서
불꽃처럼 타오르던
그 분의
환한 눈
시련 속에서
굳게 입 다문
그분의 인내와 의지
나는 옆에서 보았음으로
알고 있네.

대체로 존경심은 범접할 수 없는 거리감에서 나오는 경우가 많고, 가까이 있는 사람에게 존경을 받는다는 것은 쉬운 일이 아니다. 평생 친구로 지낸 박목월이, 그것도 대한민국의 대표 시인이 신태식 박사를 '그 분'으로 부르며 존경하는 마음을 시화했다는 것은 범상한 일이 아니다. 시인 박목월은 신태식 학장의 **'의로운 일'이 다름 아닌 '조국의 젊은 세대를 교육하는 일'**이라는 사실을 높이 평가하고 있다. 실로 신태식 박사는 평생 계명의 교육에 헌신하다가 2004년에 타계했다. 그리고 저 시비를 통해 다시 우리의 스승으로 다가오고 있다.

아담스채플: 청석산의 주춧돌이 궁산 위의 영광으로

궁산 위에 우뚝 솟은 아담스채플, 부드럽고 안정적인 선의 로마네스크 양식(Romanes-que Order)에 회화성 강한 비잔틴 양식(Byzantine Order)이 조화를 이룬 신령한 성채이다. 지난 1999년 학부 교육 기관 계명대학교 설립에 중추적 역할을 한 안두화 선교사의 업적을 기리고, 우리를 사랑하는 하나님을 경외하며 하나님께 찬미와 경배를 드리기 위해 계명대학교의 정신적인 상징의 건물로 건축된 예배당이다. 공식 명칭은 'The Adams Hall of Worship and Praise'이지만 보통 **아담스채플**이라고 부른다.

지붕 위로 솟은 세 개의 탑은 믿음, 사랑, 소망과 계명대학교의 교육 이념인 '진리와 정의와 사랑의 나라'를 상징하고, 160여 개의 스테인드글라스는 『성경』 내용과 계명대학교의 이미지를 형상화한 작품으로 계명대학교 재직 교수들이 제작했다. 가운데 돔(Dome)은 예수님의 12제자를 스테인드글라스로 나타냈으며, 좌우 양쪽에 있는

▲ 3,770여 개의 파이프로 구성된 아담스채플의 파이프 오르간

7개의 기둥은 「요한 계시록」에 나오는 아시아의 일곱 교회를 암시하는 것으로 세계 교회의 총체를 의미한다.

건물 대예배실에는 독일 베를린 소재 칼 슈케(Karl Schuke)사의 519번째 작품인 파이프 오르간이 설치되어 있다. **47개의 음전(음색), 3단의 손건반과 발건반, 3770개의 파이프**가 있는 이 **오르간은 576가지 음색 조합 입력이 가능**해, 르네상스 시대부터 현대까지 그 어떤 고난도의 오르간 작품이라도 연주하기에 조금도 모자람이 없다. 이곳에서는 정기 오르간 연주회는 물론 학생 채플과 교직원 예배 및 학위 수여식 등 교내 각종 행사가 열려, 그때 아름답고 웅장한 파이프 오르간 소리가 참석자들의 심금을 울린다.

웅장한 일층 대예배실의 좌석에는 **기부금을 낸 사람들의 이름**이 붙어 있다. 그런데 계명의 역사에 다소 생소한 이름 하나가 있다. **정원영**이 그것이다. 사연은 2000년으로 거슬러 올라간다. 어느 교양 과목 담당 교수가 '세상에서 가장 가고 싶은 곳과 그 이유'라는 제목으로 학생들에게 글쓰기 과제를 냈다. 금강산이 나오고 타지마할(인도의 대표적인 이슬람 건축물)이 나왔다. 세계의 유명 관광지가 거의 다 언급되었다. 그런데 어느 여학생이 세상에서 가장 가고 싶은 곳으로 아담스채플을 꼽았다. 언덕 숲

▲ 아담스채플의 의자

▲ 아담스채플의 정원영 의자

속에 위치하고 있는 아름다운 예배당으로 언제든지 찾아가면 자신만의 시간을 가질 수 있고 광활한 마음의 세계를 꾸며갈 수 있는 곳이라는 것이 그 이유였다. **바로 이 여학생의 이름이 정원영**이다. 계명대학교는 그의 깊고 순수한 마음을 높이 사서 그가 즐겨 앉던 의자를 **'정원영 의자'**로 정해 기념하고 있는 것이다.

그리고 아담스채플을 지나 학군단으로 올라가는 후미진 언덕길은 억새풀이 무성하게 자라 있어 멋진 산책로가 된다. 계명대학교가 성서로 이전해오던 초창기에 현재 계명아트센터 위치에 군락을 이루어 자라고 있는 것을 교직원들이 이곳으로 옮겨 심은 것이다. 늦여름에서 초가을까지 언덕길 양 옆으로 솟아오른 억새풀의 연보라색 꽃술이 장관을 이룰 때면, 계명대학교 학생들과 인근 주민들은 물론 소문 듣고 찾아온 사람들로 북새통을 이룬다.

계명한학촌과 계명아트센터: 전통문화와 예술의 전당

웅장하고 이국적인 아담스채플 밑에 정답고도 예스러운 **계명한학촌(啓明韓學村)**이 자리 잡고 있다. 이는 계명대학교가 2004년 계명인뿐만 아니라 대구 시민과 전

▲ 계명한학촌 경천당 전통 혼례

▲ 계명한학촌 계정헌 앞뜰 연못

세계인들에게 자랑스러운 우리의 전통 문화를 널리 소개하고 교육하기 위해 옛날 집을 그대로 재현해 조성한 것이다.

계명한학촌은 크게 **계명서당(啓明書堂)**과 **계정헌(溪亭軒)** 및 **정원(庭園)**의 세 부분으로 구성되어 있다. 계명서당은 학문과 이상적 가치를 대변하는 전통적인 학습관으로, 도동서원(道東書院) 및 도산서원(陶山書院)과 같은 우리나라 대표 서원의 형태를 본보기로 해서 경천당(敬天堂) 외 5개 동으로 구성되어 있으며 지형적으로 생활관보다 더 높은 곳에 위치해 있다. 계정헌은 생활 공간으로 안동 하회마을의 양진당과 경주 양동마을의 향단을 본 떠 지었다. **학문과 일상의 두 세계를 이어주는 통로**가 바로 돌로 만들어진 **선비교**이다. 다시 말해서 선비교는 민가와 서당, 생활과 학문, 현실과 이상, 유한과 영원을 연결해주는 의미 깊은 다리인 것이다. 정원은 우리 조상들의 전통적 정원 개념에 입각해 천원지방(天圓地方) 곧 '하늘은 둥글고 땅은 네모지다'는 우주관을 본 떠 조성했다.

전통의 향기가 물씬 나는 계명한학촌은 궁산의 지형과 환경을 그대로 살려 소나무, 정자, 폭포 등이 한 폭의 그림처럼 어우러지도록 조성해 사시사철 아름답고 생동감이 넘친다. 건물 구조는 물론 생활 양식도 철저히 우리의 전통을 지키고 있다. 소나무와 황토를 기본으로 건립한 친환경적 가옥 구조에다 호롱불을 사용하고 난방도 나무 장작을 때는 온돌을 사용하고 있다.

계명한학촌에는 다양한 **한문 강좌**를 비롯해 여러 가지 **전통 문화 강좌**가 열린다. 이곳은 계명대학교 학생들을 위한 '계명 Culture Tour'는 물론 **대구 시티 투어 코스**에도 들어 있어 우리 전통 문화를 체험하는 산 교육 장소로 활용되고 있다. 또한 전통 혼례식의 장소로도 애용되고, 주요 외국 사절을 접대하는 야외 파티 장소로도 쓰인다. 국제교류와 세계화에 가장 앞서가는 계명대학교가 가장 한국적인 문화와 전통을 되살려내고 있다는 사실은 의미심장한 일이다.

성서캠퍼스 동문 쪽에 위치한 계명아트센터(Keimyung Art Center)는 명실 공히 계명의 예술 정신을 함축하고 있는 곳이다. 1,954명의 관객을 수용하는 계명아트센터는 건축학적 외관만으로도 명성이 높다. 2008년 10월 개관 이후 바로 다음해에 대구

▲ 계명한학촌 선비교

시로부터 건축 금상을 받은 것은 우연도 행운도 아니다. 계명아트센터는 대학의 공연장으로 주변 환경을 치밀하게 고려했고, 고전적 외관과 최첨단의 내부 시설은 전통과 현대를 탁월하게 통합하고 있다. 아울러 계명아트센터는 대형 오페라와 뮤지컬도 공연할 수 있는 국내에 몇 안되는 명품 공연 공간이다.

그 결과 이 공연 공간에는 각종 음악회는 물론 국내외의 유명 오페라와 뮤지컬 등의 무대가 연일 성황리에 개최되고 있다. 이곳을 찾는 관객들은 성서캠퍼스의 아름다운 경관 속에서 최첨단 공연장이 빚어내는 수준 높은 음악의 세계를 만끽할 수 있다.

행소박물관: 역사의 향기에 취하는 문화 공간

'문화인이란 비가 오지 않아도 박물관에 가는 사람'이라는 영국 속담이 있다. 실로 박물관은 역사를 돌아보고 옛사람과 대화할 수 있는 지성인들의 소중한 공간이다. 계명대학교 박물관은 1978년 5월 대명캠퍼스에서 개관한 이래 다양한 유적의 발굴 조사와 특별 전시 및 박물관 교육을 통해 대구·경북 지역의 역사와 문화를 보여주는 문화 공간으로 자리잡아 왔다.

계명대학교는 학부 교육 기관 탄생 50주년을 맞이해 2004년 성서캠퍼스 동문 오른쪽에 지하 1층, 지상 2층 연면적 6,709.49㎡ 규모의 박물관 전용 건물을 신축하고 '행소박물관'이란 이름을 달았다. 행소박물관은 2층의 상설 전시실과 1층의 동곡실(특별 전시실)을 비롯해 학예 연구실, 유물 정리실, 지하의 시청각실과 뮤지엄 카페 등으로 구성되어 있다. 특히 행소박물관은 전국 400여 개 대학 가운데 독립 건물을 가진 몇 안되는 명실상부한 대학 박물관이다.

상설 전시실은 제1전시실과 제2전시실로 나눠지는데, 제1전시실에는 학교의 역사를 엿볼 수 있는 계명 역사 자료와 구석기 시대부터 원삼국 시대까지의 문화상이 시대별로 전시되어 있다. 특히 행소박물관에서 발굴 조사한 김천 송죽리 선사 시대 및 청동기 시대 유물이 눈에 띈다. 제2전시실에는 가야를 비롯한 삼국 시대부터 조선 시대에 이르는 유물들이 전시되어 있는데, 고령 지산동 고분과 성주 성산동 고분 등에서 출토된 삼국 시대의 철기와 토기 유물, 통일신라 시대의 토기와 기와들, 고려 시대의 청자를 비롯한 공예품들, 조선 시대 자기 및 생활용품 등이 주종을 이루고 있다. 시청

▲ 2004년 준공한 행소박물관

▲ 행소박물관 정문 암각화

각실에서는 현재 문화 아카데미 등 다양한 박물관 교육이 이루어지고 있으며, 뮤지엄 카페는 박물관 분위기와 어울려 박물관을 찾은 관람객의 휴식 장소로 활용되고 있다.

행소박물관은 그 동안 '대영 박물관 대구전'(2005년), '중국 국보 대구전'(2007년) 등 비중 있는 전시회를 개최한 바 있으며, '대구·경북 신석기 문화의 시작과 끝'(2012년)이라는 주제로 전시회를 열어 우리나라 최초의 배 파편 등 신석기 시대 유물을 관람객들에게 공개했다. 이밖에 문화 아카데미 박물관 강좌를 비롯한 문화 유적 답사 등 각종 문화 체험 행사를 통해 교직원과 학생 그리고 지역 주민과 소통하면서 찾아오는 사람들로 하여금 역사의 향기에 취하게 하고 있다.

'행소(行素)'는 『중용(中庸)』 제14장에 보이는 "군자소기위이행, 불원호기외.(君子素其位而行, 不願乎其外.)"라는 글귀에서 따온 말로 신일희 총장의 아호이다. "군자는 현재 자신이 처한 자리에서 마땅히 해야 할 일을 행할 뿐 본연의 자리를 벗어난 다른 무엇을 바라지 않는다."는 뜻으로, 자기의 본분을 알고 맡은 바 직무에 충실할 뿐 여기저기 기웃거리지 않는 군자의 삶을 잘 형용한다.

'행소'라는 아호는 오직 한 길 고등 교육의 현장을 묵묵히 지키면서 청지기의 삶을 실천해 온 신일희 총장의 인생을 정확하게 대변한다. 신일희 총장은 매사에 절제하며 소박하고 겸손하게 생활하고 본연의 업무에 충실하게 임하지만, 문학과 예술 그리고 역사와 유물 등에는 남다른 조예와 열정을 가지고 있다.

가온길: 낭만과 사색의 길

성서캠퍼스에는 길이 참 많다. 길은 길에 연해 건물과 건물을 잇고 학문과 학문을 이어준다. 통섭을 지향하는 이 시대에 대학 교정의 길이란 그 함의가 특별하다. 이런 의미에서 성서캠퍼스의 길 하나를 언급하지 않을 수 없으니 이름 하여 가온길이다. 소나무로 둘러싸인 계명한학촌과 장엄한 아담스채플을 잇는 산길의 이름이다. 유학(儒學)의 세계와 기독교의 세계를 잇고 동양 정신과 서양 정신을 잇는 작으나 작지 않은 길이다.

계명한학촌 선비교 우측에서 고개를 들고 아담스채플을 향해 올라가면 밟게 되는 길이 바로 가온길이다. 아늑한 잿빛 계단에 붉은 벽돌이 깔린 이 길을 올라가면 끝자락에서 아담스채플이 우리를 환영하는데, 그 길의 출구(입구)는 두 갈래로 나뉜다. 오른쪽으로 가면 돌로 새긴 두 마리의 코끼리가 기다리고 있고, 왼쪽으로 가면 사자 두 마리가 반긴다. 코끼리는 지혜와 자비를 상징하고 사자는 계명의 엠블럼이니, 이 길은 계명인에게 끝없는 용기와 드높은 기상을 고취시킨다.

가온길을 걷노라면 어디선가 잔잔하게 음악이 흘러나오는데, 둘러보면 길옆 나무 사이에 은빛 돌로 된 스피커가 놓여 있다. 학생들은 이것을 '돌피커'라고도 부르는데, 아이디어와 디자인이 자연과 절묘하게 어우러지고 있다. 길의 끝자락에는 가로로 이어진 널찍한 길에 벤치가 군데군데 놓여 있어 휴식을 취하거나 대화를 나누기에 더없이 좋다.

아름답고 정겨운 느낌을 주는 가온길이라는 이름은 순수한 우리말로 '가운데 길' 또는 '올바른 길'을 뜻한다. 동양과 서양의 가치를 어느 한쪽으로 치우치지 않고 올바르게 받아들이라는 메시지를 담고 있는 것이다. 또한 대구·경북 지역의 사투리로 가온길은 '가(그 아이)가 온 길', 즉 '내 친구가 온 길이고 내 친구를 만난 길'이며 '가(가져) 온 길', 즉 '나 자신을 들여다보기 위해서 나 자신을 가져온 길'도 된다. 또 한자로

▲ 계명한학촌에서 아담스채플로 가는 가온길

'가온(加溫)'은 '온기를 더한다'는 뜻이므로 '따뜻한 인격을 함양한다'는 의미도 된다.

이렇게 많은 의미를 가지고 여러 가지 생각을 하게 하는 가온길이란 이름은 2010년 교내 '길 이름 짓기' 공모를 통해 선정되었다. 출발부터 치열한 사색의 경쟁을 거쳤다는 이야기이다. 예로부터 지성인들에게 길이란 사색의 은유가 아니던가. 독일의 하이델베르크에는 네카강을 따라 산기슭에 아름다운 산책 길이 하나 나 있는데, 그 유명한 '철학자의 길(Philosophenweg)'이다. 수많은 독일의 지성들이 그 길을 걸으며 사유의 세계를 탐색했다. 이러한 의미에서 계명인들을 낭만과 사색의 세계로 인도하는 데 가온길이 크게 일조하고 있다.

타불라라사(TABULA RASA): 내일을 그리는 계명의 초상화

2014년 9월 1일에 창립 115주년을 선포한 계명대학교의 현재 얼굴은 어떤 모습일까? **성서캠퍼스 본관 벽에는 커다란 백지 한 장**이 붙어 있다. 무슨 추상화인가 싶어 가까이 가보면 아무것도 없는 액자 밑에 **「TABULA RASA, 우리가 얼굴을 가질 때까지」**라는 제목 하나만 달려 있을 뿐이다. 'Tabula Rasa'는 '백지'라는 뜻을 가진 라틴어다.

이것이 계명대학교의 본관 벽에 붙어 있는 연유는 이러하다. 1996년 성서캠퍼스에 본관이 봉헌된 후 학교는 벽에 걸어 둘 그림 하나를 물색하고 있었다. 계명의 교육 이념을 가장 잘 대변해주는 작품이어야 했다. 쉽게 결정할 수 없어 고민하고 있던 중 영국에서 학자 출신의 한 행정가가 학교를 방문했다. 누군가 그 영국인에게 물었다. "한 대학이 진정한 고등 교육 기관으로 성장하는데 얼마의 시간이 필요할까요?" 이에 그 영국 사람이 웃으면서 대답했다. "적어도 몇 백 년은 걸리겠지요." 여기서 「TABULA RASA」라는 작품 아닌 작품이 탄생했다.

계명대학교의 역사는 이제 막 124년을 넘었지만, 계명의 본질을 정립하고 올바른 방향을 설정하는 데 앞으로 얼마의 세월이 더 필요할지 알 수 없다. 그날이 올 때까지, **계명이 계명만의 참 얼굴을 가질 때까지**, 반드시 올 그날까지 계명은 백지를 펼쳐 놓고 있기로 했다. 향후 저 백지 위에 어떤 초상화가 그려질지는 모든 계명인들이 **'지금 여기'에서 계명 정신**을 어떻게 구현해가느냐에 달려 있을 것이다.

계명대학교 동산병원: 대한민국을 넘어 세계로 향할 글로벌 의료원

2012년 4월에 착공한 계명대학교 동산병원이 2018년 9월 성서캠퍼스 내에 완공되어 계명대학교 창립 120주년인 2019년 4월 15일 개원했다.

계명대학교 동산병원은 지하 5층, 지상 20층의 큰 규모를 가진 에너지 절약형 친환경 건물이라는 위용뿐 아니라, 의료 서비스 면에서 의료의 안정성과 질을 보장하는 JCI인증, 개실형(1인실) 집중 치료실 등을 갖춘 환자 중심의 첨단 병원으로 거듭나게 된다. 병동에서 외부 환경을 내다볼 수 있고 외래 병동 사이에 아트리움을 설치해 자연과 소통할 수 있도록 설계했을 뿐 아니라, 자연 채광이 건물 곳곳에 스며들도록 배려했다. 게다가 중앙광장, 치유정원, 허브정원, 옥상정원, 웰비잉라운지, 조망쉼터, 햇살쉼터, 녹색쉼터 등 병원 내부 도처에 휴식 공간과 쉼터와 같은 공간을 조성해 단순히 질환만 치료하는 곳이 아니라 몸과 마음을 치유하는 고객 중심의 호텔 같은 미래형 명품 병원의 전형이 되도록 설계했다. 이로써 환자에게 위압감을 주는 딱딱한 병원이 아니라 호텔과 같은 고품격 분위기를 만들어 환자의 아픔을 어루만져 줄 수 있을 것이다.

동산의료원은 6·25 한국전쟁 직후에 큰 화재가 난 적이 있었다. 당시로서는 X-ray와 같은 의료 기자재가 가장 귀한 재산이었지만, 의사와 직원들은 고가의 장비를 버려두고 화마를 무릅쓰며 환자를 우선적으로 대피시켰다. 유사한 사고 시에 의사가 먼저 대피한 다른 병원들과는 극명하게 달랐다.

동산의료원은 이런 정신을 이어받아 그 동안 '최우수 친절 병원'과 지역 최고의 '외국인 환자 유치 우수 병원'으로 선정되어 대구 의료계의 위상을 크게 높인 것으로 평가되어 왔다. 아울러 창립 정신을 기억하면서 불우한 이웃과 환자들을 위해 국내외적으로 봉사해온 자랑스러운 전통을 가지고 있다. 앞으로 계명대학교 동산병원은 최첨단 시설과 양질의 의료 기술을 가지고 이웃과 세계를 위해 봉사하는 글로벌 의료원이 되어 메디시티 대구의 자랑거리로서 환자 만족도 1위 상급 종합 병원으로 우뚝 설 것이다.

▲ 계명대학교 동산병원

생각 나누기

01 계명대학교 캠퍼스에는 유심히 관찰하고 곰곰이 생각해볼 만한 것들이 여기저기에 흩어져 있고 이곳저곳에 숨겨져 있다. 세 곳의 캠퍼스에 깔려 있는 계명 역사를 직접 탐색해보자.

02 계명대학교 캠퍼스가 배경이 된 영화나 드라마는 어떤 것이 있는지 찾아보고, 어떤 이유로 계명대학교가 영화나 드라마의 무대가 되었는지 생각해보자.

03 계명대학교가 캠퍼스를 아름답게 가꾸어 놓은 이유는 무엇이며, 우리가 이곳에서 무엇을 공부하고 어떤 꿈을 꾸고 싶은지를 각자 나누어보자.

04 틈이 나거나 사색이 필요할 때 자신이 좋아하는 캠퍼스 내 산책 코스를 개발하고, 그 길을 걸으면서 스스로의 계명 역사를 가꾸어보자.

05 미래의 병원은 어떤 모습으로 환자를 맞이해야 할 것이며, 그러기 위해서는 어떤 시설과 분위기를 조성해야 좋을지 생각해보자.

참고 자료

· 계명대학교 동산의료원, 『사랑과 봉사의 발자취 동산의료원 100년』, 대구: (주)애드코인&애드코인 퍼블리케이션, 1999.

· 계명대학교박물관, 『사진으로 보는 계명 50년(1954~2004)』, 대구: 애드갤러리, 2004.

· 김철수 외, 『대학생과 학문』, 서울: 한국학술정보, 2002.

· 김호진, 『대학의 이상과 미래』, 서울: 역민사, 1998.

· 와이즈멘토, 『사진으로 보는 세계의 명문 대학』, 서울: 동아일보사, 2009.

· 「계명대학교 대명캠퍼스풍경」(유튜브), 2012.

· 「그해 여름」(영화), 조근식 감독, 2006.

· 「꽃남, 각시탈 11」(유튜브), 2011.

· 「동감」(영화), 김정권 감독, 2000.

· 「박쥐」(영화), 박찬욱 감독, 2009.

· 「사랑비」(KBS2 드라마), 윤석호 연출, 2012.

· 「세계로 향해 빛을 여는 계명대학교」(DVD), 계명대학교 홍보팀, 2010.

· 「6월의 일기」(영화), 임경수 감독, 2005.

제8장
계명의 보물들

계명대학교에는 아름다운 캠퍼스 외형만 있는 것이 아니라, 알고 보면 알찬 보물들이 도처에 숨어 있다. 특히 교육과학기술부 주관 전국 대학 도서관 시범 평가(2010년)에서 종합 6위의 성적을 거둔 동산도서관, 그리고 귀중한 유물을 다량 보관 전시중인 행소박물관에는 국보급 국가 문화재들도 많이 들어 있다. 이제 그 숨은 진주를 캐러 떠나보자.

제1절 | 한적 자료 수집과 의의

동산도서관은 2023년 9월 1일 기준으로 국내서 1,351,451책과 국외서 346,672책의 도서 자료를 소장해 학생 1인당 장서수가 85.3책에 달하고, 이밖에 e-book(오디오북 포함) 129,064책 및 비도서 자료 65,642점과 국내외 전자 자료 43종 패키지 및

1,518종의 연속 간행물을 소장하고 있다. 이처럼 소장 도서 분량이 방대할 뿐 아니라, **다량의 한적 자료 중에는 총 23종 97책 분량의 국가 문화재(보물) 및 8종 18책의 대구시 유형 문화재도 포함**되어 있어 주목을 끈다. '한적(漢籍)'이란 한자 문화권인 우리나라에서 '한문(漢文)으로 된 서적'을 부르는 말이다. 글로벌 시대에 문화 국가인 우리가 세계에 자랑할 수 있는 귀한 정보재요 문화유산이다.

계명대학교가 초창기부터 많은 도서를 갖추고 출발한 것은 아니다. 사실 우리보다 먼저 개교한 경북대학교와 영남대학교에 비해서도 장서량이 태부족이었다. 학교 도서관에 소장하고 있는 도서라고 해야 미국 선교부에서 기증한 얼마 되지 않는 기독교 관계 영어 서적이 대부분이었다. 그런데 1960년대 초 당시 문교부는 학생 1인당 도서 30권을 갖추도록 대학에 요구했고, 장서량을 채우지 못하면 학생 모집을 중지시키겠다고 했다. 따라서 정보의 질을 따지기에 앞서 절대 장서량을 확보하는 것이 학교의 존립과 관계되는 사활적 문제였다.

이때 계명대학교 도서관 관계자는 당장 장서량을 채우면서도 장기적으로 희소가치가 있는 양질의 자료를 수집할 필요가 있다는 데 생각이 미쳤다. 그것이 문교부의 기준에 부합하면서도 지역의 다른 대학에 비해 열세였던 학교 도서관의 경쟁력을 끌어올리는 길이었다. 이런 일석이조의 효과를 충족시켜 줄 수 있는 품목으로 선정한 것이 바로 한적이었다. 당시 한적은 그 가치를 충분히 인정받지 못하고 있던 터라 저렴한 비용으로 장서를 확보하는 데 아주 효과적이었다.

▲ "좋은 사람으로 들어와 더 좋은 사람이 되어 나가자"(동산도서관)

기독교 대학에 케케묵은 한적이 웬 말

그렇지만 한적 수집은 벽두부터 큰 난관에 부딪혔다. 그 일을 주도했던 현 학교법인 계명대학교 김남석 이사장(당시 사서)는 첫 번째 어려움이 외부에 있은 것이 아니라, 도서관장과 학교 당국을 설득하는 것이었다며 당시 상황을 이렇게 술회한다.

계명대학은 기독교 학교로 외국 특히 미국에서 교육 받은 교수들이 많았으며, 이분들이 학교 행정 보직을 맡고 있었다. 이들은 한적은 한자로 된 것인데 앞으로 한자 세대가 점점 사라져 가고 있는 판에 당장 학생이 필요한 단행본도 구입할 수 없는 예산으로 어떻게 한적을 구입할 생각을 할 수 있느냐? 한적 한 권을 구입하느니 차라리 영어 책을 한 권 더 확보하라며 제안할 때마다 묵살했다.

그리하여 혼자 힘으로는 이 일을 이룰 수 없다는 점을 깨닫고 계명대학교에 재직 중이었던 우리나라 국학계의 권위자인 조동일(국문학), 최승희(국사학), 이원주(한문학) 교수들을 동원하기로 했다. 이들의 도움을 바탕으로 여러 차례에 걸쳐 한적 구입의 필요성을 설득했지만 여러 해가 지나도록 아무런 효과를 거두지 못했다.

기념 문고 설치로 한적 수집 물꼬 터

이런 상황에서 현실적인 대안으로 선택한 것이 기념 문고 설치였다. 이에 우선 한적을 보유하고 있는 교직원이나 학교와 연고가 있는 인사들을 설득해 기념 문고를 설치하기로 했다. '기념 문고'란 개인 가문에서 보존하고 있는 자료를 도서관에서 인수해서 소장자의 성함이나 아호(雅號)로 붙여 따로 배치해 영구 보존하는 방식이다. 공들인 노력 끝에 드디어 학교 당국의 기념 문고 설치가 결정되고, 1969년 8월에 당시 화학과에 재직 중이던 고(故) 홍영석 교수가 기증한 한적을 '오산문고(悟山文庫)'라는 이름으로 설치하기에 이르렀다. 이것이 계명대학교 최초의 개인 기념 문고가 되었다.

이 문고의 설치로 당시 한적이라고는 한 권도 없던 계명대학교 도서관에 1,816책에 달하는 귀중한 한적 자료가 들어오는 역사적 전기를 맞이하게 되었다. 뒤 이어 1974년 5월에 이장연 씨 소장의 '일청문고(一靑文庫)' 200여 책, 1975년 7월에 홍영백 씨 소장의 '우신문고(又新文庫)' 528책의 개인 문고가 설치되어 한적의 양이 차츰 늘어나게 되었다.

본격적인 한적 구입

계명대학교에서 한적 수집이 본격화되기 시작한 것은 1974년 9월 신일희 총장이 기획실장으로 부임하면서부터였다. 신일희 총장은 당시 김남석 사서의 건의를 흔쾌히 승낙했을 뿐 아니라 더 적극성을 보이며 도서관 예산에 구애되지 말고 한적을 구입하도록 독려하고 나섰으며, 지금까지 꾸준히 관심을 가지고 전폭적으로 지원하고 있다. 당시는 한적이 그 가치를 인정받지 못해 가격이 저렴한 편이었지만 그래도 집중적으로 구입하는 데는 큰 돈이 필요했다. 김남석 이사장은 그때의 상황을 이렇게 술회한다.

당시는 전국의 어느 도서관에서도 한적에 관심이 없었고, 예산적인 여유도 없어 문교부 기준을 충족하기 위한 단행본의 구입에 급급하고 있었다. 몇몇 개인적으로 수집하는 사람 이외는 그 가치를 알지 못하였으므로 헌책방이나 고서점, 골동상 등에 아무렇게나 쌓여 있는 것이 한적이었다. 심지어는 엿장수 리어카에 폐지로 실려 있었고, 연탄불의 불쏘시개로, 장판이나 벽지의 초벌지로 이용되는 등 가치 없는 고물로 취급되고 있었다. 그래서 저렴한 가격으로 많은 수집이 가능할 수 있었다.

신일희 총장의 지원을 받은 도서관 관계자는 물고기가 물을 만난 듯 신바람 내며 한적 수집을 위해 한 달에도 몇 차례씩 전국의 고서점은 물론 떠돌이 한적 상인들의 소개를 받아 한적을 소장하고 있는 전통 마을을 찾아 다녔다. 처음에는 대구와 가까운 안동, 예안, 상주, 문경, 예천, 영양, 봉화 등 경북 북부 지역이 주된 수집처였다. 특히 안동에서 많은 책을 구입했는데, 때마침 안동댐의 완공으로 수몰 지역에 있던 전통 있는 고택들이 이사를 가야했기에 일이 수월하게 진행되었다. 이 고택의 주인들은 보관 장소와 관리 문제로 소장하고 있던 한적을 내다팔 수밖에 없었다. 1년 넘게 집중적으로 진행된 안동 지역의 한적 구입은 당시 한문교육과에 재직 중이던 안동 출신 고(故) 이원주 교수의 역할이 매우 컸다. 뒤에는 구입 범위를 전라도 남원과 순천, 충청도 대전과 공주, 서울, 경기도 광주까지 넓혀 전국을 수집 대상으로 삼았다.

장물인줄 모르고 구입했다가 조사받기도

1977년 초여름 어느 날 젊은이 두 사람이 깨끗한 한적 60여 책을 들고 도서관을 찾아왔다. 상태가 아주 좋아서 내용을 검토한 뒤 절차를 거쳐 바로 구입했다. 두 젊은이는 구입할 의사가 있으면 더 가져올 수 있다고 하기에, 어디에서 구해오느냐고 묻자 시골을 다니면서 구해온다고 했다. 그들을 통해 세 차례에 걸쳐 120책 분량의 한적을 구입하고, 책의 내용이나 상태가 너무 좋아서 더 가져오기를 기대하고 있었다.

그러던 차에 대구 『영남일보』에 성주 이씨(星州李氏) 재실에 보관된 한적의 일부가 도난되었다는 기사가 대문짝만하게 났다. 확인해보니 분실된 책이어서 바로 관할 경찰서에 신고했다. 신문에 난 뒤에 도둑들은 학교에 전화해 신고하지 못하도록 설득과 공갈 협박을 하기도 했다. 당시 도서관장과 직원들은 형사로부터 장물 취득에 관한 조사를 받았고, 대구지검의 조사 끝에 고의성이 없다는 사실이 확인됨에 따라 사건은 종결되었지만 구입한 책 120권은 모두 몰수당했다.

당시 도서관장이던 김남석 이사장은 그때에는 한적이 장물이 될 수 있다는 것을 생각조차 못했다고 하면서, 우연치고는 너무 묘한 인연이라며 그 사건에 얽힌 일화 한 토막을 들려준다.

지금도 이 사건에서 이해할 수 없고 평생 잊을 수 없는 것은 대구지방검찰청 **담당 검사**와 칠곡경찰서 **담당 형사**, 그리고 한적을 훔쳐와 판 **도둑**이 **성만 다른 한글 이름은 모두 '광수'**였다는 것이다.

향산문집 목판 구입 일화

동산도서관에는 그냥 한적만 있는 것이 아니라 목판 자료와 목활자본 인쇄에 관한 도구 일체가 전시되어 있다. 목판(木版) 자료로는 한문교육과에 재직했던 이원주 교수의 선대 문집인 『향산문집(響山文集)』 목판을 소장하고 있다. 이원주 교수의 주선으로 계명대학교는 1977년 5월 560판의 목판을 인수할 수 있었는데, 당시 차량이나 운전사 및 도로 사정이 열악해 이 귀한 자료를 도서관까지 운반하는 일이 만만치 않았다. 김남석 학교법인 이사장은 목판 운반에 얽힌 일화를 이렇게 생생하게 들려준다.

이를 가져오기 위해 이원주 교수와 함께 첫차로 안동에 가서 트럭을 빌려야 했다. 그때는 트럭도 많지 않았고, 운전하는 사람도 한정되었기 때문에 차를 빌리는 데 여간 어려운 게 아니었다. 차를 빌릴 때 차주는 오후 4시에 대구에서 안동으로 오는 화물을 운반해야 한다며 시간을 꼭 지켜줄 것을 신신당부했다. 목적지에서 우리는 미리 모아 놓은 인부들과 더불어 목판을 차에 옮겨 실었다. 오랫동안 방치되어 먼지투성이인 목판을 빗자루로 대충 털고 차에 싣고 나니 점심때. 하지만 차주의 부탁도 있고 해서 안동에서 점심을 먹기로 하고 출발하였다. 오는 도중 좁은 갓길에 멈춰 서서 버스가 지나가기를 기다렸다. 버스가 지나가고 길 위로 올리려 할 때 차가 갑자기 넘어지며 밭도랑에 빠지는 게 아닌가. 그때 목판 일부가 쏟아졌고 차는 다시 움직이지 않았다. 차에 실린 목판을 다 내리고 지나가는 차량의 도움으로 차를 길 위로 끌어 올려 놓고 다시 목판을 실었다. 이때는 초여름이었다. 땀으로 범

벅된 채 먼지투성이가 된 몰골을 생각할 겨를도 없었다. 밤에 안동에서 대구로 오는 도중에도 운전사는 맞은편에서 차가 오면 길가에 멈췄다가 가곤 했다. 사실은 운전한 지 얼마 되지 않아 이 모든 일이 운전 미숙으로 생긴 일이었다. 이렇게 밤 11시가 넘은 시간에 도서관에 도착해 목판을 풀고 나니 통금 시간, 도서관에서 새우잠을 자고 다음날 새벽 통금이 해제되어 집으로 들어갔다.

목활자(木活字)와 미완성 목판 및 목활자본 인쇄에 관한 도구 일체는 지금 동산도서관 고문헌실 전시실에 전시되어 있다. 즉, 활자 보관함에 다량의 대·중·소 목활자, 조판하던 판과 조판상태의 판, 조판 도구 등이 완전한 형태로 보관되어 있는 것이다. 이런 완벽한 자료는 전국적으로도 귀한 것으로 쉽게 구경할 수 있는 것이 아니다. 이는 안동의 골동품상으로부터 안동 시내에서 조금 떨어진 어느 고택에 목판 활자와 도구 일체가 있다는 정보를 입수하고, 여러 차례 방문해 가격을 흥정한 뒤 어렵게 학교 당국의 허가를 얻어 당시로서는 상당한 값을 지불하고 입수한 것이다.

이씨문고 구입

동산도서관은 1982년 시내 고서적상을 통해 대구의 대표적 고서적 소장가인 이인재(李仁哉) 씨가 자신이 수집한 책을 모두 내다팔려고 한다는 정보를 입수했다. 그분의 장서는 매우 큰 가치가 있는 것으로 알려져 있었지만 고가의 대금이 문제였다. 소장자가 요구한 금액이 1억원이었다. 이는 당시까지 개인 문고로 매매된 최고가가 고려대학교 도서관에서 구입한 5천만원이었다는 점을 고려하면 매우 파격적인 금액이었다.

그때 계명대학교는 정만득 부총장이 총장 직무 대리를 맡고 있던 시절이라서 개인 문고 구입에 이런 정도의 경비 지출을 결정하기가 쉽지 않았다. 가격 흥정과 학교 당국의 결단을 거쳐 우여곡절 끝에 「진주성도(晉州城圖)」를 포함해 7,540책에 달하는 방대한 책을 1억원에 구입해 '이씨문고(李氏文庫)'를 설치할 수 있었다. 현재 국가 문화재로 등록된 동산도서관 소장 도서의 대다수가 이 문고의 자료라는 점을 상기하면, 당시의 결정이 탁월한 선견지명이었음을 알 수 있다.

▲ 동산도서관 벽오고문헌실의 국가 문화재 보물 지정 자료

벽오고문헌실

이런 선구적인 작업은 1963년 도서관 직원으로 입사해 계명대학교 문헌정보학과 교수와 계명문화대학교 총장을 거쳐 현재 계명대학교 법인 이사장으로 활동 중인 당시 김남석 사서의 주도로 진행되었다. 계명대학교는 동문으로서 모교에 40년간 근무하면서 1970년 초반부터 한적과 고문서 수집 등에 헌신한 그분의 공적을 기리기 위해 2003년 그분 정년 퇴임 시에 맞춰 동산도서관 고문헌실을 **'벽오고문헌실(碧梧古文獻室)'**로 명명해 운영하고 있다. '벽오(碧梧)'는 김남석 이사장의 아호이다.

계명대학교의 한적 수집은 선각자들의 앞을 내다보는 혜안과 노고, 학교 당국의 지속적이고도 전폭적인 지원이 있었기에 가능했다. 자가용 차량이 없던 당시 대중교통을 이용해 덜덜거리는 비포장도로를 돌아다니고, 여름날 염천 폭서에 무거운 한적 포대를 지고 날라야 했다. 트럭을 대절하고 운전할 기사도 구해야 했으며 에어컨도 없는 트럭을 타고 장거리를 오가야 했다. 이런 열정과 땀방울 덕에 자칫 폐지로 팔려 나갈 수 있었던 귀한 한적들이 '벽오고문헌실'의 칸칸을 채울 수 있었다. 그런 안목과 노고의 결과로 국가 문화재급 귀중본도 계명대학교 도서관에 들어올 수 있었다. 국가 문화재로 판명된 뒤에는 수집 자체가 불가능한 일이 아니겠는가. 우리는 그 동안 한적 수집에 공들인 많은 분들에게 찬사를 보내야 할 것이다.

고성경실

동산도서관에서는 2022년 5월 계명대학교 창립 123주년을 맞이하여 134종 165책에 달하는 고성경 및 기도서 등의 귀한 자료를 소장·전시하기 위하여 벽오실(碧梧室) 내에 '고성경실'을 마련하였다. 서고와 전시실로 이루진 고성경실에는 1580년에 간행된 라틴어 성경을 위시하여 히브리어와 그리스어 고성경 및 기도서뿐만 아니라 영어, 독일어, 이탈리아어, 프랑스어, 스페인어, 러시아어, 웨일즈어, 스웨덴어, 체코어, 한국어 등 다양한 언어의 고성경, 기도서, 전례서, 설교집 등이 소장·전시되어 있다.

계명대학교는 2000년대에 들어와 대학 창립의 정체성과 역사를 분명하게 밝히는 작업을 진행하면서 고성경 관련 자료 수집을 본격화하였다. 신일희 총장이 국외 출장 시에 귀한 고성경을 다량 구해 온 것이 시발점이 되었으며, 정성길 동산의료원 의료선교박물관 명예관장을 위시하여, 김남석 이사장, 윤성도, 권의무, 곽승 명예교수 등이 개인 소장 자료를 기증해주었다. 이로써 약 8만 점에 달하는 양질의 한적(漢籍)과 고문서를 소장하여 우리나라 대표적 고문헌 소장 기관으로 명성이 자자한 동산도서관은 희귀한 고성경 및 기도서 등도 다량 소장함으로써, 한층 더 품격 있는 대학 도서관의 위상을 공고히 하는 동시에 동서의 융합을 추구하는 계명대학교의 학문적 지향도 조화롭게 드러낼 수 있게 되었다.

고성경실 설치 이후 성경을 연구하고 공부하는 학자와 학생들은 물론 우리나라 각지의 목회자와 기독교인들의 발길이 끊이지 않고 있으며, 기독교 관련 방송국 등 매스컴의 관심과 취재 열기도 이어지고 있다.

국가 문화재 지정 자료 현황

동산도서관 벽오고문헌실에는 2023년 10월 기준 75,174여 책의 한적과 3,413점의 고문서 및 685판의 목판 자료가 소장되어 있다. 이중에 국가 문화재(보물)로 지정된 귀중본만도 총 23종 97책에 달한다. 국가 문화재 지정 자료 현황은 다음 표와 같다.

문화재 명	수량	간행 연대	지정 연월
분류두공부시언해(分類杜工部詩諺解) 권11-12	1	1481(성종 12)	2001. 8.
예념미타도장참법(禮念彌陀道場懺法)	1	1376(우왕 2)	2001. 8.
무예제보번역속집(武藝諸譜飜譯續集)	1	1610(광해군 2)	2001. 8.
동인지문사륙(東人之文四六) 권7-9	1	1355(공민왕 4)	2001. 8.
금강경삼가해(金剛經三家解) 권2	1	1482(성종 13)	2001. 8.
대장일람집(大藏一覽集)	1	13세기 중엽	2002. 1.
번역명의집(翻譯名義集)	8	1461-1471	2003. 2.
용비어천가(龍飛御天歌) 권8-10	3	1447(세종 29)	2006. 4.
사마방목(司馬榜目)	1	1501(연산군 7)	2006. 4.
도은선생집(陶隱先生集)	1	1406(태종 6)	2006. 4.
진일유고(眞逸遺稿)	1	1467(세조 13)	2006. 4.
삼봉선생집(三峯先生集) 권1	1	1465(세조 11) 1487(성종 18)	2011. 2.
수계선생비점맹호연집(須溪先生批點孟浩然集)	1	1445(세종 27)	2011. 2.
신간상명산법(新刊詳明算法)	1	16세기 중반	2011. 2.
아비달마대비바사론(阿毘達磨大毘婆沙論) 권38	1	11-12세기	2011. 2.
집대승상론(集大乘相論)	1	11-12세기	2011. 2.
대방광불화엄경소(大方廣佛華嚴經疏)	41	1087(선종 4)	2011. 2.
익재난고(益齋亂藁)	1	1432(세종 14)	2016. 2
역옹패설(櫟翁稗說)	1	1432(세종 14)	2016. 2
퇴계선생문집(退溪先生文集)	24	1600(선조 33)	2016. 2
신한첩(宸翰帖) 곤(坤)	1	17세기	2017. 10.
신편유취대동시림(新編類聚大東詩林)	3	1542(중종 37)	2019. 6.
상교정본자비도량참법(詳校正本慈悲道場懺法) 권4-7	1	1352(공민왕 원년)	2022. 10.

이로써 **계명대학교는 전국 대학 중에서 서울대학교 규장각에 이어 두 번째**로 많은 국가 문화재를 소장한 학교가 되었다. 이는 계명대학교가 서양 선교사의 영향을 받아 기독교 대학에서 출발했지만, 일찍부터 우리 고유의 전통과 학문에도 관심을 기울여 온 결과라 할 수 있다. 이와 관련해 2011년 2월『삼봉선생집』등 6종 46책이 국가 문화재로 추가 지정될 때, 우리나라 주요 매스컴들에서는 다음과 같은 의미를 부여했다.

> 이는 그 동안 한국학을 연구, 계승하고자 노력해 온 계명대가 개발의 물결에 밀려 소홀하기 쉬웠던 옛 문헌을 50년 가까이 체계적으로 수집 · 발굴해 온 결과이며, 국가 문화재의 지정이나 관리가 서울과 수도권 중심의 국가 기관에 편중되어 있는 현실을 감안하면 이번 보물 추가 지정은 지방 사립대학인 **계명대가 귀중본의 수집과 보전에 중추적 역할**을 담당하고 있음을 다시 한 번 평가받게 되는 계기가 되었다.

이중에는 국내 유일본도 5종이나 되고 나머지는 모두 희귀본인데다 글씨나 인쇄 또는 보존 상태도 매우 양호해 자료 가치가 대단하다. 지면 관계로 일일이 다 소개할 수 없으므로, 이중에서 몇 종을 골라 그 내용과 자료로서의 의의 및 가치 등에 대해 간략히 살펴보기로 하자.

『용비어천가(龍飛御天歌)』 권8~10 3책 / 목판본 (31.2×21.8cm)

'용비어천가'는 1445년(세종 27) 4월에 정인지(鄭麟趾, 1396~1478) 등이 왕명을 받아 왕실의 선조인 목조(穆祖), 익조(翼祖), 도조(度祖), 환조(桓祖), 태조(太祖), 태종(太宗)에 이르는 6대 선조의 사적을 훈민정음으로 지어올린 서사시로 125장에 달하는 악장으로 되어 있다. 내용은 조선 왕조의 창업이 천명(天命)에 의한 것임을 명분으로 합리화해 칭송한 것이다. 1447년(세종 29) 5월에 10권 5책으로 처음 간행되었는데, **한글로 엮은 책으로는 우리나라 최초의 것**이라는 의의도 있다.

후에 세 차례 더 중간되어 전모를 알 수 있지만, 이 초간본은 현재 전질이 다 전하지는 않는다. 계명대학교 동산도서관 소장본 권8~10의 3책 외에, 서울역사박물관 소장본 권3~4, 서울대학교 규장각 소장본 권1~2, 고려대학교 도서관 소장본 권1~2와 권7~8이 모두 보물로 지정되어 있다. **훈민정음 창제 당시 우리 한글의 모습**을 살필 수 있는 자료로 국어학 연구에 매우 중요한 참고 가치가 있다.

▲ 계명대학교 소장 고문헌 『용비어천가』(보물 1463호, 1447.)

『도은선생집(陶隱先生集)』 5권 1책 / 목판본 (25.2×16.2cm)

고려 말 명신으로 삼은(三隱)의 한 사람인 도은(陶隱) 이숭인(李崇仁, 1349~1392)의 시문집 초간본으로, 태종의 명을 받아 변계량(卞季良, 1369~1430)이 편찬해 태종 6년(1406)에 간행한 것이다. 권두에 권근(權近, 1352~1409)의 서문이 있고, 권말에 목은(牧隱) 이색(李穡, 1328~1396)과 삼봉(三峯) 정도전(鄭道傳, 1342~1398)의 발문이 들어 있다.

조선 초기 문집 목판본으로 경계를 나타내는 선이 그어져 있지 않으며, 본문에서 같은 글자가 겹치는 첩자(疊字)의 경우에 중복 표시를 하고 한자(漢字)를 쓰지 않는 등의 고려 기풍이 남아 있다. 이 책과 동일한 판본이 희귀하며, 조선조에 왕명에 따라 간행된 첫 번째 시문집이란 점에서 조선 시대 문집 간행의 흐름을 연구하는 데 중요한 자료가 된다. 게다가 계명대학교 소장본은 글씨가 선명하고 보존 상태도 매우 양호하다.

『신한첩(宸翰帖)』 1첩(帖) / 필사본 (42.7×26.5cm)

조선 시대 효종·현종·숙종의 3대 왕과 인선왕후·명성왕후·인현왕후의 3대 왕비가 효종의 따님인 숙휘공주(淑徽公主)에게 보낸 한글 편지첩이다.

숙휘공주(1642~1696)는 12세 때 영일 정씨 정제현(鄭齊賢)에게 시집간 뒤, 19세 되던 1660년부터 불행이 시작되어 시부모와 시삼촌이 차례로 죽고, 21세 되던 해에는 남편마저 죽게 되었다. 그러다가 44세 되던 1685년에는 하나 있던 아들마저 세상을 떠나게 되어 공주이지만 불행한 삶을 산 여성이다.

이 『신한첩』은 영일 정씨 후손의 집안에 낱장으로 전해지던 것을 숙휘공주가 죽은 지 100여 년이 지난 1802년에 선산 부사였던 5대손 정진석이 한데 모아 첩으로 만든 것이다. 원래 건곤으로 두 첩을 만들었는데, 건(乾)에는 효종·현종·숙종·영조의 한문 어필(御筆)을, 계명대학교 소장본인 곤(坤)에는 효종·현종·숙종·인선왕후·명성왕후·인현왕후의 한글 서찰을 모았다.

조선 시대 궁궐이란 비밀스럽고 신성한 공간인 관계로 거기에서 나온 국왕이나 왕비 등의 편지는 보관하지 않고 없애버리는 것이 관례였다. 따라서 오늘날 전하는 것이 극히 드문데다 한글로 된 것은 더욱 찾아보기 어려운 실정이다. 그런 점에서 한 편 한 편이 다 귀중한 자료로 평가되는데, 계명대학교 소장본에는 국왕과 왕비 6인의 편지가 35통이나 수록되어 있어 왕실 문화와 한글 서예의 변천 등을 연구하는 데 매우 중요한 자료가 된다.

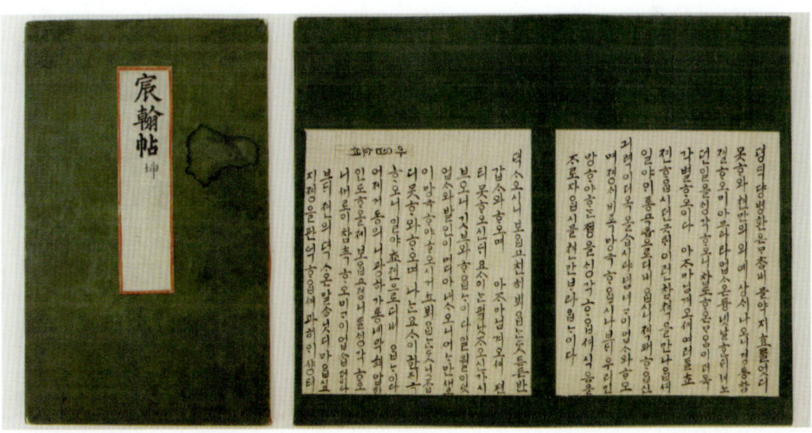

▲ 계명대학교 소장 고문헌 『신한첩곤』(보물 1946호, 17세기)

『삼봉선생집(三峯先生集)』 1책(권1) / 목판본 (22.0×16.2cm)

조선 왕조 건국의 기틀을 잡는 데 핵심적 역할을 한 삼봉 정도전의 문집이다. 삼봉의 문집은 그가 살아 있을 때인 1397년(태조 6)에 장자 정진(鄭津, 1361~1427)이 처음 간행했다. 삼봉이 왕자의 난에 연루되어 1398에 처형되면서 문집의 판본들은 흩어져서 없어졌으므로, 그 후 삼봉의 증손 정문형(鄭文炯, 1427~1501)이 초간본을 증보해 경상도 관찰사로 있던 1465년(세조 11)에 안동에서 중간했고, 강원도 관찰사로 있던 1487년(성종 18)에 8권으로 증편하고 좇아 새겨 중간본과 합쳐 인쇄했다.

계명대학교 도서관에서 소장하고 있는 이 책은 전체 8권 가운데 권1의 1책으로, 앞부분 30장은 1465년 판본이고 나머지는 1487년에 좇아 새긴 것으로 되어 있다. 내용 구성을 보면 권근의 서문과 '잡영(雜詠)'이라는 소제목 하에 오언고시(五言古詩) 51수, 칠언고시(七言古詩) 7수, 오언절구(五言絶句) 4수, 육언절구(六言絶句) 8수 등 시 70수, 「양촌부(陽村賦)」, 「묵죽부(墨竹賦)」, 「매천부(梅川賦)」 등 부 3수, 명나라 사람 주탁(周倬)의 「후지(後識)」와 장부(張溥, 1602~1641)의 「제삼봉시집(題三峯詩集)」 및 이색(李穡)의 「발문(跋文)」이 수록되어 있다.

이 책은 국내 유일본인데다 정도전이라는 인물의 비중이나 내용으로 미루어 보아, 고려 말 조선 초의 시문학과 삼봉의 사상 등을 연구하는 데 매우 중요한 자료가 된다.

『수계선생비점맹호연집(須溪先生批點孟浩然集)』 3권 1책 / 목판본 (25.0×17.4cm)

중국 당나라의 대표적 자연파 시인 맹호연(孟浩然, 689~740)의 시집으로 송나라 말에서 원나라 초에 활약한 문인인 수계(須溪) 유진옹(劉辰翁)이 비점(批點)을 찍고, 성팽(成彭)이 교정해 간행한 책을 저본으로 신숙주(申叔舟, 1417~1475)의 사촌 형인 신자교(申子橋, 1413~1484)가 글씨를 써서 1445년(세종 27)에 남원 도호부(南原都護府)에서 목판으로 간행한 것이다.

맹호연의 시 210수를 유람(遊覽), 증답(贈答), 여행(旅行), 송별(送別), 연락(宴樂), 회사(懷思), 전원(田園) 등 7개 주제로 분류하여 수록하고, 권말에는 책의 간행 배경과 과정을 기록한 신자교의 발문을 실어 놓았다.

이 책은 온전히 전하는 간본이 희귀하고, 각 시의 구절 끝이나 작품 말미에 비평어가 달려 있어서 맹호연의 시를 연구하는 데 귀중한 자료가 된다. 또한 중국의 서적을 본받아 그대로 새긴 것이 아니라 직접 새로 써서 판각했으며, 이와 관련한 사실이 발문에 분명하게 밝혀져 있다는 점에서 조선 전기의 도서 및 출판사 연구에도 중요한 자료 가치가 있다.

『아비달마대비바사론(阿毘達磨大毘婆沙論)』 권38 1축 / 목판본 (29.2×45.2cm)

고려 후기 11~12세기에 거란의 침입을 부처의 힘으로 물리치고자 판각한 초조대장경(初雕大藏經) 중의 하나로, 불교의 교리를 상세히 해석한 경전이라는 뜻을 가지고 있으며 특히 소승 불교 연구에 매우 중요한 책이다.

『아비달마대비바사론』은 본래 2세기 중엽 인도 쿠샨 왕조의 카니시카왕의 보호 아래 500인의 아라한(阿羅漢)이 편찬한 책으로 『대비바사론』 또는 『바사론』으로 줄여 부르기도 한다. 현재 7세기 중엽에 당나라의 학승 현장(玄奘, 602~664)이 한역(漢譯)한 것만 전한다.

초조대장경은 1011년(현종 2)부터 1087년(선종 4) 사이에 판각이 이루어졌으며, 경판은 대구 팔공산의 부인사에 옮겨져 보관되어 오다가 1232년(고종 19)에 몽고의 침입으로 불타 없어졌다. 그리고 1236년(고종 23)에 몽고의 침입을 부처의 힘으로 극복하고자 다시 대장경을 판각했는데, 이것이 현재 합천 해인사에 보관 중인 재조대장경(再雕大藏經)이다.

초조대장경은 현재 국내에 전하는 것이 적은데, 이 책은 권38 1축에 불과하지만 **현재 국내에 달리 전하지 않는 유일본**이라는 점에서 매우 큰 가치가 있다. 저급의 종이를 사용해 먹색의 농도가 일정하지 않는 등 인쇄 상태는 좋지 못하지만, 보존 상태는 처음부터 끝까지 비교적 양호한 편이다.

「진주성도(晉州城圖)」

한적 이외에 계명대학교 행소박물관에는 매우 귀한 국가 문화재 한 점이 소장되어 있다. 우리나라 문화재청에서는 2007년과 2008년 두 해에 걸쳐 옛 지도류를 대상으로 조사해 총 35건의 귀중한 옛 지도를 보물로 지정한 바 있는데, 그 중의 하나로 포함되어 2008년 12월 22일 보물 제1600호로 지정된 것이 바로 행소박물관 소장「진주성도」이다. 앞 절의 '이씨문고' 구입에서 언급한 대로 계명대학교는 당시로서는 상당한 대가를 지불하고「진주성도」를 구입했다. 후에 국가 문화재로 등록됨으로 인해 다시 한 번 앞날을 내다본 선각자들의 혜안과 결단을 새삼 뒤돌아보게 해준다.

문화재청에서는 보물로 지정한 35건을 다섯 부류로 구분해『한국의 옛 지도』(문화재청, 2008)라는 제목 하에 도판과 함께 해설을 붙여 출간했는데,「진주성도」는 그림으로 그린 지도의 범주에 속한다. 그 발간사에는 이런 설명이 보인다.

> 우리나라에서는 (중략) 삼국 시대부터 지도를 제작하기 시작하였는데, 조선 시대에 이르러서는 행정적·군사적 목적의 다양한 지도를 만들게 되었고 그 제작 기술 또한 크게 발달하였습니다. 조선 시대의 지도는 당대 어느 나라에 못지않는 상세하고 정확도가 뛰어난 훌륭한 것이었으며, 특히 도화서 화원들이 참여하여 그린 관찬(官撰) 지도의 경우는 그 예술적 표현 또한 뛰어나 과학성과 함께 예술성을 겸비한 것으로 평가받고 있습니다. (문화재청 2008, 4)

▲ 보물 1600호「진주성도」

여기서는 그 책에 붙여진 해설을 참고해 「진주성도」의 제작 시기와 문화재로서의 가치 및 의의에 대해 간략히 살펴보자.

이 지도는 진주성의 전경을 회화식으로 기록해 10폭짜리 1첩으로 제작한 병풍(屛風)으로 크기는 가로 1,112㎝, 세로 340㎝에 달한다. 높은 곳에서 멀리 아래를 내려다본 모습으로 그리는 부감법(俯瞰法)을 이용해 거대한 화면 위에 진주 내성(內城)과 외성(外城) 및 해자(垓字) 등 진주성의 중요한 장면들을 부각시키고 있다. 진주성 바깥에는 주요 관아, 향교, 논밭, 백성들의 생활상 등도 그려 놓았으며, 중요한 건물은 명칭을 일일이 기록해 당시 진주의 상황을 자세하게 보여주고 있다. 이와 관련해 이 지도에 붙여진 해설에는 그 사료 가치를 이렇게 평가하고 있다.

> 그려진 건물에는 전각마다 정성스런 해서체로 명칭을 일일이 기록하여 제작 당시 진주의 상황을 세밀하게 전달해준다는 점에서 사료로서의 가치가 매우 높다. 진주지역을 그린 회화식 군현지도는 다른 지역의 회화식 군현지도에 비해서 건물 명칭을 자세하게 수록하는 관례가 형성된 것으로 보인다. 특히 이 작품은 거의 모든 건물마다 명칭을 주기한 점에서 현재까지 확인되는 진주지도 가운데 가장 자세한 기록성을 보여준다. (문화재청 2008, 376)

그리고 성 외곽으로는 진주를 둘러싼 주요 산들과 진주를 휘감고 흐르는 남강(南江)과 도로 등도 부각시켜 그려놓고 있다. 진주성 문 아래로는 논개의 유적으로 유명한 촉석루(矗石樓)와 의암(義巖) 등이 눈에 띄게 부각되어 있고, 강물 위에는 뱃놀이하는 사람들과 땔감을 싣고 떠가는 배 등도 나타나고 있다. 진주 내성의 북쪽에 있는 해자에는 연꽃이 만발한 모습이 그려져 있는데, 곳곳에 빈 배가 떠 있어 평화로운 느낌을 주기도 한다. 연잎에 진한 녹색으로 칠한 부분이 떨어져 나가 원형을 잃었고 보존 상태도 나빠서 화면이 어둡고 채색도 많이 변질되었지만 풍성한 연 이파리와 한창 만발한 연꽃은 회화적인 아름다움을 드러내준다.

제작 시기와 지도의 종합적 의의에 대해 해설에는 이렇게 진단하고 있다.

> 이 작품의 제작 시기는 진주 목사 홍백순(洪百淳)이 1823년경 새롭게 건축한 [신건(新建)] 의기사(義妓祠)가 나타나고 있어 19세기 전반 이후에 제작된 것으로 추정할 수 있다. 역사성과 기록성, 회화성을 종합적으로 강조한 회화식 지도로서 주목되는 작품이다. (문화재청 2008, 376)

이 지도는 특히 회화적인 표현이 눈길을 끄는데, 화풍의 측면에서는 18세기에 유행한 진경산수 화풍과 관련된 요소들이 엿보여 이런 화풍의 계보 가운데 당시의 문인화가 김윤겸의 그것과 많이 닮아 있어서 그의 제자가 그린 것이 아닌지 추정되기도 한다. 진재(眞宰) 김윤겸(金允謙, 1711~1775)은 안동 김씨 집안 출신이지만 서자였던 이유로 높은 관직에 나가지 못하고 평생 시서화(詩書畵)에 빠져 산 인물인데, 그 밖의 행적은 잘 알려져 있지 않지만 한때 진주 부근 작은 마을의 찰방(察訪)이라는 말단 관직을 역임한 적이 있다고 한다.

요컨대 「진주성도」는 역사성과 기록성 및 회화성을 겸비한 회화식 지도로, 조선 후기 진경산수 화풍이 전개되던 우리 영남 지역의 작품이라는 점에서 계명대학교가 이런 보물을 소장하고 있는 것은 큰 자랑거리라 할 것이다.

생각 나누기

01 기독교 대학에서 출발한 계명대학교가 국가 문화재급 한적을 많이 소장하게 됨으로써 얻게 된 효과는 어떤 것이 있을지 생각해보자.

02 국가 문화재(보물)가 소장되어 있는 동산도서관과 행소박물관 현장을 찾아가 실물을 보고, 그중에서 한두 가지를 골라 자세하게 조사 연구해보자.

03 국가 문화재 외에 자신이 생각하기에 계명의 보물이 될 만한 것으로 어떤 것이 있을지 찾아보자.

04 자신을 계명의 보물로 가꾸기 위해서는 어떤 그릇이 되어야 하며, 그렇게 되기 위해서는 어떤 준비가 필요할지 생각해보자.

참고 자료

· 계명대학교 동산도서관, 『古書綜合目錄』, 대구: 태일사, 2004.

· 계명대학교 한국학연구원, 『계명대학교 동산도서관 소장 善本 古書 해제집(1·2·3)』, 대구: 계명대학교출판부, 2008·2009·2012.

· 국립대구박물관·대구광역시박물관협의회, 『대구의 박물관』, 대구: 밝은사람들, 2011.

· 대구광역시박물관협의회·영남문화재연구원, 『대구의 문화유적과 박물관』, 서울: 씨티파트너, 2009.

· 문화재청, 『한국의 옛 지도』, 서울: 예맥, 2008.

· 문화재청 홈페이지(http://www.cha.go.kr), 문화유산정보-'문화재검색' 창

· 행소박물관, 『꿈의 여정-계명대학교 행소박물관 소장품 100선』, 서울: 씨티파트너, 2008.

진리가 우리를
정의가 우리를
사랑이 우리를
주님의 나라가

신입생에게 주는 총장의 메시지

신입생에게 주는 총장의 메시지

모세 이야기

오늘 여러분과 함께 생각하고자 택한 『성경』 구절은 아마 모두에게 익숙할 것입니다. 바로 모세 이야기입니다. 사실 무척 오래 전 이야기입니다. 1970년이라 해도 여러분에게는 고리타분한 옛적 이야기로 들릴 것입니다. 그런데 오늘 이야기는 기원전 1750년 경, 그러니 지금부터 3,770여 년 전의 사건에서부터 시작됩니다.

그때 이스라엘 족속이 살던 유태 근방에는 가뭄이 심해서 먹을 것이 없었습니다. 요즘 아프리카 최빈국 비슷한 기근인지 모르겠습니다. 좌우간 유태 히브리 족속들은 먹을 것을 찾기 위해 남쪽으로 남쪽으로 내려가 애굽에 정착하게 됩니다. 오늘의 이집트이지요. 당시 이집트는 여러 면에서 전 인류를 대표할 만한 국가였습니다. 부유하고 문화가 고도로 발달되었으며 최첨단 과학을 이끌어 나가는 국가였지요. 이렇게 히브리 족속이 애굽 땅에 정착해 산 것이 그로부터 5백여 년입니다. 기원전 1700년 경 시작해 기원전 1200년 무렵까지 계속 남의 나라에 살았던 것이지요.

기원전 1280년 무렵입니다. 5백 년 이상을 남의 땅에 살던 이스라엘 민족을 이집트 땅에서 이끌고 나오려는 지도자가 나타났습니다. 실제로 그 지도자가 이스라엘 전

족속을 데리고 약속된 땅으로 탈출해 나온 역사적 기록을 우리는 알고 있습니다. 바로『성경』가운데「출애굽기」입니다. 모세는 바로 이스라엘 민족의 애굽 대탈출을 이끈 지도자이지요.

오늘 이야기는 모세가 태어나던 무렵 시작됩니다. 이스라엘 족속이 애굽 땅에 살면서 시간이 지나자 자연히 인구가 늘어났습니다. 이스라엘 족속이 번성하고 번창하니 애굽 사람들이 걱정을 하게 됩니다. 이스라엘 사람이 너무 많아져 자칫 혁명이라도 일으켜 애굽을 그들이 차지할까 두려워한 것이지요. 애굽 사람들의 걱정은 바로왕의 칙령에 반영됩니다. **바로왕은 히브리계 아이들 가운데 사내자식들은 모두 처형하라는 법령**을 만들었습니다. 왕의 법령은 즉각 시행됩니다. 이스라엘 아이들 가운데 사내아이들은 다 처형이 됩니다.

그런데 한 이스라엘 어머니는 차마 자기 자식을 죽일 수 없었습니다. 그렇다고 누구에게 맡길 수도 없었지요. **결국 갈대로 상자를 만들어서 갓난아기를 그 상자 속**에 넣고 나일강에 띄워 보내 버립니다. 어차피 죽을 생명, 만에 하나 누가 길러서 살아날 수 있다면 바랄 바가 없다는 생각이었겠지요. 그런데 정말로 아이는 살아났습니다. 누가 구했을까요? 애굽의 왕, 곧 바로왕의 딸이었습니다. **바로왕의 딸은 마침 나일 강변에 목욕**하러 나왔다가 나무 상자를 발견합니다. 열어보니 아이가 있겠지요. 왕의 딸은 아기를 궁으로 데리고 옵니다. 이렇게 목숨을 구한 아기가 바로 모세입니다.

모세는 이스라엘 족속이지만 애굽 왕의 궁에서 공주의 아들처럼 자라났습니다. 애굽이 제공할 수 있는 모든 혜택을 다 받고 자란 것입니다. 훌륭한 교육을 받고 기술을 익힙니다. 점성학에서 지리학, 통치학에서 법학에 이르는 인문, 사회, 과학의 **첨단 지식을 모두 습득한 훌륭한 청년**으로 성장합니다.

어느 날 젊은 모세가 밖으로 나갔다가 이스라엘 사람이 애굽 사람에게 폭행을 당하는 것을 보았습니다. 너무나 부당하게 느껴졌어요. 강인한 몸을 가진 모세였고, 정의감 불타는 젊은 청년이었기에 부당하게 당하는 약자를 보고 참지 못했습니다. 결국 그 **애굽 사람을 자기 손으로 쳐 죽여** 버립니다. 아무리 바로왕의 손자처럼 자란 모세라고 하더라도 살인을 했으니 더 이상 애굽에서 살 수 없게 되었습니다. 모세는 멀리 도망을 갑니다. 거기서 당시의 위대한 제사장 위드로라는 사람 집에서 양치기로 연명하게 되었습니다.

거룩한 땅

양치기 모세가 하루는 양떼를 몰고 근처 산으로 갔습니다. 이스라엘 사람들이 거룩한 산이라고도 하고 **신의 산이라고도 부르는 호렙산**이었습니다. 거기서 모세는 놀라운 광경을 목격했습니다. 산 중턱이었는데, 떨기나무 한 그루가 불이 붙어 타고 있었습니다. 메마른 넝쿨이 불타는 것은 그렇게 신기한 일이 아닙니다. 그 지역이 워낙 열기가 높고 메마른 땅이기 때문에 간혹 그런 일이 일어나기도 했다지요. 그런데 신기하게도 **그 떨기나무가 불에 타서 사라지지 않고**, 다시 말해 재로 변해 없어지지 않고 **계속 불타고 있는 것**입니다. 불은 타는데 나무는 그냥 있는 "그 큰 광경."『성경』에 이렇게 기록되어 있습니다. 모세는 "그 큰 광경"을 자세히 보려고 가까이 다가갑니다.

이제까지 모세는 이집트에서 인간들이 만들어 놓은 모든 학문을 섭렵했습니다. 그러나 그 지식으로는 지금의 현상을 설명할 수가 없었어요. 떨기나무가 불에 타면 잿더미가 되어야 하는데, 재로 변하지 않고 계속 타는 기이한 현상, 모세는 그 큰 광경을 도저히 설명할 수 없는 상태에 도달해 있습니다. 자기가 이제까지 배워온 모든 학문적 지식으로 해결되지 않고 설명이 되지 않는 상황입니다. 어떻게 된 것인가? **모세가 가까이 가려던 순간**입니다. 떨기나무 뒤에서 **큰 음성**이 나옵니다. **"모세야!"** 모세는 놀랐습니다. 모세는 살인을 하고 도망쳐 나온 사람입니다. "가까이 오지 마라." **"너의 선 땅이 거룩한 땅**이니 네 발에서 신을 벗어라." 아마 기겁을 하고 놀라 신을 벗고 거기 꿇어 엎드렸을 겁니다. 이것이 현재 모세가 직면하고 있는 상황입니다.

모세와 새내기

어떻게 생각하면 모세의 상황은 지금 여러분의 상황과 비슷합니다. 애굽에서 제공할 수 있는 **모든 학문을 섭렵한 모세**는 지금은 전혀 다른 차원에 직면해 있습니다. **이제까지 배워 온 학문을 가지고는 답이 나오지 않는 문제**, "그 큰 광경"을 목전에 두고 뭔가 하고 접근하려고 하는데 제지를 받은 상황입니다. 여러분은 어떻습니까? 여러분은 대학 입학을 위해서든 무엇을 위해서든 고등학교에서 제공할 수 있는 모든 교육, 모든 학문의 영역을 섭렵하고 왔습니다. 물론 다 기억하고 세부적인 것까지 다 알고 있지는 않겠지만 여러분은 배웠습니다. 그러나 모세의 학문이 순전히 인간적인 학문이었듯이 여러분이 고등학교에서 배운 것 또한 하나의 질문에 하나의 정답이 있다는 것을 전제로 한 교육이었습니다. 그 전제 덕분에 여러분은 수능 시험을 잘 치고 이 자리에 와 앉아 있겠지요. 여러분과 모세는 이런 점에서 비슷합니다. 인간이든 자연이든 모든 현상에 대한 질문이 있을 수 있지만 거기에는 **오직 하나의 정답만 있다는 전제 아래 교육**을 받았다는 것이지요. 모세가 불타는 떨기나무 앞에서 설명할 수 없는 현상에 당황하듯이 여러분이 들어온 **대학에는 지금까지의 교육만으로는 해명할 수 없는 또 다른 차원**이 있습니다.

대학, 이 계명대학교에서 여러분이 받아야 할 교육의 대전제 역시 질문과 대답으로 형성됩니다. 질문이 있어야 발전이 있습니다. 그러니 질문은 하는데, 그 질문에는 이제까지와 달리 답이 하나 있을 수도 있고 여러 개 있을 수도 있으며 아예 없을 수도 있습니다. 다른 차원에 여러분은 직면하고 있습니다.

남다른 계명대학교의 땅

또 하나 모세와 비교할 수 있는 것이 있습니다. 모세는 지금 거룩한 땅에 서 있습니다. 여호와께서 네가 서 있는 곳이 거룩한 곳이니까 네 발에서 신을 벗어라 했습니다. 모세가 서 있는 곳은 다른 차원의 세계인 것이지요. 여러분도 마찬가지입니다. 다른 차원의 학문 다른 차원의 질문이 이루어지는 땅이 바로 대학입니다. 특히 여러분이 서 있는 계명대학교라는 땅, 이곳이 어떤 곳인지 이해할 필요가 있습니다. 물론 지리에 나오는 주소가 있겠지요. 대명동 어디, 성서 어디 어디 하는 주소가 있을 것입니다. 우리가 말하는 땅은 그런 지리적인 땅만이 아닙니다. 상징적인 땅입니다. 모세가 선 땅이 거룩한 땅인 것처럼 우리가 선 땅이 어떤 땅인지 한번 살펴봅시다.

학교가 설립될 당시 **대명동**은 아무것도 없고 거친 잡초 하나 제대로 자라지 못하는 **바위산**이었습니다. 대구 시민들이 속칭 앞산 하면 앞에 있는 남산이고, 바위산 하면 대명동 지금의 계명대학이 있는 그 언덕을 가리켰습니다. 그 바위산에 학교를 세웠습니다. 건물은 우뚝 드러나겠지요. 하지만 건물만 가지고 학교가 운영되는 것은 아닙니다. 나무도 심고 꽃밭도 가꿔야 합니다. 바위산에 나무를 심기 위해서는 밑의 돌을 깨야 됩니다. 지금이라면 기계가 좋아 간단히 돌을 깰 수 있겠지만 당시에는 사람 손으로 끌을 잡고 망치로 돌을 깼습니다. 바위를 깨 나무를 심을 수 있을 정도의 웅덩이를 파고 수백 그루의 나무를 심었습니다. 봄, 가을 거름도 주고 물도 주며 나무를 키웠습니다. 그런데 이상하게 4, 5년이나 잘 자라던 나무들이 동시에 다 같이 죽어버리는 것입니다. 이상한 일이었지요. 하지만 어쩔 수 없이 다 파냈습니다. 파내는 과정에서 나무가 죽은 이유를 알았습니다. **밑이 바위 웅덩이다 보니 거름하고 물을 준 것이 배수가 되지 않아** 물이 썩고 뿌리도 썩어서 **나무가 죽었던** 것입니다. 이번에는 웅덩이를 더 깊이 팠습니다. 그리고 **깊이 판 웅덩이에 물이 빠질 골을 동서로 남북**으로 내주었습니다. 다시 거름을 주고 물을 주어 키웠습니다. 30, 40년 되어가면서도 죽지 않고 이제는 뿌리가 바위를 부수고 들어갑니다. 이 과정에서 대명동의 나무들은 나름의 생존 전략을 개발했습니다. **7, 8월 한참 더울 때 대명동의 나무들은 낙엽이 집니다.** 그러고 나서 다시 싹이 나서 **늦가을 다른 나무들이 낙엽 질 때 또 한 번 집니다.** 일년에 두 번 낙엽 지는 나무들. 그게 우리의 나무가 되었습니다.

그런 땅에 여러분이 지금 서 있습니다. **모세의 거룩한 땅은 물론 아닙니다**. 그러나 **아무렇게나 밟고 다닐 수 있는 땅도 아니지 않겠나** 싶습니다. 여러분, 대명동 갈 기회가 있으면 꼭 한번 그 장소를 보기 바랍니다. 대명동 정문에 들어가서 오른쪽, 지금 미술대학이 사용하고 있는 건물이 있고 비스듬히 중간에 패션 관련 학과가 사용하는 건물이 있는데, 그 사이로 캠벨기념음악관(옛 음악대학관)으로 넘어가는 오솔길 같은 것이 있습니다. 오솔길을 올라서자마자 바로 왼쪽에 큰 바위 덩어리가 하나 있습니다. 자연석 바위 덩어리를 가운데 놓고 인조석으로 동그랗게 쌓아놓은 곳입니다. 거

▲ 이런 바위산을 깎아 오늘을 마련했다.

기 팻말을 붙여 놓았습니다. **"이런 바위산을 깎아 오늘을 마련했다."** 는 내용입니다. 계명대학교가 가지고 있는 여러 가지 정신적, 이성적, 정서적 재산 가운데 가장 중요한 재산 중 하나이니까 언제 한번 꼭 가보기 바랍니다.

훌륭한 선배가 다녀간 땅

학교의 땅이 물론 중요하지만 땅만 중요한 것은 아닙니다. 어떤 사람들이 있는지도 중요합니다. 학교니까 학생이 있고 직원이 있고 교수도 있겠지요. 올해도 약 5,000여 명의 학생들이 들어왔습니다. 다 훌륭한 학생들이 들어왔습니다. 수십 년 전, 그저 몇 백 명 학생들이 들어올 때 일입니다. 한 학생이 입학을 했는데 고향이 안동에서도 한참 더 들어가는 벽촌이었습니다. 거기서 수재라는 소리를 듣고 안동까지 유학 나와 고등학교를 마치고, 정말 청운의 큰 뜻을 품고 서울대학교에 응시했다가 낙방하고 말았습니다. 그리고 **당시 2차로 모집하는 계명대학교**에 들어왔습니다. 학교는 들어왔는데, 자기 눈에 이건 학교가 아니었고, 그런 학교에 다니는 자기 자신도 형편없어 보였습니다. 동료들과 비교해도 자신은 너무나 초라했습니다. 동료들의 부모들은 하다못해 중고등학교라도 나왔는데, 자기 부모는 학교 근처에도 못 간 글자 하나 모르는 무식한 농부입니다. 자기 동료들은 제때 끼니라도 먹는데, 자기는 굶기 예사입니다. 한두 달 만에 집에 들어가면 보리쌀 한두 말 짊어지고 대구까지 걸어 나와 여동생과 자취 생활을 이어나갔습니다. 수업이 있으니까 하는 수 없이 **학교는 나오지만** 나왔다가는 수업 마치는 대로 큰 죄지은 양 고개 숙이고 도망 가버리는 학생, **완전한 폐인**이었습니다. 어느 누구에게도 도움이 안 되고 어느 누구에게도 쓸모없는 절망적인 인간이었습니다. 그러나 그 학생이 한 해 두 해 지나면서 선생님들과 접촉하게 되고 그 과정에서 자연스럽게 고개가 점차 올라가고 어깨도 펴지기 시작했습니다. 4년 뒤 졸업을 하고 그렇게 원하던 서울대학교 대학원 자기 전공 영역에 수석으로 들어갔습니다. 그리고 미국에 유학 가서 공부 마치고 서울의 어느 대학 교수로 오랫동안 있다가 지금은 지방 어느 대학 총장이 되었습니다.

지금 하려는 게 여러분 선배 중에 한 사람이 미국 가서 학위하고 어디 가서 교수 생활 한다는 얘기가 아닙니다. 그 선배 학생이 졸업해 나갈 때 모교에 남겨둔 선물 이야기를 하려는 것입니다. 자기가 생각해도 정말 **형편없던 인간을 인간답게 만들어준**

모교에 뭔가 소중한 것을 남기고 싶었겠지요. 그런데 가진 것 없고 부모 가난하고 자기 역시 가난했습니다. 생각 끝에 선물로 남긴 것이 자기 부모님이 손수 삼으신 짚신 한 켤레입니다. 아마 이런 생각을 했을 것 같아요. 쓸모없는 절망에 찌든 자신을 반 인간으로 만들어 놓은 이 모교에 가장 소중한 것을 남기고 싶은데 그게 무엇일까? 종전에는 미처 소중함을 못 느꼈던 부모님의 존재, 이 세상 어느 누구보다 귀중하고 소중한 부모님이 직접 생산해낸 짚신 한 켤레를 발견한 것이지요. 그래서 그것을 학교에 선물로 남겼고 여러분의 학교는 **그 짚신을 오늘날까지도 소중하게 간직**하고 있습니다. 그런 선배들이 다녀갔던 땅입니다. 여러분이 앉아 있는 땅이 모세의 거룩한 땅은 아닐지 몰라도 보통 땅은 결코 아닙니다.

훌륭한 직원이 있는 땅

직원들도 있습니다. 아마 오가면서 많이 만나지만 눈에 들어오지 않을 겁니다. 등교할 때 여러분 옆에서 앞에서 청소하는 분들, 수업 시간에 복도에 다니면서 청소하는 사람들, 여러분이 주말에 집에서 놀거나 친구를 만날 때 학교 여기저기 청소하고 지키는 직원들. 눈에 안 들어오죠? 안 들어올 겁니다. 여러분보다 못 배웠고 여러분보다 불행한 상태이고 여러분보다 인정 못 받는 생활을 영위하고 때문에 여러분 눈

▲ 졸업생이 모교에 남겨둔 선물 짚신

에 안 들어 올 겁니다. 여러분의 교만한 눈에는 안 들어올 겁니다. 여러 해 전에 **어떤 학생이 입학을 했는데, 지체 부자유자**였습니다. 계명대학교가 기독교 학교이기 때문에 그런 신체 장애가 입학에는 전혀 문제가 되지 않았습니다. 입학한 그 학생을 아침에 아버지가 자전거에 태워서 학교의 후문까지 옵니다. 그러면 어디서 나타났는지 **한 직원이 나타나 학생을 업고 1교시 교실**로 데려다 줍니다. **수업이 끝나면** 또 다시 와서 학생을 업고 후문에 데려다주면 **아버지가 오셔서 자전거**를 태워 다시 집으로 데려갑니다. 누가 직원에게 그렇게 하라고 한 적이 없고, 그렇게 한다고 해서 특별히 보상해주는 것도 없었습니다. 그러나 그 직원은 자기가 받지 못한 고등 교육, 대학 교육의 혜택을 자기 조카뻘 되고 동생뻘 되는 청년이 받을 수 있게 도와주고 싶었을 겁니다. 그저 자기가 할 수 있는 범위 내에서 최대한의 배려를 해주기 위해 정성을 쏟은 것입니다. 하루 이틀이 아니고 **4년 매일같이 눈이 오나 비가 오나 그 일**을 했습니다. 그런 **직원이 있는 곳**이 지금 여러분이 지금 와 있는 계명대학교의 땅입니다. 그런 땅에 여러분이 있습니다. 모세의 거룩한 땅은 아니죠. 여호와가 계시는 거룩한 땅은 아닌지 몰라도 함부로 밟고 다닐 수 있는 땅은 아니라고 생각합니다.

훌륭한 교수가 있는 땅

교수들도 있습니다. 계명대학교 교수는 전임 교원만 해도 지금 일천여 명에 달합니다. 여러분들 생각은 그저 우리 모두의 교수니까 존경한다는 정도로 그칠 겁니다. 그런데 이런 **교수님**이 계셨어요. **자동차 사고**를 당했어요. 얼굴을 크게 다쳤습니다. 콧대가 내려앉고 피투성이가 되어 응급실에서 알코올로 상처를 닦을 겨를도 없이 바로 수술실로 들어가는 상태였습니다. 수술을 위해 막 마취를 하려는 때, 그 교수가 의식을 찾았습니다. 상황을 파악하고 **의사에게 묻습니다. 그거 마취제죠?** 예, 그렇습니다. 그 마취약을 맞으면 두뇌에 어떤 나쁜 영향 안 옵니까? 너무나 뜻밖의 질문이죠. 지금의 의사는 촌각을 다투고 있는데, 그 환자 교수는 엉뚱한 질문을 합니다. 물론 영향이 있죠, 마취제인데. 사람을 바로 잠재우니 두뇌 상태도 당분간 죽을 테고 완전 소생도 안 될 테고. 의사는 그럴 가능성이 충분히 있다고 얘기했습니다. 그러자 교수는 그렇다면 **마취하지 않겠다**고 합니다. 내가 교수인데, **머리 써서 연구**하고 연구한 결과를 내 사랑하는 제자들한테 가르치는 교수인데, 머리(두뇌 세포)에 나쁜 영향 오는 것을 난 원치 않습니다. 이렇게 엉뚱한 고집을 부리는 바람에 **결국 마취를 하지 않고 수술**했습니다. 기구를 코에 넣어 가라앉는 코뼈를 뿌드득 소리가 나도록 끌어올리고 수십 군데를 꿰매는 수술을 했습니다. 학문에 대한 열정, 제자에 대한 사랑이 그렇게 강한 교수님들이 계시는 곳이 여러분들이 지금 와 있는 곳입니다. 모세의 거룩한 땅은 아니겠으나 예사 땅은 아닙니다.

여러분이 가장 가까이 느낄 수 있는 지난 몇 해를 돌아봅시다. 계명대학교는 지난 몇 해 동안 국가로부터 **'잘 가르치는 ACE 대학'**으로 선정되어 학부 교육 선진화 국책 사업, 산학 협력 선도 대학 육성 사업 등 여러 개의 주요 대형 국책 사업을 모두 시행하고 있는 국가 거점 대학이 되었습니다. 우리 대학교가 이같은 대형 국책 사업을 하게 된 것도 모두 전국의 여러 대학들과 경쟁해서 획득한 것입니다. 계명대학교가 모세의 거룩한 땅은 아닐지 몰라도 함부로 밟고 다닐 수 있는 땅은 아니라고 생각합니다. 그런 땅에 지금 여러분이 와 있습니다.

생각하는 계명인

여러분이 계명대학교에 온 목적은 계명대학교만이 여러분에게 제공할 수 있는 교육을 받기 위해서입니다. 활용하세요. 그런 동료들이 여기 있고, 그런 직원들이 여러분 뒤에서 일하고 있고, 그런 교수님들이 여러분 앞에서 가르치고 계십니다. 이 땅 함부로 밟지 말고, 생각하면서 다니세요. **생각하는 계명인**이 되세요. 그렇게 해서 4년 뒤 여러분이 졸업해 나갈 때는 아마 이런 생각을 할 수 있을 겁니다. 내가 정말 계명대학교 아니었더라면 이런 교육을 전혀 못 받았으리라. 그런 생각을 할 수 있어야 여러분이 계명의 가치를 얻어갈 수 있습니다. 혼자 생각하면서 살 수 있는, **혼자 늠름하게 홀로 설 수 있는 계명인**이 되십시오. 조금 전에 얘기한 여러분의 선배 같은 학생, 학생을 돕는 교직원, 제자 사랑하는 교수님 같은 우리의 계명인이 되기를 바라면서 오늘의 모세 이야기를 마칩니다.

총장 **신 일 희**

참고 문헌

· 계명대학교 건축물의 역사 편찬위원회, 『계명대학교 건축물의 역사』, 대구: 계명대학교출판부, 2019.

· 계명대학교 동산의료원, 『사랑과 봉사의 발자취 동산의료원 100년』, 대구: (주)애드코인&애드코인 퍼블리케이션, 1999.

· 계명대학교 동산도서관·행소박물관, 『행소 신일희 박사 교육 희년 기념전』, 대구: 컴엔시, 2016.

· 계명대학교 120년사 편찬위원회, 『계명대학교 120년사 1899~2019』, 대구: 계명대학교출판부, 2019.

· 계명대학교 120년사 편찬위원회, 『계명을 빛낸 사람들 1899~2019』, 대구: 계명대학교출판부, 2019.

· 계명대학교 50년사 편찬위원회, 『계명대학교 50년사 1954~2004』, 서울: 다락방, 2004.

· 계명대학교 행소박물관, 『사진으로 보는 계명 50년(1954~2004)』, 대구: 애드갤러리, 2004.

· 계명대학교 행소박물관, 총동창회 · 총학생회, 『자유와 신념의 교육 선구자 동산 신태식 박사 10주기 추모전』, 대구: 컴엔시, 2014.

· 계명대학교 홍보실, 『계명의 한 모습』, 대구: 계명대학교출판부, 2007.

· 김중순·이은숙, 『집념의 교육자 신태식 – 이 사람들아, 지금 머하노』, 서울: 소통, 2009.

· 노구치 유키오, 『「超」 학습법』, 김용운 옮김, 서울: 중앙일보사, 1996.

· 대한성서공회, 『성경전서』(표준새번역), 서울: 한일프린테크, 2001.

· 대한예수교장로회 경북노회 100회사 편찬위원회, 『경북노회 100회사』, 대구: 중외출판사, 1997.

· 문화재청, 『한국의 옛 지도』, 서울: 예맥, 2008.

· 벤저민 프랭클린(Franklin, Benjamin), 『리처드의 달력』, 홍성민 엮음, 서울: 바움, 2003.

· 숭실인물사편찬위원회, 『인물로 본 숭실 100년』, 서울: 숭실대학교출판부, 1994.

· 신명고등학교 · 성명여자중학교, 『신명백년사 1907~2007』, 대구: 방형식디자인, 2008.

· (신일희 박사) 교육 희년 기념사업 준비위원회, 『행소 行素』, 대구: 계명대학교출판부, 2016.

· 신일희, 『초창기의 계명인』, 대구: 계명대학교출판부, 2004.

· ______, 『타불라 라사』, 대구: 계명대학교출판부, 2005.

· 야마자키 에리코(山崎えり子), 『자연주의 절약생활』, 이근아 옮김, 서울: 이아소, 2005.

· 양창삼, 『하나님의 사람들』, 파주: 한국학술정보, 2008.

· 월트 아이작슨(Isaacson, Walter), 『벤저민 프랭클린 인생의 발견』, 윤미남 옮김, 서울: 21세기북스, 2006.

· 이상근, 『대구제일교회 90년사』, 대구: 중외출판사, 1983.

· 이재원, 『이재원 고희기념 대구기독교역사 논문집』, 2006.

· 정만득, 『미국의 청교도 사회』, 서울: 비봉출판사, 2001.

· 제리 화이트(White, Jerry), 『정직, 도덕 그리고 양심』, 번역부 옮김, 서울: 네비게이토, 1986.

· 조동일 외, 『학문에 바친 나날 되돌아보며』, 서울: 지식산업사, 2004.

· 칼 야스퍼스(Jaspers, Karl), 『대학의 이념』, 민준기 역, 서울: 경희대학교출판부, 1985.

· 학교법인 계성학원, 『계성백년사1906~2006』, 서울: 다락방, 2006.

· 황종건, 『자유와 신념의 교육자 동산 신태식』, 대구: 계명대학교출판부, 1999.

· Rhodes, Harry A. and Campbell, Archibald (eds.), *History of the Korea Mission: Presbyterian Church in the U. S. A.,* Vol. 2, New York: Commission on Ecumenical Mission and Relations, PCUSA, 1964.

색인

빛을 여는 계명인 편찬 위원회

위　　원　**김종덕**(위원장), **손인호**, **유옥희**, **이종한**, **장옥관**

집 필 인　**손인호** 계명대동문신문 편집, 발행인 / 제1, 3, 4, 5장
이종한 계명대학교 인문국제학대학 중국어중국학과 교수 / 제2, 6, 7, 8장

감 수 인　**유옥희** 계명대학교 인문국제학대학 일본어일본학과 교수
장옥관 전, 계명대학교 인문국제학대학 문예창작학과 교수

편집디자인　**임헌우** 계명대학교 미술대학 시각디자인전공 교수

사　　진　**박창모** 계명대학교 대외협력처 대외홍보팀, 사진 작가